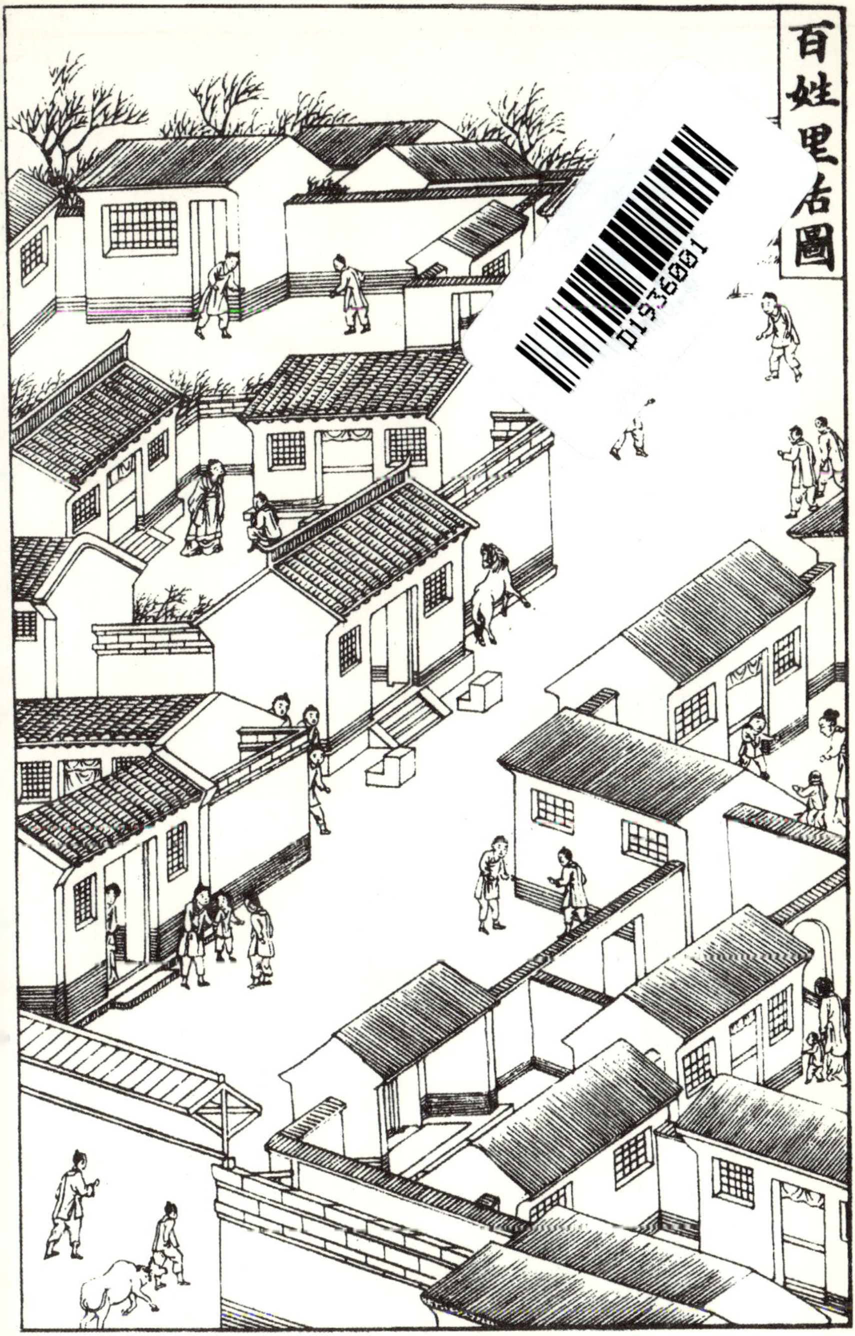
百姓里居圖

Deng Youmei

Phönixkinder und Drachenenkel

Deng Youmei

Phönixkinder und Drachenenkel

Bilder aus dem alten Peking

Deutsch
von Ulrich Kautz

Aufbau-Verlag

Titel der chinesischen Originalausgaben

Yanhu
Na Wu

Mit einem Interview von Eva Müller
Mit 26 Fotos von Martin Dettloff

Schnupftabakfläschchen

I

In unserer Zeit der industriemäßigen Tabakverarbeitung hat die Zahl der Zigarettenraucher unter Angehörigen aller Bevölkerungsschichten in der ganzen Welt so zugenommen, daß das Tabakschnupfen, einer der uralten Genüsse, die das Leben für uns bereithält, praktisch in Vergessenheit geraten ist – traurig, aber wahr! Dabei ist Schnupftabak wesentlich weniger gesundheitsschädlich als Zigaretten und Zigarren. Man genießt ja das Aroma des Tabaks, mit dem man die Lebensgeister wecken und zugleich allen möglichen Krankheiten vorbeugen kann, ohne ihn anzuzünden und ohne den giftigen Rauch in die Lunge zu ziehen und womöglich noch andere innere Organe zu schädigen. Hinzu kommt, daß der Schnupfer den Tabak direkt unter seine Nasenlöcher bringt und sich ganz allein an ihm erfreut, so daß ein anderer, der am Schnupfen keinen Gefallen findet, weder durch Qualm noch sonstwie belästigt wird, und säße er auch direkt daneben. Wenn der Schnupfer sich überdies beim Niesen ein Taschentuch vor die Nase hält, genügt er vollends den Anforderungen des Umweltschutzes.

Nachdem der Jesuit Matteo Ricci 1582 den Schnupftabak am Hofe der Ming-Kaiser eingeführt hatte, dauerte es nicht lange, bis das Tabakschnupfen bei jedermann, vom höchsten Hofbeamten bis zum einfachen Mann auf der Straße, populär wurde; unter der mandschurischen Qing-Dynastie während der Regierungszeit der beiden Kaiser Kangxi (1662–1722) und Qianlong (1736–1795) erlebte es dann seine Blütezeit. Damals mag man einen Nichtschnupfer für genauso hoffnungslos zurückgeblieben gehalten haben wie heutzutage jemanden, der Diskotänze nicht beherrscht ...

Bei einem Besuch des Kaisers Kangxi in Nanjing überreichten ihm europäische Missionare landestypische Geschenke aller Art, doch huldvoll ließ er sie ihnen sämtlich wieder zurückgeben, ausgenommen den »snuff«, wie die Engländer den Schnupftabak nennen; den behielt er für sich. Leser der 1760 während der Regierungszeit Kaiser Qianlongs in handgeschriebenen Kopien umlaufenden, vom Meister der Klause des Schminkreibsteins kommentierten Version des Romans »Die Geschichte des Steins« (nachmals als »Der Traum der Roten Kammer« bekannt geworden) werden sich auch daran erinnern, daß der junge Herr Baoyu der Dienerin Sheyue befahl, für Qingwen, eine andere Zofe, die infolge einer Erkältung unter Kopfweh und einer verstopften Nase litt, den Schnupftabak aus Europa zu holen, um sie zum Niesen zu bringen, was ihr auch tatsächlich Erleichterung verschaffte. Von Zigaretten, solange es sie schon gibt, hat man dagegen nie gehört, daß sie sich ähnlicher Wertschätzung erfreut oder ebenso segensreiche Wirkungen gezeitigt hätten.

Noch etwas anderes bezeugt die Überlegenheit des Schnupftabaks: Seit Ende der Ming-Zeit, als er in Mode kam, haben chinesische Handwerker mit ihrer ganzen traditionellen Kunstfertigkeit die Herstellung künstlerisch gestalteter Schnupftabakflaschen ständig weiterentwickelt. Man darf diese Fläschchen – die großen nicht größer als ein Handteller, die kleinen nicht größer als ein Daumen – nicht etwa geringschätzen, nur weil sie vielleicht zur Aufbewahrung von Wein oder Reis nicht taugen; es handelt sich nämlich um kleine Wunderwerke des chinesischen Kunsthandwerks, seien sie nun aus polierter Jade oder Lack geschnitten, mit Golddrahtintarsien verziert oder aus Porzellan oder Cloisonné gefertigt, bemalt oder mit Schnitzreliefs geschmückt oder in der Guyuexuan-Technik gearbeitet. Zwar sind über die Jahrhunderte viele kostbare Schnupftabakfläschchen spurlos verschwunden oder auch zerstört worden, doch wenn wir uns heute bei Sammlern umschauen, werden uns immer noch die Augen übergehen, so viel Schönes gibt es zu bewundern.

Schnupftabakflaschen sind aus den verschiedensten Materialien gefertigt, aus Metall, Stein, Jade, Glas, Keramik, Porzellan, Bambus, Holz, Perlmutt, Horn, Elfenbein, Rhinozeroshorn, Kokosnußschale und Flaschenkürbissen, ja sogar aus Perlen, Nieren, Haifischhaut oder Kranichkammfedern – unmöglich, alle Stoffe, alle Formen aufzuzählen! Zumal jede einzelne Art wieder in soundso viele Unterarten unterteilt wird. Porzellanfläschchen zum Beispiel werden danach unterschieden, ob sie zur »Kontrastfarben-Familie« oder zur »Rosa Familie« gehören, ob sie einen in Modeln geprägten oder durchbrochenen Dekor haben, ob der Dekor »Blauweiß mit Purpur« oder »Klarer Himmel nach dem Regen« heißt, ob es sich um Emailfarben-Bemalung oder Ofenbrand-Mutationen handelt – und natürlich danach, ob das Stück aus einer kaiserlichen oder einer privaten Manufaktur stammt. Zur Gruppe der Fläschchen aus Halbedelstein gehören Stücke aus weißer Jade und grüner Jade, aus Nephrit, Koralle, Bergkristall oder Achat, wobei letzterer nach seiner Musterung in Arten wie »Seeschildkröte«, »Seetang«, »Fadenwickel« und »Kandiszucker« eingeteilt wird. Nach ihrer Form unterscheidet man »Herz-«, »Fischkorb-«, »Backstein-«, »Vollmond-«, »Zwillings-« und »Frauenschulterfläschchen«, um nur einige der unzähligen Formen zu nennen, denn allein bei Rundflaschen wird zwischen flach-runden, nierenförmigen, pfirsichförmigen, eirunden und so weiter differenziert.

Mit einem Wort, die Schnupftabakfläschchen mögen zwar nur klein sein, doch spiegeln sie die kulturellen Traditionen und psychischen Wesensmerkmale wider, das Schönheitsempfinden und die künstlerisch-technische Meisterschaft einer ganzen Nation ebenso wie die Charakteristika ihrer jeweiligen Entstehungszeit. Kein Wunder, daß hervorragende Stücke auf dem Weltmarkt oftmals zu nachgerade horrenden Preisen gehandelt werden. Bei einer Auktion in der

BRD im Jahre 1976 fand eine Schnupftabakflasche innerhalb weniger Minuten für zwei Millionen Deutsche Mark ihren Käufer, und als nach dem Tode des bekannten amerikanischen Schnupftabakfläschchen-Experten Stevens seine Sammlung chinesischer Tabatieren versteigert wurde, betrug der Erlös 1,4 Millionen Dollar. Dieser Mr. Stevens war zeitlebens Junggeselle geblieben und kannte kaum etwas anderes als seine »snuff bottles«. Seine wissenschaftlichen Arbeiten über chinesische Schnupftabakfläschchen werden von Fachleuten mit der gleichen Hochachtung zitiert wie etwa die Schriften einer Madame Curie von Atomphysikern. Es gibt im Ausland zwei internationale wissenschaftliche Gesellschaften mit ständig steigender Mitgliederzahl, die sich ausschließlich mit chinesischen Schnupftabakfläschchen beschäftigen. Sie halten regelmäßig Zusammenkünfte ab, auf denen wissenschaftliche Vorträge gehalten werden, und publizieren Verbandszeitschriften. Der erwähnte Mr. Stevens war übrigens Vorsitzender der nordamerikanischen Vereinigung. Wenn also gesagt wird, die Schnupftabakflaschen stellen einen Vorstoß in künstlerisches Neuland dar, so dürfte das kaum eine Übertreibung sein.

Nun gibt es, könnte man einwenden, Tausende und aber Tausende Menschen, die studieren, arbeiten, sich verlieben, heiraten und Kinder in die Welt setzen, ohne in ihrem ganzen Leben auch nur eine einzige Schnupftabakflasche zu Gesicht zu bekommen. Das ist eine unbestreitbare Tatsache, doch sollte man deswegen die Fläschchen dennoch nicht geringschätzen, denn immerhin zeugt die Beachtung, die ihnen in China wie im Ausland zuteil wird, unleugbar von ihrer Bedeutung in einem ganz bestimmten Bereich. Ungezählte Menschen haben Geist und Kraft für sie aufgewendet, ja ihr ganzes Leben damit verbracht, der leblosen Materie Leben einzuhauchen und ihr eine Seele zu verleihen. Gleichgültig, ob man selbst schnupft und Tabakfläschchen benutzt oder nicht, wird man doch zugeben müssen, daß diese wunderschönen kleinen Kunstwerke auch ein Produkt des Fleißes und der Geschicklichkeit der Chinesen sind, ein Beitrag, den wir Chinesen zur Weltkultur geleistet haben, ein Kleinod in der Schatzkammer unseres Volkes ... Aber ich bin etwas vom Thema abgekommen. Ausgegangen war ich doch vom Vergleich der Gesundheitsschädlichkeit von Schnupftabak und Zigaretten; wie bin ich nur auf Schnupftabakfläschchen gekommen?

Es heißt, im Okzident gebe es eine Schule von Romanschreibern, die dagegen seien, daß man mit einer fertigen Konzeption im Kopf ans Schreiben gehe. Vielmehr überlassen sie sich, nachdem sie mit einem bestimmten Thema begonnen haben, völlig dem Strom ihres Bewußtseins und lassen die Handlung sich so entwickeln, wie sich die Gedanken in ihrem Hirn formen. Diese Auffassung kommt dem nahe, was unsere Vorfahren einst im »Leitfaden der drei großen Religionen Buddhismus, Daoismus, Konfuzianismus« formulierten: »Des Herzens schnelle Pferde, peitsch ich sie, versetzen mich in unsrer Erde allerfernste Breiten; des Kopfes rascher Wagen, schmier ich ihn, führt mich bis an des neunten Himmels nie gekannte Weiten.« Wohlan, kehren also auch wir nicht wieder zum Ausgangsthema – dem Schnupftabak – zurück, sondern bleiben wir, unserem Bewußtseinsstrom folgend, bei den Schnupftabakfläschchen!

II

Unter den Schnupftabakfläschchen gibt es eine Sorte, die von innen bemalt ist. Jede Flasche aus durchsichtigem Material, zum Beispiel Bergkristall oder Glas, eignet sich für diese Technik, bei der der Künstler auf die Innenwände des Fläschchens Landschaften und Menschen, Blumen, Vögel oder Käfer malt, nicht zu vergessen die dazu passende kalligraphische Inschrift in Poesie oder Prosa. Hinter der durchsichtigen Wand des Fläschchens sind diese exquisiten kleinen Bilder, ob im eher akademischen »sorgfältigen Stil« oder in der spontaner wirkenden »Ideenmalerei«-Technik ausgeführt, von ganz besonderer Leuchtkraft. Solche Bilder zu malen ist überaus schwierig, denn für die Form der Flaschen gibt es ganz bestimmte Regeln, vor allem für die Weite des Flaschenhalses, die maximal erbsengroß sein darf, oft genug aber so winzig ist, daß man höchstens eine Hutnadel hineinstecken kann. Die meisten Menschen benutzen Ohrlöffelchen, um sich ihre Prise aus der Flasche zu holen. Das ist schon mühselig genug, so daß man sich gut vorstellen kann, wie mühselig es erst sein muß, auf den Innenwänden nun gar ein Bild zu malen. Zumal ja jedes Motiv, jedes Schriftzeichen, so winzig und fein es auch immer sein mag, seitenverkehrt gepinselt werden muß, damit man es von außen richtig herum betrachten kann. Wer solch ein Miniaturuniversum im Fläschchen bewundert, wird sich unwillkürlich fragen, wie es wohl entstanden sein mag.

Es hat schon alle möglichen Hypothesen gegeben: Der Maler müsse auf dem Rücken gelegen und die Flasche gegen das Licht gehalten haben, sonst hätte er die Spur seines Pinsels selbst nicht erkennen können; die Bilder würden mit einem in Farbe getauchten Haar auf die Innenwand getupft, so daß das Bemalen eines einzigen Fläschchens ein halbes Jahr dauere; diese Bilder stammten überhaupt nicht von Menschenhand, sondern seien eher der Laune eines Unsterblichen zuzuschreiben und so weiter und so fort. Das berühmte Guyuexuan-Porzellan zum Beispiel, das eine Zeitlang sehr in Mode war, wurde ja auch als das Werk der Unsterblichen vom Stamme Hu betrachtet – nichts naheliegender als dies, bilden doch die beiden Schriftzeichen gu und yue, schreibt man sie zusammen, das Zeichen hu. Die besagten Hu, zu allerlei Schabernack aufgelegt, wie sie bekanntlich sind, können sich nicht nur in verführerische Mädchen verwandeln, um nichtsahnende Menschen zu narren, oder eben Porzellan herstellen, sondern sie sind durchaus auch in der Lage, zum Spaß ein paar Schnupftabakfläschchen zu be-

Unter den Schnupftabakfläschchen gibt es eine Sorte, die von innen bemalt ist.

malen, damit die dem »roten Staub« verhafteten Sterblichen etwas zum Staunen haben, so argumentierte man, und das hörte sich ja auch sehr plausibel an. Nur tauchten leider mit der Zeit immer mehr von innen bemalte Schnupftabakflaschen auf, so daß diese Theorie wie ein Kartenhaus in sich zusammenfiel. Zwei, drei Fläschchen aus Spaß bemalen – schön und gut, aber wenn die Flaschen en masse hergestellt und gleich im Dutzend verkauft werden, dann dürfte es sich wohl doch eher um schnöden Broterwerb handeln, zu dem sich ein Unsterblicher schwerlich herablassen würde.

Noch ein wenig später wurden dann auch die Namen von Malern, die über diese besondere Geschicklichkeit verfügten, bekannt. Zu Beginn des 20. Jahrhunderts gab es im Raum Peking vier berühmte Meister – man weiß ja, daß in Peking im Unterschied zu den Gepflogenheiten bei nationalen oder internationalen Literaturwettbewerben oder auch Olympischen Spielen nicht drei oder fünf, sondern unweigerlich vier Preisträger beziehungsweise Medaillengewinner gekürt werden (siehe die »vier berühmten Ärzte«, die »vier berühmten Frauendarsteller«, die »vier großen Altmänner-Darsteller« oder auch die »Pillen der vier Glückseligkeiten« und so weiter). Folglich gab es auch vier große Meister der Schnupftabakflaschen-Innenmalerei:

Stets auf der Suche, nie mit sich zufrieden – Ma Shaoxuan,
beliebt bei Laien und geschätzt von Kennern – Ye Zhongsan,
Erlesnes schaffend für die Auserwählten – Zhou Leyuan,
der Waffen Meister und des feinen Pinsels – Wu Chang'an.

Der Held unserer Geschichte nun ist dieser letztgenannte Wu Chang'an.

III

Wu Shibao, der sich später Wu Chang'an nannte, war ein Mandschure aus dem Geschlecht Wuerya, das zum Weißen Banner gehörte und bei den »Feuerwaffenträgern«, einer mit dem Wachdienst in der Verbotenen Stadt betrauten Kompanie, Dienst tat. Einer seiner Vorfahren war für militärische Verdienste zum »Kühnen Reiter« im Range eines Stabsoffiziers ernannt worden, welchselbiger Titel zu Wu Shibaos Zeiten an dessen Onkel väterlicherseits vererbt worden war. Wu Shibao selbst lungerte zu Hause herum und lebte von dem bißchen Grundbesitz und den paar Truhen voller Schmuck und Antiquitäten, die von den Vorfahren her auf ihn gekommen waren. Von Pferden verstand er gar nichts; ihm zitterten schon die Beine, wenn er tatsächlich einmal einen Spazierritt zum Daoisten-Tempel der Weißen Wolken machte – auf einem Eselchen! Das hinderte ihn jedoch nicht, sich im Abglanz des Ruhmes seiner militärischen Vorfahren zu sonnen und von sich selbst auch schon einmal als von einem Dasara Hafan, das mandschurische Wort für Regierender Beamter, zu sprechen.

Inzwischen über die Dreißig hinaus, lebte Wu Shibao zufrieden und vergnügt als Privatier. Er verbrachte seine Tage damit, daß er mit seinen Grillen spielte, seine Drosseln in ihrem Bauer spazierentrug, etliche Prisen Tabak schnupfte und sich ein paar Schluck Reiswein genehmigte. Wohlhabend war er nicht gerade, doch zum Leben reichte es. Wer in Peking zur Oberschicht gehörte, besaß zu jener Zeit fünf Statussymbole: ein Sonnendach am Haus, einen Goldfischbottich, einen Granatapfelbaum, einen wohlgenährten Hund und ein pummeliges Dienstmädchen. Bei Wu Shibao reichte das Geld nicht, um Jahr für Jahr eine Markise anbringen zu lassen, und nachdem er die letzte Leibeigene hatte verkaufen müssen, war keine neue mehr ins Haus gekommen; aber die restlichen drei Dinge waren immerhin vorhanden, obwohl der Hund nicht gerade wohlgenährt genannt werden konnte. Dafür war es ein reinrassiger Pekinese. Wu Shibao hatte niemals irgendwelche Ambitionen gehabt, wenn man davon absieht, daß er gelegentlich bei privaten Opernvorstellungen auftrat und ein paar Nummern zum besten gab – ohne Gage oder Trinkgeld, versteht sich!

Einmal fand anläßlich eines Geburtstages in der Residenz des Prinzen Duan eine Vorstellung statt, bei der er »Die Acht Unsterblichen wünschen langes Leben« vortragen sollte. Kurz vor seinem Auftritt flüsterte ihm einer der Eunuchen des Prinzen ins Ohr: »Ich will Ihnen mal etwas verraten. Der Prinz wird in nächster Zeit Großmeister der Yihetuan werden. Flechten Sie doch in Ihre Arie ein paar Lobesworte auf die Yihetuan ein, sagen Sie irgendwas Nettes! Damit machen Sie dem Prinzen sicher eine Freude.« Eigentlich verspürte Wu überhaupt keine Neigung, irgendwelche glückverheißenden Zauberformeln zu rezitieren, aber da es sich schließlich um einen Geburtstag handelte, entschloß er sich, dem Jubilar den Gefallen zu tun und zugleich – nun ja, zu zeigen, was er konnte; zumal Prinz Duan bei Hofe gerade in hoher Gunst stand, da die regierende Kaiserinwitwe Cixi seinen Sohn Pu Jun zum »Ältesten Bruder«, das heißt faktisch zum Thronfolger, ernannt und zur Abrundung seiner Erziehung zu sich in den Palast genommen hatte, so daß es nun ganz danach aussah, als würde der Prinz einmal der Vater eines Kaisers sein. Also gab Wu Shibao sich Mühe und flocht folgende Strophe in seine Arie ein:

»Geburtstag feiert heut Prinz Duan!
Die Himmlischen wolln dabeisein,
die Acht Unsterblichen voran,
der Tang-Mönch, Zhu Bajie – das Schwein –,
der Affenkönig Sun und Sandgeist,
des Himmelskaisers Enkel gar –
der Recke, der da Erlang heißt –
und Jiang, der König von Jin war.

Mao Chao und Huang Hansheng sind hier,
auch Huang Santai, Ji Gong, der Schelm.
In listig-streitbarer Manier
naht Herzog Zhuge Liang mit Helm.
Die da auf ihren Wolken schweben,
ganz klar, was heut hierher sie führt:
Prinz Duan zu wünschen langes Leben,
dem Großmeister viel Ehr gebührt!«

Prinz Duan hielt sich vor Lachen den Bauch und erkundigte sich bei den Umstehenden: »Woher kommt denn das Äffchen?«

Jener Eunuch, dem Wu Shibao den Tip verdankte, antwortete: »Er gehört zur Familie Wu vom Weißen Banner. Ein Vorfahre von ihm war Dasara Hafan. Er selbst ist zur Zeit ohne Amt.«

Darauf Prinz Duan: »Aha, also eine kriegerische Familie. Na, dann schicken wir ihn doch in die Tigergeist-Legion!«

Diese Tigergeist-Legion war eine Elitetruppe, die speziell für den Kampf gegen die »ausländischen Teufel« – so bezeichnete man in China die Ausländer – geschaffen worden war, worauf schon ihr Name hindeutete: Der Tiger reißt das Lamm (chinesisch: yang, ebenso gesprochen wie yang = ausländisch), und ein Geist besiegt noch allemal einen Teufel!

Bei den Worten des Prinzen war Wu Shibao vor Schreck fast in Ohnmacht gefallen. Eilends machte er einen Kotau vor ihm und stammelte: »Der Sklave bedankt sich für die unendliche Gnade Eurer Exzellenz. Doch des Kämpfens unkundig, wagt er nicht, sie anzunehmen.«

Der Prinz aber erwiderte: »Ach was, ein Gewehr brauchst du ja nicht gleich in die Finger zu nehmen! Die brauchen einen Bithesi, und zum Schreiber wird's ja wohl langen! Da du von mir empfohlen wirst, brauchst du dir auch wegen der Besoldung keine Sorgen zu machen.«

Wu Shibao wagte keinen weiteren Widerspruch, machte abermals einen Kotau und zog sich eilends, als habe er plötz-

Er begleitete ihn auf der dreisaitigen Sanxian.

lich die Malaria gekriegt. Dabei bereute er heftig, seiner Arie jene Strophe angehängt zu haben, der er nun diesen zweifelhaften Gnadenerweis verdankte. Sein Begleiter auf der dreisaitigen Sanxian, ein verarmter Bannermann namens Shou Ming, der sich in allen Dingen des Lebens auskannte, riet dem armen Wu in seiner Panik, jenem Eunuchen, der ihm den Tip mit der extemporierten Strophe gegeben habe, ein paar exquisite Sächelchen zuzustecken, damit dieser für ihn beim Prinzen um »Dispens wegen Krankheit« nachsuche. Da die ganze Angelegenheit ohnehin nur einer Laune des Prinzen entsprungen war, bestand dieser, als er sah, wie beharrlich Wu Shibao sich sträubte, nicht länger darauf, ihn zur Tigergeist-Legion abzukommandieren.

Ein Jahr darauf, im Jahre 1900, als die vereinigte Armee der acht imperialistischen Mächte Peking besetzte und Friedensverhandlungen mit der Regierung des Qing-Reiches aufgenommen wurden, bestand eine der Bedingungen der ausländischen Siegermächte darin, die »Rädelsführer der Yihetuan« zu bestrafen. Auf diese Weise war Prinz Duan mit einemmal nicht nur nicht Vater eines künftigen Kaisers, sondern verlor obendrein seinen Prinzentitel und wurde auf Lebenszeit ins entlegene Xinjiang verbannt. Die Tigergeist-Legion aber wurde aufgelöst.

Die Besetzung Pekings durch die Armee der Alliierten brachte auch für Wu Shibao einige kleine Unannehmlichkeiten mit sich. Ihm war nämlich sein Hündchen entlaufen, und auf der Suche nach ihm wurde er von ausländischen Soldaten aufgegriffen und gezwungen, einen Tag lang als Totengräber zu fronen. Beim Anblick all der Leichen mußte er daran denken, daß Prinz Duan auch ihn der Tigergeist-Legion hatte zuteilen wollen. Noch nachträglich brach ihm bei diesem Gedanken der kalte Schweiß aus.

Als nach Jahresfrist der Friedensvertrag abgeschlossen war und das Leben in Peking sich wieder normalisiert hatte, lud Wu Shibao Shou Ming und ein paar weitere Freunde ein, am neunten Tag des neunten Monats nach dem Mondkalender mit ihm zum Tempel des Himmlischen Friedens zu wandern, um dort mit Gebet und Weihrauch Buddha dafür zu danken, daß er der drohenden Gefahr mit knapper Not entgangen war.

In Peking, das ja südlich der großen Wüste liegt, verdunkelt im Frühling der Flugsand den Himmel, während der Sommer wegen der sengenden Sonne unerträglich heiß ist. Daher ist der Herbst die beste Jahreszeit für Ausflüge, und eine kleine Bergtour zum Doppelneunfest ist weit beliebter als eine Frühlingswanderung.

IV

Da zu jener Zeit Nordmeerpark und Berg der Schönen Aussicht zum Bereich der allein dem Hofe vorbehaltenen Verbotenen Stadt gehörten, mußten gewöhnliche Sterbliche auf andere Ausflugsziele ausweichen, unter denen am beliebtesten die Anglerterrassen im Westen, die Erdwälle im Norden und der Tempel der Bewahrten Glaubenslehre sowie der Tempel des Himmlischen Friedens im Süden Pekings waren. Was an diesen Orten so attraktiv war? Nun, die Erdwälle boten genug Raum, um dort über einem Reisigfeuerchen Fleisch zu grillen, während im weitläufigen Gelände an den Anglerterrassen Pferderennen veranstaltet werden konnten. Auf dem Gelände des Tempels der Bewahrten Glaubenslehre wiederum gab es eine hohe Pagode, von der aus man eine wundervolle Aussicht hatte. Zum Tempel des Himmlischen Friedens vor dem Zhangyi-Tor endlich gelangte man, wenn man an der Zhushikou-Kreuzung nach Westen abbog – und in dieser Gegend lag ein berühmtes Restaurant neben dem anderen. Auch Wu Shibao hatte sich für den Tempel des Himmlischen Friedens entschieden, weil er auf dem Rückweg im Gasthaus »Zur Allumfassenden Harmonie« in der Beibanjie-Gasse einkehren wollte, das für seine gebratenen Nierchen nach südchinesischer Art und seinen gedämpften Fisch à la Pan stadtbekannt war.

Jener Shou Ming, den Wu Shibao eingeladen hatte – man erinnert sich: der Sanxian-Spieler, von dem die Idee mit dem Krankenurlaub stammte –, hatte früher einmal ein kleines Amt bekleidet, dieses aber irgendwann und aus irgendeinem Grund wieder aufgegeben. Er verspürte auch keinerlei Neigung, je wieder Beamter zu werden. Shou Ming war nicht nur ein ausgezeichneter Sanxian-Spieler und Begleiter, sondern auch ein hervorragender Imitator von Opernsängern. Besonders gerühmt wurde seine Persiflage der bekannten Opernkünstler Tan Xinpei und Huang Runfu in dem Stück »Die leere Stadt«. So gab es kaum eine Adelsresidenz, in der Opernvorstellungen zu festlichen Anlässen ohne seine Mitwirkung stattgefunden hätten. Obwohl er selbst in sehr dürftigen Verhältnissen lebte, nahm er für seine Auftritte bei derartigen Anlässen niemals irgendwelche illegalen Honorare an, was ihn in der allgemeinen Achtung noch mehr steigen ließ.

Allerdings war es nicht allein der unbezähmbare Drang, sich zu produzieren, der ihn mit seiner Sanxian von einer privaten Vorstellung zur nächsten ziehen ließ. So hoch stand er denn doch noch nicht über den Dingen, daß er mit leerem Magen aus purer Freude an der Geselligkeit aufgetreten wäre. L'art pour l'art? Nicht für ihn! Vielmehr nutzte er die Gelegenheit, sich ein bißchen Geld zu verdienen, indem er für Antiquitätenhändler Geschäfte mit den betuchten Gästen solcher Opernvorstellungen vermittelte, was ihm dann jeweils eine kleine Gratifikation eintrug. Das hört sich vielleicht einfach an, erforderte aber erstens Sachverstand – denn der Preis für solch ein antikes Stück mußte ja so festgelegt werden, daß er sowohl für den Verkäufer als auch für den Käufer akzeptabel war – und zweitens Vertrauenswürdigkeit, weil beide, Käufer wie Verkäufer, das Gefühl haben mußten, mit dem gebotenen beziehungsweise geforderten Preis würden gerade seine Interessen berücksichtigt und das

Geschäft sei durch und durch reell. So hatten sich mit der Zeit bestimmte Charaktereigenschaften bei Shou Ming herausgebildet: zum ersten eine geradezu leidenschaftliche Loyalität Freunden gegenüber und zum zweiten eine übertriebene Ehrpusseligkeit. Denn da es in diesem Metier einzig und allein auf Integrität ankommt, wäre diese Verdienstquelle sofort versiegt, hätte jemand den geringsten Zweifel an seiner Integrität geäußert.

Auf dem Rückweg vom Tempel des Himmlischen Friedens tafelten Wu Shibao und seine Freunde an jenem Tag wie geplant im Gasthaus »Zur Allumfassenden Harmonie«. Erst gegen drei Uhr, als die ersten Gäste für das Abendessen einzutreffen begannen, brachen sie auf, wobei Shou Ming und Wu Shibao sich von einem Kellner noch einen in Lotosblätter gewickelten Imbiß zum Mitnehmen zurechtmachen ließen. Dann traten sie hinaus auf die Straße und gingen um die Ecke bis zum nördlichen Ende der Gasse. Plötzlich näherte sich ihnen von der Ostseite der Caishikou-Straße her eine schwarze Kutsche. Shou Ming sprang schnell zur Seite, wurde aber dennoch von der Deichsel gestreift und fast zu Fall gebracht. Er hatte noch nicht sein Gleichgewicht wiedergefunden, als auch schon ein Lakai mit einer Troddelmütze vom Wagen herabsprang, ihn am Kragen packte und ohrfeigte. Wu Shibao schrie den Lakaien an: »Du Mistvieh! Erst die Leute anrempeln und dann auch noch frech werden!« In diesem Moment wurde der Vorhang am Wagenfenster gelüpft, ein Beamter steckte den Kopf heraus und rief: »Welcher Frechling wagt es, meinen Wagen aufzuhalten? Schlagt ihn zusammen!«

Die Stimme des Mannes kam Wu Shibao bekannt vor. Als er sich nach ihm umdrehte, sah er, daß es niemand anders war als Xu Huanzhang, der Sohn von Xu Dazhu aus dem Dorf Dongzhuangzi, ein Bannersklave seiner Familie. Die Vorfahren dieses Xu Huanzhang hatten sich einst mit ihren Ländereien unter die Schirmherrschaft des Weißen Banners gestellt und waren der Familie des Dasara Hafan

Plötzlich näherte sich eine schwarze Kutsche.

Wu als Sklaven zugeteilt worden. Solche Bannersklaven unterschieden sich von Haussklaven, die man mit amtlich gesiegelten Kaufbriefen erwarb, denn abgesehen von Pacht und Naturalienlieferungen und den Pflichtbesuchen im Hause des Herrn zum Drachenboot-, Mittelherbst- und Neujahrsfest bewirtschafteten sie selbständig ihre Felder und waren zu keinerlei Hand- und Spanndienst verpflichtet. Einige von ihnen waren selbst Gutsbesitzer mit eigenen Pächtern, Knechten, Mägden und Dienern und lebten herrlich und in Freuden, ohne selbst einen Finger krumm zu machen. Sobald jedoch ihr Herr und Meister sie anläßlich einer Hochzeit oder eines Begräbnisses zu sich bestellte, mußten sie mit Gong oder Ehrenschirm vor beziehungsweise hinter ihm hergehen oder Trauerkleidung anlegen – je nachdem – und sich ebenso unterwürfig unter tiefen Verbeugungen dem gnädigen Herrn nähern, wie sie sich sklavisch rückwärts gehend wieder entfernten. Mochten sie sich zu Hause auch noch so arrogant geben, fanden sie es doch völlig in Ordnung, sich dergestalt als Sklaven behandelt zu sehen. Sie betrachteten das geradezu als eine Auszeichnung, als eine Ehre, und brüsteten sich ihrem eigenen Gesinde gegenüber mit ihrem sklavischen Gehorsam: »Ihr wollt Sklaven sein? Na, da solltet ihr uns mal sehen, wie wir beim Bannerherrn unseren Dienst verrichten! Wenn der hustet, braucht uns niemand erst zu befehlen, ihm den Spucknapf vorzuhalten! Und wenn der Herr etwas anweist, weiß unsereins genau, wann er seinen Gehorsam zu bekunden, wann er sich zu verbeugen und wann er sich zurückzuziehen hat, da geht es nicht so lax zu wie hier!«

In den letzten Jahren hatte sich jedoch manches geändert. Viele von den aristokratischen Familien waren arm und immer ärmer geworden, so daß sie sich nicht einmal mehr Haussklaven leisten konnten und diesen gestatten mußten, sich für ein paar Tael freizukaufen. Einige waren gar so auf den Hund gekommen, daß sie selbst als Kuli arbeiteten und als Lastenträger schwere Säcke buckelten. Andererseits hatten es manche Sklaven eben dieser aristokratischen Mandschuren als Beamte oder Kaufleute zu Geld und Ansehen gebracht und wurden nun wiederum von ihren Bannerherren geschröpft. Einer von ihnen residierte im Tempel des Höchsten Dieners als Verantwortlicher für die Pferde des kaiserlichen Heeres, während sein ehemaliger Herr so verarmt war, daß er als Lastenträger arbeiten mußte. War dieser Bannerherr wieder einmal völlig abgebrannt, pflegte er mit seiner Last zum Tempel des Höchsten Dieners zu ziehen. Dort lungerte er so lange herum, bis er seinen Sklaven in der Kutsche nahen sah. Dann stellte er sich ihm in den Weg und rief mit lauter Stimme: »Steig aus, Kerl, und trag mir die Last!« Der konnte sich wegen seines hohen Amtes einen solchen Gesichtsverlust natürlich nicht leisten. So blieb ihm nichts anderes übrig, als seinen Herrn mit ineinander verschränkten Händen kniefällig zu begrüßen und ihm Geld anzubieten, damit er jemand anders an seiner Statt für diesen schimpflichen Dienst dinge. Dem Gesetz der Großen Qing-Dynastie zufolge bestand das Verhältnis zwischen Sklaven und Herren nämlich auch dann fort, wenn ein Sklave sich freigekauft hatte und nun vielleicht sogar selbst Beamter war. Erschlug ein mandschurischer Adliger einen Freigekauften, dann wurde er dafür lediglich um einen Rang degradiert und versetzt – dies war die übliche Strafe für Totschlag an einem Sklaven innerhalb des Banners –, so daß Ungehorsam für einen Sklaven, freigekauft oder nicht, viel zu riskant gewesen wäre.

Schon die Eltern von Xu Huanzhang hatten sich freigekauft, doch blieb er nominell als im Hause Wu geborener Sohn dennoch dessen Sklave. Für Wu Shibao hatte er nichts als Verachtung. Sollte er sich etwa von so einem Tropf schikanieren lassen? Keinen Pfennig in der Tasche, aber den großen Mann markieren! Sklave sein – dagegen hatte er ja nichts, aber es sollte etwas für ihn selbst dabei herausspringen. Deshalb mußte er, um diesem Herrn Wu Paroli bieten zu können, einen neuen Herrn suchen. Am besten einen Ausländer! Fürchtete nicht sogar die allmächtige Kaiserinwitwe die Ausländer? Also wurde er Katholik und lernte mit finanzieller Unterstützung eines katholischen Priesters am Fremdspracheninstitut Japanisch und Französisch.

Als dann jedoch die ausländerfeindlichen Yihetuan in der Hauptstadt das Regiment führten, kriegte er es mit der Angst zu tun und verkroch sich für ein paar Monate als Hilfswilliger im ausländischen Krankenhaus in der Gesandtschaftstraße Jiaominxiang. Erst am vierten Tag nach dem Einmarsch der ausländischen Soldaten, die drei Tage lang plündernd und mordend die Stadt terrorisierten – wovon Xu schon vorher Wind bekommen hatte –, wagte er sich wieder nach Hause. Er wohnte in der Gegend nördlich des Chaoyang-Tores und östlich von der Dongsi-Straße, dem Viertel, das einst den mandschurischen Kriegern des Weißen Banners als Garnison zugeteilt worden war, wo also auch Wu Shibao und ebenso natürlich Xu Huanzhang als Sklave der Familie Wu ihre Wohnungen hatten. Bei der Aufteilung der Stadt unter die acht Siegermächte war diese Gegend von den Japanern besetzt worden. Unterwegs schon waren Xu weiße Fahnen mit der Aufschrift »Gehorsame Untertanen des großen Japan« über den Eingangstoren mehrerer Adelsresidenzen aufgefallen. Über dem Tor seines eigenen Hauses hing ebenfalls eine weiße Fahne, allerdings ohne Aufschrift. Als er sich nach dem Grund erkundigte, erfuhr er, daß hier in der japanischen Besatzungszone das ungeschriebene Gesetz galt, wer nicht die weiße Fahne als Zeichen der Unterwerfung hisse, werde von den Japanern als Anhänger der Yihetuan betrachtet und könne als solcher ohne viel Federlesens totgeschlagen werden. Daher hatten als erste einige Adelsfamilien weiße Fahnen herausgehängt, später notgedrungen auch andere Bürger, die nicht rechtzeitig geflohen waren. In manchen Familien gab es nun niemand, der schreiben konnte, oder aber man war nicht gewillt, sich selbst die Mütze eines »gehorsamen Untertanen«

aufzusetzen und ganz und gar das Gesicht zu verlieren – genug, es wurde lediglich das weiße Tuch, ohne Aufschrift, herausgehängt.

Diese Erklärungen nahm Xu Huanzhang kopfschüttelnd zur Kenntnis. Dann befahl er seiner Frau, schnell die Fahne einzuholen, doch sein Vater, der das hörte, schaltete sich eilends ein: »Mach das bloß nicht! Die Kaiserinwitwe ist geflohen, alle Truppen sind zerstreut, und sogar Prinz Su hat die weiße Fahne rausgehängt! Als ob ausgerechnet wir etwas gegen die Gewehre der Ausländer ausrichten könnten!«

Doch sein Sohn beruhigte ihn: »Ich will sie ja bloß beschriften, dann kommt sie wieder raus.«

»Ohne Schrift lassen sie die Fahne auch gelten«, sagte seine Frau, »warum sollten wir uns die Mühe machen, sie zu beschriften, noch dazu mit solchen vaterlandsverräterischen Worten?«

Xu aber fuhr sie an: »Halt den Mund! Wir reden hier über wichtige Staatsangelegenheiten, da hast du dich überhaupt nicht einzumischen!«

»Pfui Teufel!« Seine Frau spuckte vor ihm aus, ging aber folgsam hinaus, holte die weiße Fahne und warf sie ihm auf den Schreibtisch.

Xu Huanzhang, der ja im Fremdspracheninstitut Japanisch gelernt hatte, rieb sich etwas Tusche an, tauchte den Pinsel hinein, breitete das weiße Tuch glatt vor sich aus, schrieb sauber und ordentlich auf japanisch »Haus eines gehorsamen Untertanen« darauf und hängte die Fahne sodann wieder auf.

Kaum hing dieses Aushängeschild, da zeitigte es auch schon Wirkung: Am Nachmittag des zweiten Tages erschien ein japanischer Offizier in Begleitung von vier Infanteristen bei Xu Huanzhang, um mit ihm zu reden. Zu jener Zeit war es in Peking tatsächlich leichter, mitten im Hochsommer zwei gefrorene Sauerbirnen aufzutreiben, um damit die Wirkung eines Kräuterabsuds zu erhöhen, als zwei Chinesen zu finden, die des Japanischen mächtig waren. Die Japaner, die für ihre Marionetten-Verwaltung, das »Amt für die Befriedung der Bevölkerung«, Dolmetscher suchten, mußten selbstverständlich sofort auf einen Mann, der seine weiße Fahne mit japanischen Schriftzeichen beschriftet hatte, aufmerksam werden, und schon einen Tag später zierte Xus linken Ärmel eine weiße Binde mit amtlichem Stempel und der Aufschrift »Kaiserlich-japanische Armee – Amt für die Befriedung der Bevölkerung«. Von da an zog er stolzgeschwellt mit den japanischen Patrouillen aus, um Yihetuan-Anhänger aufzuspüren, Unruhestifter totzuschlagen und in der sogenannten guten Gesellschaft für die Besatzer Leute ausfindig zu machen, die korrupt genug waren, sich zur Mitarbeit in »Komitees zur Aufrechterhaltung der öffentlichen Ordnung« herzugeben. Eine Zeitlang war er auf diese Art der ungekrönte König des nordöstlichen Stadtviertels von Peking.

Die Japaner wußten natürlich, daß die Kollaborateure, die sich für die Mitarbeit in ihren Ordnungskomitees bereit fanden, ausnahmslos keine Autorität bei den Menschen genossen, so daß man sie vielleicht einstweilen zur Aufrechterhaltung der öffentlichen Ordnung einsetzen, sich aber auf die Dauer in keiner Weise auf sie verlassen konnte. Daher beauftragten sie die Komitees, Aufenthaltsort und Verhalten der in ihrem jeweiligen Bezirk lebenden hohen Beamten und Angehörigen der Aristokratie in Erfahrung zu bringen, um auf diese Weise für die Übernahme von Ämtern geeignete prominente Persönlichkeiten ausfindig zu machen.

Für Xu Huanzhangs Karriere erwies es sich als ausgesprochener Glücksfall, daß in seinem Bezirk ein zum erblichen Hochadel gehörender sogenannter »Eisenhut-Prinz«, der Prinz Su, wohnte, der ehemals als Generalmajor Repräsentant des Rotgeränderten Banners im chinesischen Heer und Minister im Militärrat gewesen war und jetzt ein hohes Amt im Ministerium für Zivilverwaltung bekleidete. Einer der Leibwächter dieses Prinzen Su war Nachbar von Xu Huanzhang. Als Xu eines Tages aus dem »Komitee zur Aufrechterhaltung der öffentlichen Ordnung« heimkehrte und am Hoftor jenes Leibwächters vorbeikam, sah er, wie dieser unter dem Schnurbaum im Hof an einem niedrigen Tischchen saß und Gurkenscheiben verzehrte, die er mit Schnaps hinunterspülte. Zunächst war ihm daran nichts Ungewöhnliches aufgefallen, aber als er schon vorbei war, wurde plötzlich das Tor krachend zugeschlagen; dies erst erregte sein Mißtrauen: Hatte der Kerl nicht zum Gefolge von Prinz Su gehört, als der die Kaiserinwitwe auf der Flucht nach Xi'an eskortiert hatte? Wo kam denn der plötzlich wieder her? Bei diesem Gedanken machte er auf dem Absatz kehrt und ging spornstreichs zurück zum Haus jenes Leibwächters. Mit der Faust gegen das Tor hämmernd, daß es nur so krachte, rief er: »Herr Sha, machen Sie sofort auf!«

Im Sommer des Vorjahres hatte Xu Huanzhangs Gattin die Frau des Leibwächters beschimpft, weil diese Melonenschalen vor Xus Hoftor geworfen und Waschwasser dort ausgekippt hatte. Daraufhin war Herr Sha rachedurstig in den Hof des Nachbarn gestürmt und hatte Xus alten Vater geohrfeigt. Nachdem er aus Xi'an zurückgekommen und von Xu Huanzhangs steilem Aufstieg zum Dolmetscher der Japaner erfahren hatte, war ihm schon ein wenig mulmig geworden. Seine Befürchtungen hatten sich noch verstärkt, als er soeben über seinem Schnaps vergessen hatte, das Hoftor geschlossen zu halten, so daß Xu ihn sehen konnte. Deshalb die Eile, mit der er das Tor schloß. Schon halb im Hause, ging er vor lauter Aufregung wieder zum Tor zurück und spähte durch eine Ritze nach draußen. Just in diesem Moment hämmerte Xu Huanzhang gegen das Tor. Bei diesem ohrenbetäubenden Klopfen fiel Herrn Sha das Herz in die Hosen, und beim Anblick der heuchlerisch grinsenden Visage seines Besuchers hatte er erst recht nur noch den einen Wunsch – sich mit ihm gut zu stellen und so seine Haut zu retten. Also schlug er das Schweigegebot seines Prinzen in den Wind und ließ sich von Xu Stück für Stück die ganze Geschichte aus der Nase ziehen, wie sein Herr, der

Prinz Su, auf allerhöchsten Befehl in die Hauptstadt zurückgekommen war, um dort in Friedensverhandlungen einzutreten.

Am nächsten Tag unterbreitete Xu Huanzhang den Japanern einen vertraulichen Bericht, in dem er ihnen mitteilte, daß Prinz Su aus Xi'an zurück sei, sich in seiner Residenz verkrochen habe und dort Opium rauche. Dafür wurde er von den Japanern mit zehn Silbertael belohnt, denn jemand wie Prinz Su war für ihre Zwecke geradezu ideal: Er war adlig und hochgestellt, für alles Ausländische begeistert, noch dazu ausgesprochen japanfreundlich, pflegte er doch seit geraumer Zeit Umgang mit einem bekannten Ronin (so nannte man die japanischen Samurai, die damals in China umherzogen). Sofort nach Eingang von Xus Meldung nahmen die japanischen Besatzungstruppen daher Kontakt zu jenem Ronin, einem gewissen Kawashima Naniwa, auf, um ihn für ihre Zwecke einzuspannen, und ließen überdies Chai Gui, den Direktor des »Amtes für die Befriedung der Bevölkerung«, persönlich dem Prinzen in seiner Residenz einen Besuch abstatten. Auf diese Weise wurde damals die Grundlage für die jahrzehntelange Kollaboration des Prinzen Su und seiner Familie mit dem japanischen Kaiserreich gelegt. Als ersten Dienst, den der Prinz den japanischen Besatzern erwies, benannte er ihnen dreihundert Mann mandschurische Fußsoldaten und chinesische Infanteristen, aus denen sogenannte Polizeipatrouillen für das »Amt für die Befriedung der Bevölkerung« gebildet wurden. Zum Schreiber jener Polizeitruppe aber wurde kein anderer als Xu Huanzhang bestimmt. Als die Soldaten der acht Mächte wieder aus China abzogen, wurde übrigens diese Bande von Vaterlandsverrätern von Prinz Su zur ersten regulären Polizeitruppe Chinas reorganisiert.

Während der Besatzungszeit war Wu Shibao als zwangsverpflichteter Totengräber bereits einmal auf Xu Huanzhang gestoßen. Angetan mit einem langen Gewand aus grauem Tuch, den Tropenhelm auf dem Kopf, die weiße

Binde am Ärmel, hatte dieser mit einer Pferdeknute die Chinesen angetrieben, sich beim Leichenschleppen und Gräberausheben zu beeilen. Wus erster Gedanke war, ihn anzusprechen und zu bitten, er möge sich für ihn einsetzen, damit er freikäme, aber dann besann er sich eines Besseren und drehte sich absichtlich weg, zog sogar seinen Hut tiefer in die Stirn, damit Xu ihn nur nicht bemerke. Vor diesem Kerl konnte er sich einfach keine Blöße geben! Lieber wollte er sich weiter schinden, als daß die anderen erführen, daß dieser Chinese, der da andere Chinesen zur Arbeit für den Feind antrieb, sein Sklave war. Damals hatte er die Zähne zusammengebissen und seinen Zorn hinuntergeschluckt, doch als er ihn jetzt wieder sah, packte ihn die Wut mit doppelter Gewalt, zumal ja der von Xus Kutsche Angerempelte auch noch sein Freund war. Mit erhobener Stimme zwar, aber sonst ganz ruhig und gelassen, sagte er: »Wen haben wir denn da? Xu den Hundesohn! Trägst den Kopf ganz schön hoch, was?«

Als Xu Huanzhang ihn erkannte, erschrak er. Verflixt! Der Herr! dachte er, denn da er sich nicht in seinem Polizei-Yamen, sondern auf offener Straße befand, galten unverändert die Gesetze des Qing-Reiches. Ließe er sich aber hier vor aller Augen und Ohren herunterputzen, müßte er später für seine Autorität bei der Ausübung seiner Amtsgeschäfte fürchten. »Gut beraten ist der Mann, der immer sich beherrschen kann« – er mußte nur zusehen, daß er sich glimpflich aus der Affäre zog; wenn er erst wieder in seinem Yamen wäre, würde ihm schon etwas einfallen ... Schnell verzog er das Gesicht zu einem unterwürfigen Grinsen und sagte: »Ach, Sie sind es, gnädiger Herr! Ihr Sklave wünscht Ihnen Segen!« Mit diesen Worten sprang er aus dem Wagen und beugte das Knie vor Wu Shibao. »Ihr Sklave war blind! Ihr Sklave hat sich vergangen!«

Inzwischen verzogen sich eilends der Kutscher, der den Fast-Unfall verursacht hatte, und die Lakaien. Was Shou Ming betraf, so beruhigte er sich etwas, als er sah, daß der

Insasse der Kutsche sich als Sklave seines Freundes entpuppte und diesen kniefällig um Verzeihung bat. Er meinte: »Es ist ja nicht so schlimm gewesen, mir ist gar nichts passiert. Gehen wir!«

Es traf sich aber, daß einige von den Schaulustigen, die sich mittlerweile angesammelt hatten, Xu Huanzhang aus ganzem Herzen haßten und schon lange auf eine Gelegenheit gewartet hatten, ihm seine Niedertracht heimzuzahlen. Als echte Pekinger, die sich ja hervorragend darauf verstehen, bei Streitigkeiten Öl ins Feuer zu gießen, fingen sie also an, ganz unschuldsvoll und scheinbar völlig unbeteiligt gegen ihn Stimmung zu machen, wobei sie sich geschickt gegenseitig die Bälle zuspielten.

»Sieh an, etwas ganz Neues! Ein Sklave schlägt seinen eigenen Herrn! Tz, tz!«

»Wenn er doch aber jetzt einen ausländischen Herrn hat! Warum sollte er da seinen alten Bannerherrn noch achten?«

»Ja, ja – ›ein frecher Sohn ist schlechter Erziehung Lohn; ist der Herr allzu mild, wird der Sklave ihm gleich wild!‹«

»Genau so ist es!«

»Haben Sie gesehen, wie sich dieser Sklave herausstaffiert hat und wie er jetzt auftritt? Wenn man dagegen die beiden Herren ansieht, na, da ist ja der Kutscher ihres Sklaven noch besser angezogen. Verkehrte Welt, kann man da nur sagen!«

»Dabei ist das gegen alle Gesetze des Qing-Reiches. Erinnern Sie sich noch an Shi Songjun? Der war immerhin Kanzler des kaiserlichen Kabinetts und Sonderbeauftragter des Kronrats. Trotzdem ist er in Trauerkleidung als Musikant vor dem Sarg seines verstorbenen Bannerherrn hergezogen, und das ist erst zwanzig Jahre her!«

Die Caishikou-Straße war die Ausfallstraße in Richtung Süden, die jeder Reisende passieren mußte, der von dort nach Peking kam. Außerdem kehrten zu dieser Stunde die Doppelneunfest-Ausflügler zurück, so daß die Gaffer immer zahlreicher und immer buntgemischter wurden. Bald erhoben sich Rufe wie »Schlagt ihn zusammen!«, »Erteilt doch mal diesem Verräter eine kleine Lektion!«.

Unter all diesen Sticheleien war Wu Shibao immer mehr in Rage geraten. Zusätzlich befeuert von dem Schnaps, den er getrunken hatte, schleuderte er nun sein Lotosblatt-Imbißpaket auf Xu Huanzhang und schrie ihn an: »Du Hundesohn, du glaubst wohl, weil du jetzt Beamter bist und es zu was gebracht hast, kannst du deinen Herrn verleugnen! Aber ich werde dich Mores lehren und dir zeigen, was für ein Stück Dreck du bist! . . .«

Die umstehende Menge war begeistert, ja geradezu hingerissen, daß hier ein Beamter in all seiner Vornehmheit und Pracht von einem schäbigen Mandschuren, der wohl einmal bessere Zeiten gekannt hatte, in aller Öffentlichkeit mit Kübeln von »stinkenden Därmen und Füßen vom Schwein, mit Schweineköpfen und -innereien« überschüttet wurde. Von allen Seiten wurde Wu Shibao durch Zurufe angefeuert, nur ja nicht abzulassen und es dem Kerl richtig zu geben. Die Straße war von so lautstarken Beifallsbekundungen erfüllt, daß man sich ins Theater der Allumfassenden Harmonie während einer Vorstellung mit dem berühmten Sänger Tan Jiatian versetzt fühlte.

Xu Huanzhang war gewitzt genug, einzusehen, daß unter diesen Umständen Widerstand zwecklos war; die Menge würde ihn womöglich zu Tode trampeln. Knallrot im Gesicht, die Arme an den Seiten baumelnd, stand er unterwürfig da und beteuerte mit lauter Stimme: »Der Sklave dankt für die gütige Belehrung durch Hand und Mund des Herrn!«

Wu Shibao war im Grunde ein ausgeglichener und friedfertiger Mensch, dessen Art es sonst nicht war, die Dinge auf die Spitze zu treiben. Bei Xus Entschuldigungen war seine Wut schon fast verraucht. Auch Shou Ming, der zwar zuerst sehr zornig gewesen war, dann aber aus den Kommentaren der Umstehenden und aus Xus ganzem Aufzug – Kutsche, Lakaien, Kleidung – geschlossen hatte, daß dieser Mensch anscheinend nicht ohne Einfluß und, wenn man den Bogen überspannte, mit Sicherheit ein unversöhnlicher Feind war, gegen den Wu Shibao, sosehr er heute den Herrn und Meister herauskehren mochte, im Ernstfall kaum etwas ausrichten konnte, versuchte nun eilig, die Wogen zu glätten. Wu Shibao war inzwischen auch wieder fast nüchtern. Etwas versöhnlicher belehrte er seinen Sklaven: »Ich meine es nur gut mit dir. Du bist noch jung und hast das ganze Leben noch vor dir. Du mußt unbedingt lernen, dich zu beherrschen und dich zu bescheiden, wie es sich für einen in deiner Stellung gehört. Du kannst gehen!«

Da zerstreute sich auch die gaffende Menge, nicht ohne ihrer Enttäuschung und ihrem Mißfallen lautstark Ausdruck zu verleihen.

Wu Shibao begab sich nach Hause und machte erst einmal ein Nickerchen. Am Abend, als sein Rausch völlig verflogen war und er die ganze Geschichte noch einmal überdachte, kam es ihm auch so vor, als sei er ein wenig übers Ziel hinausgeschossen, doch machte er sich deswegen weiter keine Gedanken.

Nach ein paar Tagen hatte sich die Sache herumgesprochen, und seine Bekannten beglückwünschten ihn zu seinem »kompromißlosen Gerechtigkeitssinn« und seinem »unerschrockenen Eintreten für Ordnung und Disziplin«. Er entdeckte zu seinem eigenen Erstaunen, daß an ihm direkt ein kleiner Held verlorengegangen war. Gerade überlegte er noch, ob er nicht diese seine bisher verborgenen Qualitäten künftig besser zur Geltung bringen sollte, da erschienen plötzlich Abgesandte des Justizministeriums, um ihn in klirrenden Ketten fortzuführen. Während des Verhörs wurde er nach dem genauen Hergang befragt, wie er mit dem Prinzen Duan in dessen Residenz Zauberzeichen gemalt, in seinem Gesangsvortrag Beschwörungsformeln rezitiert und sich in den Dienst der Tigergeist-Legion gestellt habe. Nun erst wurde ihm klar, daß man ihn für einen Yihetuan-Kämpfer hielt, der sich bisher der Verfolgung erfolgreich entzogen hatte, und er beteuerte lautstark seine Unschuld. Der Untersuchungsrichter aber sagte: »Wenn Sie sich zu Unrecht beschuldigt fühlen, müssen Sie in die Jiaominxiang Straße gehen und sich bei den Ausländern beschweren, denn die Anzeige gegen Sie kommt aus der japanischen Botschaft. Unsereins kann da auch nichts machen.« Sprach's, winkte mit der Rechten und ließ Wu Shibao mit vierzig Pfund schweren Eisenketten an den Füßen in die Todeszelle abführen.

Wus Ehefrau war die Tochter eines Obersten vom Blauen Banner, dessen Garnison sich am Fuße der Duftberge im Westen Pekings befand. Die Töchter von Bannerleuten hatten seit jeher eine besondere Stellung im Elternhaus und wurden von der ganzen Familie respektvoll mit »junge Herrin« angeredet. Auch brauchten sie sich bei Feierlichkeiten und an Festtagen nicht wie alle anderen vor den Älteren hinzuknien und zu verneigen, denn es konnte ja durchaus sein, daß die eine oder andere »junge Herrin« eines Tages für den Dienst bei Hofe ausersehen würde, und für diesen Fall mußte man selbstverständlich schon durch eine bevorzugte Behandlung vorsorgen. Das aber blieb nicht ohne Auswirkungen auf den Charakter einiger dieser jungen mandschurischen Damen: Im günstigen Falle waren sie selbstbewußt und stolz, großzügig und tolerant, tatkräftig und resolut, im ungünstigen eigensinnig und überheblich, kleinlich und engstirnig, rechthaberisch und unleidlich.

Nicht lange nach Wus Einkerkerung erschien nun plötzlich Xu Huanzhang im Hause seines alten Bannerherrn, beladen mit allen möglichen Geschenken. Er sei eigens gekommen, um sich für die Beleidigung des gnädigen Herrn durch seinen Kutscher neulich auf der Straße zu entschuldigen, erklärte er. Da erzählte ihm Frau Wu unter Tränen, wie man ihren Gatten ergriffen und weggeschleppt habe. Xu zeigte sich entrüstet und schwor, die Hand auf dem Herzen, er werde nichts unversucht lassen, den Verbleib von Herrn Wu in Erfahrung zu bringen und ihn zu befreien. Frau Wu, die in ihrer Aufregung ohnehin keinen klaren Gedanken fassen konnte, schenkte diesem treuen Diener, der da als Helfer in der Not erschienen war, volles Vertrauen und beauftragte ihn, seinen Herrn zu retten.

Xu Huanzhang begleitete sie persönlich bei ihrem Besuch im Justizministerium, wo sie den Kanzleivorsteher und den für den Fall ihres Gatten zuständigen Sekretär aufsuchte. Diese erklärten übereinstimmend, den Fall Wu Shibao hätten die Ausländer an sich gezogen, und diese bestünden auf seinem Kopf. Es ließe sich folglich kaum etwas für ihn tun. Erst als ihnen Xu Huanzhang im Beisein von Frau Wu gut zuredete und alles mögliche versprach, erklärten sie sich bereit, höheren Ortes Fürsprache für ihn einzulegen – allerdings zu einem ungeheuerlichen Preis. Aber sollte Frau Wu in dieser kritischen Situation, wo es um das Leben ihres Gatten ging, etwa auf das Geld sehen? Sie kassierte also zunächst ausstehende Gelder ein und verkaufte dann ihren Schmuck, um die geforderte Summe zusammenzubekommen. Doch trotz der über tausend Silbertael, die sie ausgab, hatte sie noch immer nichts Konkretes in Erfahrung gebracht und begann schon, Zweifel an Xu Huanzhang zu hegen; da erschien er mit der Freudenbotschaft, das Todesurteil sei aufgehoben worden und sie könne den Gatten am nächsten Tag im Gefängnis besuchen.

Frau Wu, die noch nie in einem Gefängnis gewesen war, schämte sich und hatte Angst vor diesem Besuch. Zum Glück hatte Xu Huanzhang alles vorbereitet und ihr mit Geld und guten Worten an den entscheidenden Stellen den Weg gebahnt, so daß sie ohne große Schwierigkeiten zu ihrem Gatten vorgelassen wurde. Obwohl die Eheleute sonst nicht sonderlich liebevoll miteinander umgegangen waren, brachen sie jetzt beide in Tränen aus. Frau Wu fragte ihren Gatten, wie der Prozeß verlaufen sei, und er berichtete ihr, wie man ihn im ersten Verhör beschuldigt habe, zu den Yihetuan gehört, Kirchen in Brand gesteckt und Ausländer ermordet zu haben, wie er sich geweigert habe, ein derartiges Geständnis abzulegen, und wie man ihn daraufhin in die Todeszelle gesperrt habe, ohne ihn ein weiteres Mal zu verhören; wie dann Xu Huanzhang ihn besucht und ihm zugeflüstert habe, er habe den Untersuchungsrichter bestochen und beim nächsten Verhör solle er – Wu Shibao – überhaupt keine Antwort geben, sondern nur möglichst lautstark seine verstorbene Mutter beweinen, dann würde er schon glimpflich davonkommen. Zwar hätten Xus Ratschläge leise Zweifel bei ihm geweckt, unwillkürlich aber habe er doch ein wenig Hoffnung geschöpft und beschlossen, es immerhin einmal zu versuchen. Und tatsächlich habe sein mehrmaliges Weinen im Verhör gewirkt: Gestern sei er in eine Zelle für privilegierte Häftlinge verlegt worden, wo die Verpflegung etwas besser und die Aufseher etwas höflicher seien. Alle würden sagen, sein Todesurteil sei aufgehoben worden, jedoch er selbst habe ein Urteil noch nicht zu Gesicht bekommen.

Frau Wu seufzte und sagte: »Du hast ja nie auf mich hören wollen, immer nur auf deine Amme Liu! Die konnte plappern, was sie wollte, du hast es ihr abgenommen. Da mußt du erst in Todesgefahr schweben, um zu merken, was du an mir hast! Ich will dir nämlich mal was sagen: Ich bin es, die dich losgekauft und vor der Hinrichtung bewahrt hat! Und auf meine Anweisung hin ist Xu Huanzhang bei dir gewesen! Also überleg dir mal schön, wem du in Zukunft dein Vertrauen schenkst!«

Worüber Frau Wu und die Amme sich zerstritten hatten, soll uns nicht interessieren. Jedenfalls war Wu Shibao jetzt seiner Frau aus tiefster Seele dankbar und gelobte fußfällig, sich stets willig ihrem weisen Ratschluß zu fügen, käme er nur erst frei.

Wieder zu Hause, bedankte sich Frau Wu überschwenglich bei Xu Huanzhang und wollte wissen, wann denn ihr Gatte nun entlassen würde. Xu antwortete: »Was wir bisher ausgegeben haben, hat gerade gereicht, um sein Leben zu retten. Wenn wir ihn da rausholen wollen, müssen wir uns noch mehr einfallen lassen.«

»Aber ich habe schon alles, was sich zu Geld machen läßt, zusammengekratzt!« erwiderte Frau Wu. »Wo soll ich bloß noch mehr Geld hernehmen?«

Darauf Xu: »Wir bewirtschaften doch hundertzwanzig Mu Ackerland, die Ihrer Familie gehören. Die haben in den letzten Jahren ohnehin nichts abgeworfen, immerzu Dürren oder Überschwemmungen oder Heuschreckenplagen, da könnten Sie mir doch die Besitzurkunde geben. Ich würde denken, damit kriege ich den gnädigen Herrn frei.«

Frau Wu hatte Grund und Boden niemals als vollwertigen Besitz angesehen und hatte auch keine Ahnung, wieviel Einkünfte hundertzwanzig Mu abwerfen konnten. Hatte sie all ihren kostbaren Perlen- und Jadeschmuck zu Geld gemacht, so würde es auf solch ein Stück Papier auch nicht mehr ankommen. Kurz, sie suchte die Besitzurkunde heraus und übergab sie Xu Huanzhang. Wie sie das ihrem Gatten beibringen würde, darüber machte sie sich jetzt noch keine Gedanken. Wenn der Termin für seine Freilassung erst einmal feststünde, wäre dazu immer noch Zeit.

Natürlich war die ganze Sache von Xu Huanzhang mit Hilfe des Kanzleivorstehers im Justizministerium und anderen Helfershelfern eingefädelt worden. Das bewußte Schriftstück aus der japanischen Botschaft hatte er selbst abgefaßt, um damit die Beamten im Justizministerium auf Trab zu bringen. Als dann Wu Shibao, seinem Rat folgend, beim Verhör auf keine Frage mehr antwortete und nur noch seine Mutter beweinte, war der Untersuchungsrichter tatsächlich in der Zwickmühle gewesen, denn da die Herrschaft der mandschurischen Qing-Dynastie auf dem Prinzip der kindlichen Ehrfurcht beruhte, konnte nicht einmal er etwas dagegen ausrichten, daß ein treuer Sohn im Gerichtssaal seine verstorbenen Eltern beweinte. Andererseits – wie sollte er es den Japanern gegenüber rechtfertigen, wenn bei den Verhören nichts herauskam außer einer Flut von Tränen? In dieser Situation gab der Kanzleivorsteher ihm heimlich den Rat, er möge doch nach oben melden, der Delinquent sei geisteskrank und die Verhandlung werde ausgesetzt, bis er wieder bei Sinnen sei. Daraus könnten ihm, dem Untersuchungsrichter, unmöglich irgendwelche Schwierigkeiten erwachsen, weil ja die Ausländer in solchen Fällen selbst schon immer so verfahren seien. Erleichtert folgte der Untersuchungsrichter diesem Rat und legte den Fall Wu Shibao erst einmal auf Eis. Auf das Konto des Kanzleivorstehers und seiner Komplizen ging übrigens auch das Gerücht, Wu Shibao würde auf jeden Fall zum Tode verurteilt werden, so daß er von Anfang an in die Todeszelle gesperrt worden war. Auf diese Weise wurde nicht nur Wu ausgetrickst, sondern auch der Untersuchungsrichter.

Wu Shibao verbrachte nur zwei Tage in der Zelle für bevorzugte Häftlinge. Dann steckte man ihn wieder in eine gewöhnliche Zelle, wo das Essen erbärmlich und die Gefängniswärter alles andere als höflich waren.

V

In dieser Zelle, so klein sie war, fand Wu Shibao schon zwei andere Häftlinge vor: einen hageren, hochgewachsenen älteren Herrn, der zurückhaltend und kultiviert wirkte und im übrigen sehr wortkarg und niedergeschlagen war, und einen robusten Kerl in der Uniform der Wächter des Staatsschatzes, der einen grobschlächtigen und brutalen Eindruck machte. Der Ältere redete ihn mit »Bruder Bao« an, während dieser ihn seinerseits »Meister Nie« nannte. Bruder Bao hatte unter seiner Strohmatte ein Buch stecken, den klassischen Roman »Die drei Reiche«. Jeden Morgen, wenn sie vom Spaziergang auf dem Gefängnishof zurückkamen, fragte er Meister Nie: »Wie wäre es mit einem Kapitel?« Dann nickte Meister Nie, setzte sich mit dem Buch an die Tür, wo es heller war, und las ein paar Kapitel vor, und zwar so flüssig und ausdrucksvoll, daß Wu Shibao sofort merkte, hier hatte er einen gebildeten Menschen, geradezu einen Gelehrten vor sich. Auch von den Aufsehern wurde dieser Meister Nie verhältnismäßig gut behandelt. Zu den drei Mahlzeiten erhielt er jeweils etwas mehr und etwas besseres Essen als Wu Shibao. Während dieser gedämpfte Maisbrötchen und eingesalzene Steckrüben bekam, wurden Meister Nie Hefeklöße aus Weizenmehl und dazu je ein Fleisch- und Gemüsegericht vorgesetzt. Empört fragte Wu den Wärter, wieso der andere, der doch genauso einsitze wie er selbst, ihm gegenüber bevorzugt würde, woraufhin er sehr von oben herab belehrt wurde: »Wer für Kost und Logis bezahlt, hat ja wohl auch Anspruch darauf!« Wu Shibao verstand das zwar nicht recht, wagte aber keine weiteren Fragen mehr. Was den Schatzwächter betraf, so nahm der überhaupt keine Gefängniskost zu sich, sondern bekam seine Mahlzeiten jeden Tag von seinen Kameraden im Staatsschatz gebracht, und zwar nicht nur Fleisch und Geflügel, sondern sogar heißen Reiswein, der, unter einer Schicht Hühnerfett versteckt, als »Hühnerbrühe« eingeschmuggelt wurde. Sobald er anfing zu essen, drehte Wu sich zur Seite, denn bei dem wahrhaft köstlichen Duft der Speisen lief ihm das Wasser im Munde zusammen, so daß er befürchtete, die anderen könnten ihm womöglich seinen Futterneid ansehen und ihn dafür verachten. Die empörende Bevorzugung seiner beiden Mithäftlinge brachte ihn so gegen sie auf, daß er den ganzen Tag in einer Ecke hockte und kein Wort mit ihnen wechselte.

Bruder Bao hatte nicht nur einen gesegneten Appetit und einen guten Durst – er war auch ein großer Schnupfer vor dem Herrn. Die Schnupftabakfläschchen sind ja normalerweise nicht breiter als zwei Finger und nicht höher als eine Faust, seine Flasche aus billiger hellgrüner Gebirgsjade dagegen war so groß wie eine Weinkalebasse. Gelüste es ihn nach einer Prise, schüttete er zunächst ein Häufchen Tabak auf ein – ebenfalls übergroßes – Schnupftellerchen und schmierte sich dann mit angefeuchtetem Daumen je eine Portion in das rechte und linke Nasenloch, so daß es aussah, als ziere ein gescheckter Schnurrbart seine Oberlippe. Wu Shibao beobachtete ihn mit einer Mischung aus Ekel und Neid, denn auch er war passionierter Schnupfer. Er konnte in diesen Tagen, da er überhaupt keine Verbindung zur Außenwelt mehr hatte, vor lauter Sorgen weder essen noch schlafen; geschnupft aber hätte er für sein Leben gern! Doch sein Tabak war alle, und neue Zellennachbarn kamen nicht. Bruder Bao um eine Prise bitten? Nein, da würde er sich ja etwas vergeben! So schabte er also aus Leibeskräften mit dem Ohrlöffelchen an den Wänden seiner leeren Schnupftabakflasche herum, um auch das letzte Krümchen Tabak, das vielleicht noch daran klebte, loszukratzen, es dann herauszuschütteln und ganz behutsam, damit nur ja nichts verlorenginge, in die Nase zu expedieren – in der vergeblichen Hoffnung, es würde dort sein Aroma entfalten.

Der Schatzwächter schnupfte nicht nur viel und kräftig, sondern veranstaltete auch jedesmal eine regelrechte Schau mit viel Geschnaufe und Gestöhn. Jedes Niesen kündigte er damit an, daß er zunächst mit weitgeöffnetem Mund geräuschvoll Luft holte. Nun ist es mit dem Tabakschnupfen wie mit dem Gähnen: beide stecken an. Wo einer schnupft, da juckt den anderen die Nase. Folglich begann Wu Shibao, sobald der andere eine Prise nahm, in seinem Fläschchen herumzukratzen. Je mehr er schabte, desto geringer wurde seine Ausbeute, bis schließlich kein einziges Krümchen mehr herausfiel, sosehr er auch schüttelte. Dennoch wollte er nicht glauben, daß das Fläschchen tatsächlich leer war, und hielt es in der Hoffnung, doch noch ein letztes Tabakrestchen zu erspähen, vor dem Fenster gegen das Licht.

Sein Quarzkristallfläschchen, das mit seinen erhaben aus den Außenflächen herausgeschliffenen »Tragegurten« an die Wasserflasche des Ausflüglers erinnern sollte, unterschied sich beträchtlich von Bruder Baos martialischer Riesenflasche. Es hatte eigentlich eine gelbliche Farbe, doch an den

Stellen, wo der Tabak an den Innenwänden haftete, schimmerte es dunkelbraun. Nachdem Wu Shibao es eine ganze Zeit im Gegenlicht untersucht hatte, entdeckte er tatsächlich links unten ein vielleicht erbsengroßes Tabakspürchen, das seinem Schablöffelchen bisher entgangen war. Vorsichtig bog er das Löffelchen zurecht und führte es durch den Flaschenhals ein, da legte ihm plötzlich jener schweigsame Meister Nie die Hand auf den Arm und sagte: »Nein, lassen Sie das, sonst verderben Sie das Bild!«

Wu Shibao war starr vor Staunen. »Was haben Sie da gesagt?«

Meister Nie zeigte auf das Fläschchen und erwiderte: »Schauen Sie doch selbst noch einmal hin!«

Als Wu das Fläschchen erneut gegen das Licht hielt, rief Bruder Bao, der sich hinter ihn gestellt hatte, mit seiner lauten Stimme: »Prima, Mann! Bambus und Orchideen. Und da habe ich immer gedacht, der Mann hat zwei linke Hände! Dabei kann er Tabakflaschen von innen bemalen!« Sprach's und brach in dröhnendes Gelächter aus, in das Meister Nie einstimmte. Da erst merkte auch Wu Shibao, daß durch das kräftige Gekratze seines Ohrlöffelchens, mal rauf, mal runter, mal rechts, mal links, auf der Innenseite des Fläschchens ganz von selbst ein kleines Bild entstanden war: auf der linken Seite unten ein Busch Grasorchideen, auf der rechten Seite mehrere Bambuszweige, obwohl man natürlich ein bißchen Phantasie haben mußte, um das zu erkennen. Unwillkürlich mußte auch er lachen. Aufgekratzt, wie sie waren, ließ sich Meister Nie das Fläschchen geben, zog die Schnur, an der sein Bartkämmchen und das Ohrlöffelchen befestigt waren, aus dem Brustlatz seines Gewandes, bog das Ende des Löffelchens ein wenig zurecht, steckte es in das Fläschchen, machte mit sicherer Hand ein paar Kratzer und übergab es dann seinem Besitzer. Der hielt es gegen das Licht und sah: Mit wenigen Strichen hatte Meister Nie aus dem Bildchen ein kleines Gemälde im Stil des berühmten Malers und Dichters Zheng Banqiao gemacht.

Auch Wu Shibao war durchaus kein ungebildeter Mensch. Mit Meister Nies Ohrlöffelchen kratzte er in Normalschrift-Zeichen auf der anderen Seite ein Gedicht von Zheng Banqiao und das Signum »Einer aus den Changbai-Bergen« ein. Für einen ersten Versuch sah sein Werk schon recht ansehnlich aus. Er reichte das Fläschchen Meister Nie. Der sah ihn durchdringend an und nickte mehrmals mit dem Kopf. Wu Shibao verneigte sich mit zusammengelegten Händen vor ihm und sagte: »Ich wußte nicht, daß Sie ein so großer Künstler sind. Bitte vergeben Sie mir den Mangel an Ehrfurcht.«

Eilig erwiderte Meister Nie die Verbeugung. »Ich bitte Sie! Ich betreibe meine stümperhaften Versuche von Berufs wegen, aber Sie, mein Herr, Sie sind ein Naturtalent. Eine große Begabung, wirklich beneidenswert!«

Der Schatzwächter reichte ihm sein Schnupftabaktellerchen mit den Worten: »Wenn Sie ein Prischen mögen – versuchen Sie mal diesen! Schaben Sie bloß nicht mehr in Ihrem Fläschchen herum! Wäre schade um das Bild!«

Wu Shibao nahm sich gierig so viel Tabak, wie er mit Daumen und Zeigefinger packen konnte, stopfte ihn sich in die Nase, nieste genüßlich, einmal und noch einmal, und bemerkte mit einem Lächeln: »Ach ja, darauf habe ich seit Tagen gewartet, auf dieses Niesen!«

Der Schatzwächter erwiderte: »Und ich habe seit Tagen darauf gewartet, daß Sie mich um eine Prise bitten. Aber Sie haben mir nicht die Ehre erwiesen. Vielleicht können Sie nicht lesen und hatten Angst, ich würde Sie zum Dank ›Die drei Reiche‹ vorlesen lassen, was?«

»Nein, nein«, entgegnete Wu Shibao, »es war nur, weil ich Sie überhaupt nicht kannte. Hätten Sie mir welchen angeboten, hätte ich sofort zugegriffen.«

Darauf wieder der Schatzwächter: »Ich kann Sie als Bannerherrn doch nicht als erster ansprechen!«

Unter derlei munteren Plaudereien kamen sich die drei Zellengefährten gleich viel näher.

Nachdem Wu Shibao seinen Heißhunger auf den geliebten Schnupftabak mit ein paar Prisen gestillt, endlich wieder jenes köstliche Prickeln bis in die Stirnhöhle hinein verspürt und mehrmals herzhaft geniest hatte, war ihm etwas leichter ums Herz, und er fragte den Schatzwächter, was man ihm denn zur Last lege. Der antwortete, er habe Silber gestohlen und sei dabei erwischt worden. Wu wunderte sich: »Ich habe gehört, ehe die Schatzwächter die Schatzkammer betreten oder verlassen, müssen sie sich nackt ausziehen und dürfen nur drinnen ihre Uniform tragen. Wie haben Sie denn das Silber überhaupt hinausgebracht?«

»Na, der Körper hat doch eine Menge Öffnungen!« erwiderte Bruder Bao. »In die größte steckst du das Silber. Allerdings nicht in den Mund! Wenn du rausgehst, will ja der Diensthabende die Parole von dir hören.«

Bei seinen Worten war Wu Shibao errötet. Er murmelte: »Aber da bringt man doch gar nicht viel weg! Lohnt das denn, wegen so einem bißchen Silber Gefängnis zu riskieren?«

Der andere antwortete: »Einfach ist es wirklich nicht. So ein Barren wiegt seine zehn Unzen, und mehr als vier kriege ich nicht weg. Das dumme war bloß, genau in dem Moment, wo ich vor dem Offizier stand, mußte ich furzen, und da kam einer rausgeflutscht. Nun ist das ja ein uralter Trick, unsere mandschurischen Vorfahren kannten den schon. Ein vernünftiger Offizier hätte einfach weggeguckt und fertig! Ich hatte eben Pech, der Mann war neu und hatte von Tuten und Blasen keine Ahnung. Macht ein großes Faß auf und buchtet mich ein – wegen so einer Kleinigkeit!«

»Und sind Sie schon verurteilt?«

»Klar! Den Kopf wollen sie mir abschneiden!«

»Um Himmels willen!«

»Keine Bange, ich komme schon nicht um! Einen Schatzwächter ersetzen, da muß man schon ein paar tausend Tael springen lassen. Dagegen ist eine Präfektenstelle noch billig. Wer wird schon scharf sein auf so einen Posten, wenn er kein Silber in den Arsch stecken darf? Die Offiziere sind doch auch nicht von gestern, die wissen ganz genau, wo die Katze ihre Pisse verscharrt hat!«

Noch merkwürdiger war Meister Nies Fall. Der saß nämlich nicht etwa ein, sondern logierte lediglich im Gefängnis. Als Kunsthandwerker, der Schnupftabakflaschen von innen bemalte und Guyuexuan-Porzellan brannte, hatte er vor einiger Zeit einmal etwas Neues probiert: Er hatte einen achtzehnteiligen Satz Guyuexuan-Tabakfläschchen angefertigt und sie mit minuziös gepinselten mehrfarbigen Bildern bemalt. Darauf war jeweils eines der »Achtzehn Lieder, zur Querflöte zu singen«, die die Dichterin Cai Wenji im Exil geschrieben hatte, dargestellt. Diese Fläschchen hatte dann der Neunte Herr Zai gekauft. Dem gefielen sie immer besser, je länger er sie betrachtete, so daß er schließlich Meister Nie zu sich bestellte, um ihren Schöpfer kennenzulernen. Als dieser befehlsgemäß in seiner Residenz erschien, stand der Neunte Herr gerade im Begriff, eine Dienstreise anzutreten. Die Dienerschaft wurde daher beauftragt, Meister Nie bis zu seiner Rückkehr erst einmal eine Unterkunft zuzuweisen, was durchaus nicht unüblich war. Dieser Befehl des Neunten Herrn Zai erwies sich jedoch als verhängnisvoll. Er hatte nämlich zum Schluß noch gesagt: »Schafft ihn an einen sicheren Ort, damit ihn mir nicht jemand anders wegschnappt und ihn einen weiteren Satz Tabakfläschchen brennen läßt. Dann wären meine nichts mehr wert.« Ein sicherer Ort? Am sichersten war es im Gefängnis! Die Diener wußten, der Neunte Herr hatte gute Beziehungen zum Justizministerium, und so kam es, daß sie Meister Nie im Gefängnis unterbrachten. Inzwischen waren zwei Monate vergangen, und der Neunte Herr hatte immer noch keine Zeit gefunden, mit Nie zu reden.

Wu Shibao fragte: »Aber wann kommen Sie raus, wenn das so weitergeht?«

»Wer weiß«, seufzte Meister Nie, »wann der Neunte Herr wieder einmal an mich denkt.«

Er hatte einen Satz Guyuexuan-Tabakfläschchen angefertigt und sie mit minuziös gepinselten mehrfarbigen Bildern bemalt.

Von diesem Tag an datierte Wu Shibaos Freundschaft mit seinen beiden Zellengenossen. Als die Zeit überhaupt nicht vergehen wollte und er seiner Nervosität kaum noch Herr werden konnte, bat er kurzerhand Meister Nie, ihm beizubringen, wie man die Innenseite von Schnupftabakfläschchen fachmännisch bemalt, nur damit er eine Beschäftigung hatte. Meister Nie, der ja wußte, daß Wu aus einer vornehmen Adelsfamilie stammte und so etwas niemals als Broterwerb betreiben, ihm also auch keine Konkurrenz machen würde, lehrte ihn bereitwillig einige Grundbegriffe seiner Kunst.

Wu Shibao erwies sich tatsächlich als Naturbegabung. Er hatte sein Fläschchen sauber ausgewaschen und malte nun mit einer in Tusche getauchten Haarnadel – die Tusche hatte Bruder Bao hereinschmuggeln lassen – ein Bild nach dem anderen auf die Innenwände. Immer, wenn Meister Nie ein Bild begutachtet und ihm Hinweise dazu gegeben hatte, spülte er es wieder ab und malte ein neues. So brachte er es allmählich zu einiger Fertigkeit. Jedoch als er gerade richtig Feuer gefangen hatte, wurde er krank.

Waren es die Sorgen, die er in sich hineinfraß, oder war es das schlechte Essen, ganz gleich, er litt unter heftigem Brechreiz und Durchfall. Bruder Bao gab dem Wärter Geld, damit er einen Arzt hole, der Wu abhörte und ihm Medikamente verschrieb. Meister Nie übernahm es, Kräuterabsude zu bereiten und dem Kranken Wasser zu bringen. Die beiden Männer reinigten und pflegten ihn so liebevoll, ohne sich jemals vor seinen Exkrementen zu ekeln, daß Wu Shibao, sosehr er von klein auf daran gewöhnt war, stets bedient und umsorgt zu werden, ganz gerührt war. Da befand er sich in einer derart mißlichen Situation, und dennoch gab es zwei Menschen, einer zum Tode verurteilt, der andere zu Unrecht eingekerkert, die sich so liebevoll um ihn kümmerten!

Als es ihm ein wenig besser ging, sagte er: »Ihnen beiden verdanke ich mein Leben, wie kann ich es Ihnen nur vergelten?«

Meister Nie erwiderte: »Ach was, vergelten! Wir sind doch Leidensgefährten! Im Gegenteil, das bißchen, was ich für Sie tun konnte, hat mir sogar über meine eigenen Sorgen weggeholfen. Mir ist es in diesen Tagen direkt ein wenig besser gegangen.«

Der Schatzwächter stieß einen tiefen Seufzer aus und sagte: »Ach, Herr, ich bin es, der danken muß! Noch vor ein paar Tagen habe ich immer denken müssen, wenn es bei mir doch Ernst wird, und ich stehe plötzlich vor dem Fürst des Totenreiches, und der fragt mich, was ich denn in meinem Leben so gemacht habe, ja, was sage ich da? Früher, da habe ich geschuftet wie ein Ochse und für meinen Herrn Silber geklaut – na ja, in letzter Zeit auch für mich selbst. Aber ob es mich gibt oder nicht, da schert sich doch kein Mensch drum! Wenn ich sterbe, weint mir keiner eine Träne nach! Sagen Sie selbst, für wen lebe ich denn? Aber jetzt, als Sie krank waren, Herr Wu, als ich ein paar Handgriffe für Sie tun konnte, da kam mir das Leben gleich viel weniger sinnlos vor. Wenn ich jetzt sterbe, da gibt es wenigstens einen Menschen in dieser Welt, der vielleicht ab und zu mal von mir spricht, nicht wahr? Und das kann man sich mit noch soviel Silber nicht kaufen!« Bei diesen Worten standen Bruder Bao die Tränen in den Augen.

Meister Nie fiel rasch ein: »Wenn Herr Wu weinte, würde man das verstehen, denn er ist ja krank. Aber du? Was ist denn heute in dich gefahren? Du hast doch sonst immer so munter geplaudert und gescherzt!«

»Ach, ich habe doch bloß immer Witze gerissen, damit ich selbst nicht traurig werde«, antwortete der Schatzwächter. »Ich hatte Angst, daß mir der Kummer das Herz abdrückt, wenn ich schweige. In den letzten Tagen habe ich keine Witze gerissen, und mir war trotzdem viel leichter ums Herz.«

Wu Shibao meinte: »Ihre Kollegen von der Schatzwache kümmern sich aber doch sehr nett um Sie, da brauchen Sie sich doch nicht einsam und verlassen vorzukommen.«

»Ach, die haben bloß Angst, ich sage beim Verhör was über sie aus, da wollen sie mir den Mund stopfen. Daß die sich um mich kümmern, das machen sie bloß aus Eigennutz. Von wegen Freundschaft! Wenn ich hier jemals wieder rauskomme, gehe ich sowieso nicht wieder zurück in diesen verdammten Staatsschatz. Vielleicht nimmt mich Meister Nie als Gehilfen, oder ich mache bei Ihnen den Türhüter, Herr Wu. Da haben Sie gleich Gesellschaft, und kosten tut es Sie nichts, ich habe ja Silber! Sie brauchen mich bloß wie einen jüngeren Bruder aufzunehmen, dann bin ich schon zufrieden.«

Noch nie hatten die beiden anderen solche Töne von Bruder Bao vernommen. Deshalb begannen sie nun, ihn nach seinem bisherigen Leben auszufragen. Da erfuhren sie, daß sich die Schatzwache unter anderem aus Betteljungen und Waisen rekrutierte, die von speziellen »Ausbildern« schon vor ihrem zehnten Lebensjahr gekauft und dann regelrecht darauf trainiert wurden, Silber im After zu transportieren. Zuerst wurde ihnen ein gefettetes Hühnerei in den Anus geschoben, später eine Kugel aus Stein oder Eisen und schließlich mehrere Kugeln, so daß das Gewicht von einigen Gramm allmählich auf ein paar Unzen gesteigert wurde. Wer aufmuckte, wurde ausgepeitscht und verprügelt. Dieses »Training« erinnerte in seiner Grausamkeit an das Abrichten von Kormoranen für den Fischfang. War das Aufnahmealter für die Schatzwache erreicht, sorgte der »Ausbilder« dafür, daß der Junge dort eine freie Stelle bekam, und dann mußte er tagsüber splitternackt Silberbarren schleppen. Nach dem Dienst erwartete der Herr ihn schon am Tor mit einer Eisenkette. Wie ein Kettensträfling wurde er in einem Karren nach Hause gebracht und blieb gefesselt, bis sein Herr ihn am nächsten Morgen wieder am Tor der kaiserlichen Schatzkammer absetzte. Im Jahre 1900 war Bruder Baos Herr von Marodeuren erschlagen worden, während er selbst, in der Schatzkammer versteckt, dem gleichen Schicksal entging und auf diese Weise sogar seine Freiheit wiedergewann. Heimatlos wie er war, hatte er bei dem Weihrauch- und Kerzenhändler Ma zwei Zimmer im Seitenflügel gemietet und bei ihm auch sein gestohlenes Silber deponiert. Dieser Herr Ma war ein guter Mensch. Er hatte Bruder Bao versprochen, ihm bei der Suche nach einer passenden Frau zu helfen, sobald dieser genug Geld zusammenhätte, um heiraten zu können. Aber dazu war es nicht mehr gekommen, denn inzwischen hatte der Schatzwächter, wie man weiß, Pech gehabt und war erwischt worden.

»Wären Sie nur vorsichtiger gewesen!« meinte Wu Shibao.

Aber Bruder Bao antwortete ihm: »Ach, so was kommt alle Nase lang vor! Bloß bei den anderen bringen ihre Angehörigen oder Herren das Geld auf, um an der richtigen Stelle zu schmieren. Nach ein paar Tagen Knast ist die Sache ausgestanden. Aber ich, ich habe niemand als meine Kameraden, die mit Geld und guten Worten etwas für mich tun können. Und die reißen sich kein Bein für mich aus. Ich weiß ja bis heute nicht, was Sache ist!«

Von da an standen die drei Männer einander noch näher. Ein paar Tage später erschien plötzlich der Wärter mit der Nachricht, für Wu Shibao sei Besuch gekommen. Wu war erfreut, und ihm war bange zugleich – erfreut, weil er endlich wieder einmal Kontakt zur Außenwelt haben und jemand aus seiner Familie wiedersehen würde, und bange, weil er nun schon über ein halbes Jahr keinen Besuch von zu Hause gehabt hatte und befürchtete, es könnte inzwischen etwas Schlimmes vorgefallen sein. Wie groß war seine Überraschung, als er im Besucherzimmer weder seine Gattin noch die Amme Liu, sondern Shou Ming erblickte. »Herr Shou!« rief er. »Daß Sie sich hierher bemühen!«

»Als Ihr Freund bin ich Ihnen das doch wohl schuldig.«

»Aber warum kommt meine Frau nicht? Ist etwas passiert?«

»Nein, nein!« versicherte Shou Ming eilig, brach aber so plötzlich ab, daß Wu Shibao das bestimmte Gefühl hatte, er verschweige ihm etwas. Doch ehe er fragen konnte, sprach Shou Ming schon weiter: »Ich bin gekommen, um mich bei Ihnen zu entschuldigen. Ich habe nämlich in Erfahrung gebracht, daß hinter allem, was mit Ihrem Fall zusammenhängt, dieser Schurke Xu Huanzhang steckt. Aber angelegt haben Sie sich mit ihm meinetwegen, und da kann ich natürlich nicht untätig zusehen, wie er Sie fertigmacht. Mir wird schon etwas einfallen, um Sie hier herauszuholen. Im Justizministerium hat es kürzlich Veränderungen gegeben, all die Spießgesellen von Xu Huanzhang sind nicht mehr im Amt. Ich habe da so einiges in die Wege geleitet, und in ein paar Tagen wird sich mit Sicherheit etwas tun. Nur ein Rat noch: Wenn Sie das nächste Mal verhört werden, sagen Sie die Wahrheit! Geben Sie zu, daß Prinz Duan Sie in die Tigergeist-Legion haben wollte, daß Sie sich aber geweigert haben. Was jene Stegreifverse bei der Geburtstagsfeier betrifft, sagen Sie einfach, Sie hätten ihrem Gastgeber damit nur eine Freude machen wollen und sie gleich wieder total vergessen, weil Sie ja wirklich überhaupt nichts mit den Yihetuan zu tun gehabt hätten. Im übrigen weisen Sie alle Unterstellungen zurück, und alles Weitere überlassen Sie mir!«

Als Wu Shibao seinen beiden Leidensgefährten berichtete, was Shou Ming ihm mitgeteilt hatte, freuten sie sich mit ihm und leerten zu dritt ein Gläschen auf sein Wohl, da es sich gerade so traf, daß an jenem Abend wieder einmal Wein für Bruder Bao eingeschmuggelt worden war. Danach setzte sich Meister Nie in Positur, ließ die beiden anderen zu seiner Rechten und Linken Platz nehmen und hub an: »Daß wir drei hier zusammengetroffen sind, scheint mir vom Schicksal vorherbestimmt. Herr Wu wird uns jetzt bald verlassen, und es ist sehr fraglich, wann wir uns dann wiedersehen. Ich bin nun schon über die Sechzig hinaus. Wer weiß, wie lange ich noch zu leben habe. Deshalb möchte ich Ihnen beiden heute etwas sagen, was ich schon lange auf dem Herzen habe.« So feierlich war sein Ton, daß die beiden anderen mit angehaltenem Atem lauschten, was nun kommen würde.

Meister Nie sagte, er könne zwar recht gut Schnupftabakfläschchen von innen bemalen, doch nicht dies sei seine eigentliche Begabung, sondern das Brennen von Guyuexuan-Porzellan. Guyuexuan-Ware sei in der Regierungszeit des Kaisers Qianlong von einem Gelehrten aus Suzhou namens Hu Xuezhou erfunden worden, dessen Vorfahren – alles Beamte – schon eine hervorragende Porzellansammlung begründet hatten. Hu Xuezhou hatte mehrmals an den Kaiserlichen Prüfungen teilgenommen, war aber jedesmal durchgefallen, so daß er die Hoffnung auf eine Beamtenlaufbahn begraben mußte und sich mit seinem Porzellan tröstete, dem er sich nun mit Hingabe widmete. Mit der Zeit genügte es ihm nicht mehr, lediglich Kenner und Sachverständiger zu sein – er begann, selbst eine neue Porzellansorte zu brennen, und zwar kombinierte er die aus Europa stammenden Emailfarben mit traditionellen chinesischen Techniken der Herstellung von Glas- und intarsierten Bronzegefäßen, um ein erlesenes Porzellan zu kreieren, das dünn wie Papier, glatt wie Jade, hellklingend wie ein Kiesel und schimmernd wie ein Spiegel war. Den Namen dafür fand er, indem er die beiden Schriftzeichen, aus denen sich sein Name Hu zusammensetzte, das heißt »gu« (alt) und »yue« (Mond), einzeln schrieb und »xuan« (erlesen; auch: Gartenhäuschen) dahintersetzte.

Als Kaiser Qianlong auf einer Inspektionsreise durch die südlichen Landesteile nach Suzhou kam, war er so entzückt über die ihm vom Ortsmandarin als Geschenk dargebrachten Guyuexuan-Gefäße, daß er ihren Schöpfer per Dekret in die Hauptstadt beorderte, um ihn von nun an sein Porzellan exklusiv für das Kaiserhaus anfertigen zu lassen. Guyuexuan-Gefäße wurden mitunter vom Kaiser als Zeichen seiner Huld an die Prinzen und höchsten Minister verschenkt, so daß manche Stücke in der Hauptstadt auch unter das gemeine Volk gelangten, wo sie eine regelrechte Sensation hervorriefen und zu horrenden Preisen gehandelt wurden. Alle Versuche, Guyuexuan-Porzellan nachzumachen, scheiterten, da das Geheimnis seiner Herstellung streng gehütet wurde. In Hu Xuezhous Familie gab es mehrere Generationen hintereinander jeweils nur einen männlichen Nachkommen, so daß das Familiengeheimnis stets an einen Träger des Namens Hu weitergegeben wurde. Natürlich beschäftigte die Familie Hilfskräfte, aber nur für die groben Arbeiten. Im entscheidenden Moment wurden sie wie auch Angehörige der Familie vom jeweiligen Familienoberhaupt fortgeschickt, damit dieses ganz allein hinter verschlossenen Türen das Werk vollenden konnte.

Ein Nachkomme Hu Xuezhous in der siebten Generation, ein gewisser Hu Shushi, hatte einen Sohn und eine Tochter. Die Familie war zu dieser Zeit bereits zu einigem Reichtum gelangt. Als der Sohn sechs Jahre alt war, wurde ein Hauslehrer für ihn engagiert. Damit der Sohn sich nicht so einsam fühlte, zugleich auch, um ein gutes Werk zu tun, sollte ein verwaister Neffe ebenfalls am Unterricht teilnehmen. Nie Xiaoxuan, so hieß der Neffe, war ein hochintelligenter und fleißiger Junge, der neben dem Unterricht für sein Leben gern malte und kalligraphierte. Dank seiner natürlichen Begabung erlernte er rasch die Grundlagen der traditionellen Tuschemalerei und überholte sogar den Sohn des Hauses. Hu Shushi brachte ihm, wenn er Zeit hatte, das eine oder andere bei, so daß der Junge schon mit zwölf Jahren Schnupftabakfläschchen von innen bemalen und deshalb ziemlich sicher sein konnte, sich später einmal seinen Lebensunterhalt damit verdienen zu können. Auch als die kleine »Privatschule« später aufgelöst wurde, blieb Nie als eine Art Hausdiener bei der Familie Hu und erwies sich auf diese Weise erkenntlich für Kost und Logis, die man ihm dort jahrelang gewährt hatte.

Es kam das Jahr 1860. Der junge Herr Hu war inzwischen zwanzig und schickte sich an, von seinem Vater die Herstellung von Guyuexuan-Ware zu erlernen. Dies war das Jahr des Überfalls der vereinigten anglo-französischen Armeen auf die Hauptstadt. Der junge Hu, der nach Tianjin gereist war, um Schulden einzutreiben, traf unterwegs in der Gegend von Hexiwu auf eine Schar ausländischer Marodeure und wurde von deren Pferden fast zu Tode getrampelt. Kaum einen Monat nach seiner Heimkehr spuckte er Blut und starb. Hu Shushis Tochter hatte als Kind die Pocken gehabt und war so entstellt, daß sie trotz ihrer achtundzwanzig Jahre noch immer nicht verheiratet war, sondern ihrem Vater die Wirtschaft führte. Dieser war fast sechzig und durch den furchtbaren Schlag, der ihn getroffen hatte, über Nacht um Jahre gealtert. Da er befürchtete, daß seine Tage gezählt waren und die Tochter auch weiterhin unversorgt bleiben würde, er aber andererseits das Geheimnis der Guyuexuan-Herstellung nicht mit ins Grab nehmen wollte, rief er Nie Xiaoxuan zu sich und fragte ihn, ob er gewillt sei, als sein Lehrling die Familientradition fortzusetzen, allerdings nur als sein Schwiegersohn. Nie, seit langem begeistert von dem herrlichen Guyuexuan-Porzellan, hätte nie zu hoffen gewagt, selbst einmal seine Herstellung erlernen zu können. Und was die Kusine anbetraf, so kannte er sie ja von klein auf und hegte auch keine Abneigung gegen sie. Ganz klar, daß er den Vorschlag dankbar annahm.

Die Sippenältesten wurden geladen, ein Vertrag wurde aufgesetzt und ein glückverheißender Tag bestimmt, an dem Nie Xiaoxuan formell als Lehrling aufgenommen und zugleich mit der Tochter des Meisters verheiratet werden sollte. Hu Shushi blieb dennoch mißtrauisch – es hätte ja später etwas schiefgehen können! – und teilte sein Geheimnis in zwei Hälften: Nie Xiaoxuan lehrte er, wie die Porzellanrohmasse gemischt und die geformten Gefäße bemalt wurden, und seine Tochter alles, was mit dem Brennen zusammenhing. Beide mußten schwören, einander nichts zu verraten. So wollte der Alte sichern, daß sie für alle Zeiten zusammenarbeiteten, denn wenn einer den anderen verließe, würde die eine Hälfte des Geheimnisses allein ihm nichts nützen.

An diesem Punkt seiner Erzählung angelangt, ergriff Meister Nie Wu Shibaos Hand und sagte: »Nie hätte ich gedacht, daß fast vier Jahrzehnte später meine Frau das gleiche Schicksal wie ihr Bruder erleiden würde! Auch sie starb durch die Hand der Ausländer, bei einem Artillerieangriff der vereinigten Armeen. Zum Glück hatte sie schon vorher unsere Tochter ihre Kunst gelehrt. Ohne sie hätte ich ja die bewußten achtzehn Schnupftabakfläschchen gar nicht brennen können. Jetzt sitze ich nun hier und weiß nicht, was werden wird. Wenn mir nun etwas zustößt? Ich wollte es eigentlich wie mein Lehrmeister machen, nämlich einen jungen Mann als Lehrling und zugleich Schwiegersohn aussuchen und ihm beibringen, was ich weiß, doch fürchte ich, ich werde keine Gelegenheit mehr dazu haben.«

Bruder Bao warf ein: »Wer wird denn gleich das Schlimmste annehmen! Sieht doch gar nicht so aus, als ob der Neunte Herr Ihnen ans Leben will!«

»Dennoch, da ist immer das große Wenn!« erwiderte Meister Nie. »Wenn nun doch etwas Unvorhergesehenes passieren sollte, würde die Guyuexuan-Herstellung mit mir aussterben, und das wäre ein Verbrechen. Das allerwichtigste ist jetzt, jemand zu finden, der mein Handwerk weiterführen kann. Was dann aus mir selbst wird, darum mache ich mir keine Gedanken. Die Welt ist so groß, und dennoch sind Sie die beiden einzigen Menschen, die ich fragen kann, ob einer von Ihnen mir diesen Herzenswunsch erfüllen möchte, damit ich nach meinem Tode Ruhe finde.«

»Ich bin ein grober Klotz«, sagte der Schatzwächter, »und wenn's um Arbeiten oder Geld geht, bin ich Ihr Mann! Aber das – das bringe ich nicht! Kann doch nicht lesen und schreiben, nicht mal 'ne gerade Linie ziehen. Und da soll ich malen lernen?«

Meister Nie heftete seinen Blick auf Wu Shibao, der nach langem Nachdenken endlich sagte: »Das ist eine große Verantwortung, die Sie mir da antragen. Ich fühle mich ihr einfach nicht gewachsen. Dazu ist die Sache zu bedeutungsvoll. Ich bin jetzt über dreißig, und was ich bisher gemacht habe, war doch im Grunde nichts als Spielerei, nichts Ernsthaftes. Und nun plötzlich so etwas Anspruchsvolles, Seriöses? Das habe ich noch nie gemacht, weiß auch gar nicht, ob ich es überhaupt könnte. Nein, da bin ich einfach überfordert!«

Doch Meister Nie ließ nicht ab: »Sicher, Sie haben Vermögen und brauchen sich um Nahrung und Kleidung keine Sorgen zu machen. Ich weiß, Sie sehen auf Leute wie unsereins herab, die durch Arbeit ihren Lebensunterhalt verdienen müssen. Aber ich frage Sie: Kann jemand, der sein Leben lang keinen Finger krumm macht, der immer nur nimmt und nie selbst gibt, kann solch ein Mensch dem Tod mit ruhigem Gewissen ins Auge sehen, wenn einst sein letztes Stündlein geschlagen hat?«

»Darüber habe ich noch nie nachgedacht.«

»Nehmen wir ein Beispiel! Die Welt ist doch wie eine große Herberge, in der wir, die wir heute in dieser Welt leben, als Gäste abgestiegen sind. Das meiste, das wir zum Leben brauchen, ist von Gästen hinterlassen worden, die vor uns, vor Ihnen und vor mir, in dieser Herberge gewohnt haben. Wenn nun auf einmal jeder nimmt, was er braucht, aber keiner etwas hinterläßt, ja, meinen Sie nicht, daß dann mit der Zeit für die nach uns Kommenden nur noch ein Haufen Schutt und Trümmer übrigbleibt? Umgekehrt, wenn alle Gäste der Herberge etwas zurücklassen, egal, wieviel – Sie vielleicht einen Baum, ich eine Blume –, dann wird die Herberge immer mehr blühen und gedeihen, dann brauchen wir nicht zu befürchten, daß unsere Kinder und Enkel uns in schlechtem Andenken behalten. Sagen Sie selbst, würde unsere Welt dann nicht besser, schöner werden?«

»Wie Sie das sagen!« staunte Bruder Bao. »Sogar ich kapiere ein bißchen! Herr Wu, jetzt hat er Sie doch überzeugt, oder?«

Wu Shibao hatte immer noch Bedenken. »Wie soll man denn in kurzer Zeit eine so hohe Kunst erlernen?«

»Sie können doch schreiben und zeichnen, und Sie sind schon vertraut mit meiner Malweise. Da haben sie es nur noch halb so schwer. Vor allem kommt es auf die Rezeptur der Glasuren und Farben an. Wie erzielt man ein kräftiges Rot, welche Farbe ergibt beim Brennen Grün – das sind so Tricks, die man erlernen muß und die von Generation zu Generation wie ein kostbarer Schatz weitergegeben worden sind. In den Manufakturen gibt es fähige Handwerker, die immer wieder versucht haben, Guyuexuan nachzumachen, manche sogar recht erfolgreich. Eins aber machen sie uns nicht nach, und das sind die Glasuren und Farben! Wir kommen auf dreizehn verschiedene Farben, die Fälscher aber bringen es nur auf drei oder vier, allerhöchstens sieben. Wenn ich Ihnen das Geheimnis jetzt anvertraue, gebe ich gewissermaßen mein ganzes Leben und das meiner Familie, meine Kunst und meine Tochter in Ihre Hände. Ich bitte Sie inständig, nehmen Sie an – nicht als Lehrling, als Freund! Freundschaft ist doch eine der fünf grundlegenden zwischenmenschlichen Beziehungen, die uns die Alten lehrten. Nicht wahr, Sie werden mich nicht enttäuschen?«

Angesichts des feierlichen Ernstes von Meister Nies Worten und eingedenk seiner selbstlosen Hilfe in der Stunde der Not wäre es Wu Shibao allzu herzlos erschienen, sich weiter zu sträuben. Nach einem Moment des Nachdenkens sprang er auf, strich sein Gewand glatt und verneigte sich vor Meister Nie. Dieser protestierte hastig: »Was soll denn das bedeuten?«

Wu erklärte: »Hier geht es um eine ernste Sache, und da wollen wir auch die Form wahren.«

Meister Nie widersprach: »Ich gebe doch nur meine Kunst weiter! Nie würde ich wagen, mich als Ihr Lehrmeister zu betrachten, Herr Wu!«

Von diesem Tage an unterwies Meister Nie Wu Shibao in der Kunst des Bemalens und Glasierens von Guyuexuan-Porzellan.

Nach knapp einem Monat wurde Wu erneut verhört. Wer weiß, mit welchen Tricks Shou Ming gearbeitet hatte, damit die Schreiber es so einrichteten, daß der neue Richter bei der Durchsicht der alten Prozeßakten als erste die von Wu Shibao aufschlug und auf der ersten Seite als Urteilsbegründung las, Wu habe sich dem von Prinz Duan erlassenen Befehl, in der Tigergeist-Legion Dienst zu tun, widersetzt. »Der Tigergeist-Legion haben wir es mit zu verdanken, daß die vereinigten Armeen der acht Nationen uns heimgesucht haben. Wenn der Mann seinen Dienst dort nicht angetreten hat, ist er doch ganz unbeteiligt!« sagte der Richter, der niemals mehr als das oberste Blatt einer Akte las, und so wurde Wu Shibao erneut zum Verhör bestellt. Eingedenk der Ermahnung Shou Mings beweinte er diesmal nicht wie vorher seine verstorbenen Eltern, sondern beteuerte lediglich seine Unschuld. Auf alle Fragen des Untersuchungsrichters antwortete er wahrheitsgemäß. Der neue Richter, selbst Mandschure, erregte sich: »Wie kann ein Bannermann wegen so fadenscheiniger Beschuldigungen ins Gefängnis geworfen werden? Unglaublich! Der Mann wird sofort entlassen!« Überdies wies er den Sekretär an, eine Aktennotiz zu diesem Fall vorzubereiten, denn er beabsichtigte, seinen Vorgänger wegen dienstwidriger Amtsführung zu belangen.

So ging nach zwanzig Monaten Wu Shibaos Leben hinter Gittern mit einem dreifachen Dankes-Kotau vor dem Richter zu Ende. Kurz vor Wus Entlassung holte Meister Nie aus der Brusttasche ein in Seidenpapier gewickeltes Bündelchen, das ein Paar vergoldete Armreifen enthielt. Er übergab es ihm mit den Worten, er solle damit seine Tochter Liuniang aufsuchen, die ihn an diesem Zeichen als Freund erkennen würde.

VI

Als Wu Shibao aus dem Gefängnis trat und sah, wie breit die Straßen, wie hoch der Himmel, wie schmuck und sauber die Menschen, wie laut und geschäftig das ganze Leben und Treiben um ihn her waren, wurde ihm schlagartig bewußt,

Zhou Cheng, der Pförtner, musterte ihn von oben bis unten.

wie sehr seine ungepflegten Haare, sein blasses Gesicht, seine zerrissene Kleidung, sein schleppender Gang davon abstachen. Unter den geringschätzigen Blicken der Passanten sank er vollends in sich zusammen, und aus lauter Angst, womöglich angerempelt zu werden, machte er es unwillkürlich jenen merkwürdigen Fischen nach, die immer an der Wand des Aquariums entlangschwimmen: Auch er schlich ganz am Rande der Straße dahin, den Kopf gesenkt, ständig in Angst, einen Bekannten zu treffen.

Kaiser Kangxi hatte per Dekret den Soldaten der Acht Banner jeweils einen bestimmten Pekinger Bezirk als Garnison zugewiesen. Im Laufe der Zeit hatte es natürlich durch Vergrößerung oder Verkleinerung der einzelnen Familien sowie durch Kauf und Verkauf zahlreiche Veränderungen gegeben, aber der Wohnsitz der Familie Wu befand sich wie vor zweihundert Jahren auch jetzt noch in der Shaojiu-Gasse. Doch als Wu Shibao an jenem Tag in die Gasse einbog, fand er sein Haus nicht mehr. War es möglich, daß er an dem Haus, in dem seine Familie seit Generationen lebte, vorbeigegangen war? Er lief die Gasse hinauf und hinunter, einmal und noch einmal – nichts! Schließlich blieb er vor dem Hoftor seines Nachbarn Gu, eines Bataillonskommandeurs vom Weißen Banner, stehen. Die Familie Gu und seine eigene Familie waren seit mehreren Generationen Nachbarn; Wu Shibao war mit dem ältesten Sohn zusammen zur Schule gegangen. Hier war kein Irrtum möglich, und so klopfte er mehrmals mit dem Türring, woraufhin drinnen Bewegung entstand und das Tor einen Spalt breit geöffnet wurde. Zhou Cheng, der Pförtner des Hauses Gu, warf einen Blick auf Wu und schloß mit den Worten »Weg, weg! Mach dich fort! Wir geben nichts!« das Tor sofort wieder fest zu. Wu Shibao rief: »Lao Zhou, ich bin es doch! Kennst du mich etwa nicht mehr?«

»Was?« Das Tor wurde wieder geöffnet, und Zhou Cheng musterte ihn von oben bis unten, wobei er murmelte: »Sollte das Herr Wu sein?« Dann, lauter, sagte er: »Guten Tag, gnädiger Herr!« und beugte das Knie vor ihm. »Sie sind also wieder in Freiheit!«

»Wie? Ach so, ja, ja. Aber sag mal, wieso finde ich mein Haus nicht mehr? Ist es etwa das da hinter dieser frisch verputzten und getünchten Mauer? Mit der neuen Markise und den frisch gestrichenen Säulen am Tor?«

Während Zhou Cheng noch ganz verdattert dastand und überlegte, was er Wu Shibao antworten sollte, erschien von hinten ein Mann in mittleren Jahren in seidenem Anzug, mit lose geflochtenem Zopf, einen Faltfächer in der Hand, und fragte: »Zhou Cheng, mit wem redest du da?«

Wu Shibao trat einen Schritt vor, beugte das Knie und erklärte: »Zweiter Onkel, ich bin es doch! Ich grüße Sie!«

»Shibao! Wie siehst du denn aus? Ich habe doch gehört, du bist mit einem Mongolenfürsten nach Shandong gegangen und hast da dein Glück gemacht. Wieso stehst du jetzt hier, abgerissen und ausgezehrt wie weiland Jin Song in der Oper? Soll das am Ende eine Vorstellung von ›Der kniende Grasfresser am Tor‹ sein?«

»Zweiter Onkel, Sie scherzen, ich bin . . .«

Der Zweite Herr Gu unterbrach ihn mit einem verächtlichen Grinsen: »Das hat man gern! Läßt sich mit den Boxern ein, kommt ins Gefängnis und hat noch die Stirn, sich hier wieder sehen zu lassen! Wenn du schon kein Schamgefühl hast – ich habe welches! Zu denken, daß so was mal mein Nachbar war! Zhou Cheng, los, schließ das Tor!«

Mit einem Knall wurde das Tor abermals geschlossen.

Während Wu Shibao noch dastand, zitternd vor Wut, einer Ohnmacht nahe, keines Wortes, keiner Bewegung fähig, wurde das Tor wieder geöffnet, und Zhou Cheng erschien. Er flüsterte ihm zu: »Herr Wu! Sie müssen gehen! Schnell! Ihr Haus ist schon lange verkauft worden. An die Familie Huang aus Taipingcang.«

»Und meine Familie?«

»Ihre Gattin ist vorigen Winter verstorben, den jungen Herrn hat Amme Liu mitgenommen.«

»Sie . . .«

Da ertönte die Stimme von Herrn Gu, der nach Zhou Cheng rief. Der winkte ab, warf Wu Shibao noch schnell eine Schnur Silbermünzen zu und schloß dann behutsam und lautlos das Tor.

Wu Shibao wurde schwarz vor Augen, er glaubte zu ersticken. Ohne zu wissen, wohin er lief, wankte er davon. So gelangte er zum Nordende der Nanxiaojie-Straße. Da näherte sich von Osten her ein Vorreiter, ihm folgte eine Sänfte mit blauem Stoffverdeck und eine Eskorte von zwei Leibwächtern. Sobald die Passanten die Sänfte erblickten, sprangen sie mit dem Ruf »Vorsicht! Herr Ma aus der Douya-Gasse kommt nach Hause!« zur Seite, so rasch sie nur konnten. Wu Shibao jedoch stolperte weiter geradeaus, unempfindlich für alles, was um ihn herum geschah, als wäre er blind und stumm. Zum Glück kam gerade ein Büttel vorbei, der wohl eine Ordnungswidrigkeit befürchtete, ihm in bester Absicht zwei Ohrfeigen gab und ihn an eine Hauswand schubste, wo er genau unter dem Aushängeschild eines Opiumladens zusammensackte. Die Ohrfeigen hatten ihn zur Besinnung gebracht. Er begann, lauthals zu schluchzen, was ihn etwas erleichterte.

Dann überlegte er, wohin er sich jetzt wenden könnte. Zerlumpt und verwahrlost wie er war, mit verfilztem Haar und schmutzigem Gesicht, konnte er unmöglich irgendeinen Bekannten aufsuchen. Doch es wurde schon dämmrig, seine Füße schmerzten, und sein Magen knurrte. Er mußte irgendwo übernachten und sich ein wenig ausruhen. Am nächsten Morgen würde er dann entscheiden, was zu tun sei. Der Ort, wo er sich befand, war nicht weit vom Chaoyang-Tor entfernt. In dieser Gegend gab es eine ganze Reihe Fuhrmannsabsteigen, da könnte er es vielleicht versuchen. Die Schnur Silbermünzen, die er in der Hand hielt, würde wohl für ein paar Nudeln und einen Schlafplatz auf dem Kang, dem aus Ziegeln gemauerten Ofenbett, ausreichen.

Als Wu Shibao mit letzter Kraft bis zur Tür einer dieser

Fuhrmannsherbergen gehinkt war, trat ihm ein Kellner entgegen und fragte: »Zu wem möchten Sie denn?«

»Übernachten will ich!«

»Bitte schön, treten Sie näher!«

In diesem Moment kam aus dem Kontorverschlag ein älterer Mann, Pantoffeln an den Füßen, eine Wasserpfeife in der Hand, und versperrte Wu Shibao den Weg. »Wohin wollen Sie?«

»Ich will hier übernachten.«

»Übernachten?« Der Mann musterte ihn von oben bis unten. Dann, sehr kurz angebunden: »Wir sind voll!«

»Ich brauche kein Einzelzimmer. Ein Schlafplatz tut es auch.«

»Auf dem Gemeinschaftskang ist auch kein Platz mehr. Aber die Stadttore sind ja noch offen. Versuchen Sie es doch in der Vorstadt.«

Im Gehen hörte Wu Shibao, wie der Mann den kleinen Kellner anfuhr: »Hast du keine Augen im Kopf? Wenn du so einen aufnimmst, vergraulst du alle anderen. Der ist doch süchtig, den braucht man doch bloß anzusehen! Hat vielleicht schon tagelang kein Opium mehr gehabt. Da läßt der doch alles mitgehen, was nicht niet- und nagelfest ist!«

Am ganzen Leibe zitternd, entfernte sich Wu Shibao. Stumm und teilnahmslos ließ er sich von der Menge treiben, die durch das Tor strömte, bis er an den Wallgraben kam. Unter all den vielen Menschen hier am Stadttor keiner, der ihn tröstete; in all den vielen Häusern zu beiden Seiten der großen Straße kein Plätzchen, wo er unterschlüpfen könnte! Jetzt erst wurde ihm so recht bewußt, wie hilflos und allein er war, wie trostlos seine Lage. Unwillkürlich seufzend, sprach er zu sich selbst: »Ach ja, da habe ich ein halbes Menschenleben lang nichts Unrechtes getan, habe niemand etwas weggenommen – und nun dies! Womit habe ich das bloß verdient? Wo bleibt da die Gerechtigkeit, das Walten der göttlichen Vorsehung?«

Je weiter er sich vom Stadttor entfernte, desto gedämpfter

wurde allmählich das Getümmel und Getöse hinter ihm. Es war dunkel geworden, und als er sich umdrehte, sah er, wie rechts und links der großen Straße die Lampen über den Eingangstüren aufflammten und wie es hinter einem Fenster nach dem anderen hell wurde. Immer schwerer wurde ihm ums Herz, die Beine versagten den Dienst, die Zunge klebte am Gaumen, seine letzte Kraft verließ ihn. Er setzte sich unter eine krumme Weide am Wallgraben, blickte in das unergründliche dunkle Wasser und fragte sich, wie er künftig sein Leben fristen könne, wenn er schon jetzt nicht einmal zur Nacht ein Dach über dem Kopf fände. Vor seinem geistigen Auge sah er all die Jammergestalten verarmter Bannerleute, die alles – Haus, Hof und Heimat – verloren hatten und traurig durch die Straßen irrten. Sollte er überhaupt weiterleben? Und würde er ein solches Leben aushalten? Das Gesicht verloren, das Herz von Groll erfüllt?

Bei diesen trüben Gedanken erschien ihm seine Lage immer düsterer, immer hoffnungsloser. Unwillkürlich fiel sein Blick auf jenen krummen Ast über ihm, begannen seine Hände an seiner Schärpe zu nesteln ...

Wohlgemerkt, ich sage nur, daß er für einen Augenblick meinte, sterben sei leichter als leben, sei besser zu ertragen als leben; ich sage nur, daß ihm der Gedanke an den Tod durch den Kopf ging. Ich sage nicht, daß er entschlossen war zu sterben. Zwischen dem Gedanken und der Tat liegt ja doch eine gewaltige Wegstrecke. Wenn der Mensch unter der Wucht der Schicksalsschläge zusammenzubrechen droht, wird er sich stets mit aller Kraft dagegen zur Wehr setzen, und erst wenn alle Mittel versagen, wird er zum letzten Mittel greifen – dem Tod. Denn dieses Mittel benutzt man nur einmal, und zu welchem Preis! Daher wird der Mensch es nicht leichtfertig anwenden. Daran »denken«, nun ja, das kommt häufig vor – so, als sage man zu sich selbst: Hab keine Angst, wenn es zum Schlimmsten kommt, gibt es immer noch den Tod! Du machst die Augen zu, und kein Ungemach kann dir mehr widerfahren!

Unter solcherlei Gedanken saß also Wu Shibao da und nestelte an seiner Schärpe, um so die Vorsehung zu warnen, es nicht zu weit zu treiben. Gerade hatte er den Knoten gelöst, da rutschte plötzlich ein schweres Etwas an seinen Hüften herab und plumpste ihm auf die Füße. »Was denn, sollte ich da etwa noch ein paar vergessene Münzen haben?« Doch als er das kleine Bündel befühlte, merkte er, daß es die Armreifen waren, die Nie Xiaoxuan ihm beim Abschied gegeben hatte. »Herrje! Da habe ich nur meine eigenen Sorgen im Kopf und vergesse darüber ganz und gar, was Meister Nie mir aufgetragen hat!« schalt er sich selbst, indem er das Bündel mit den Armreifen aufhob und sorgfältig in seiner Brusttasche verstaute. »Einem Freund das Wort brechen? Erst Meister Nie hoch und heilig versprechen, daß ich ihm seinen Wunsch erfülle, und dann nicht mal hingehen? Einfach aus dem Leben scheiden? Nein, nein, diese Sache muß ich noch in Ordnung bringen, ehe ich vor den Fürsten des Totenreiches treten kann!« Sobald Wu Shibao diesen Entschluß gefaßt hatte, riß er sich zusammen und stand auf.

War Wu Shibaos Selbstgespräch ehrlich gemeint? War er tatsächlich imstande, zugunsten der Angelegenheiten eines anderen seine eigenen existentiellen Sorgen hintanzusetzen?

Doch, ja, er meinte es wirklich ehrlich. Zwar war er ein Müßiggänger, der stets darauf wartete, daß ihm die gebratenen Tauben in den Mund flogen – aber bei alledem war er ein redlicher Mann und durchaus zu echten Gefühlen fähig. Dennoch war das nur der halbe Grund für seine »Rückkehr ins Leben«. Hinzu kam, was eben schon gesagt wurde: daß er zwar den Tod herbeigesehnt, sich aber keineswegs entschlossen hatte, tatsächlich Selbstmord zu begehen, sondern insgeheim nach einem hinreichenden Grund suchte, seine Todessehnsucht noch einmal zurückzudrängen und sich zum Weiterleben zu entschließen. Kein Wunder also, daß er sich beim Anblick jener Armreifen sofort eines Besseren be-

Der Fuhrmann nickte ihm einen Gruß zu.

sann, sich aufraffte und sich erneut auf die Suche nach einer Herberge machte.

Er überlegte: Durch das Chaoyang-Tor kommen immer die Getreidekarren in die Stadt, so daß die umliegenden Herbergen geräumig sind, aber auch wählerisch in bezug auf ihre Gäste sein können. Ich werde wohl besser daran tun, ein Stück nach Norden in Richtung Dongzhi-Tor zu laufen, durch das meist nur die Karren mit Ziegelsteinen fahren; dort sind die Herbergen kleiner und können es sich kaum leisten, einen Gast abzuweisen ... Gedacht, getan!

Ehe es ganz dunkel geworden war, fand er in einem abgelegenen Winkel eine reichlich trostlos wirkende kleine Herberge, die aus drei Durchgangszimmern zur Straße hin bestand und über deren Eingangstür ein mit roten Bändern verziertes drahtgeflochtenes Nudelsieb aufgehängt war. Vor der Tür standen ein paar aus getrockneten Lehmziegeln aufgeschichtete längliche »Tische« mit Baumstümpfen und ausgedienten Mahlsteinen als »Stühlen« davor. Wu Shibao setzte sich hin und bestellte eine große Portion Buchweizennudeln. Erst als er die im Magen hatte, wandte er sich an den Wirt: »Ich wollte eigentlich noch in die Stadt, aber nun ist es zu spät geworden. Kann man hier bei Ihnen übernachten?«

Der Wirt, der wohl bemerkt hatte, daß dieser Gast zwar zerschlissene, aber anständige Kleidung trug, manierlich gegessen und der Bedienung ein Trinkgeld gegeben hatte, antwortete mit beflissenem Lächeln: »Aber natürlich! Auf dem großen Kang im Ostzimmer schläft bis jetzt nur ein Fuhrmann, da haben Sie gleich Gesellschaft.« Dann winkte er seinem Gehilfen und wies ihn an, Wu in das Zimmer zu führen, ihm eine Kanne Tee zu brühen und eine Schüssel Waschwasser hinzustellen.

Der Fuhrmann saß mit untergeschlagenen Beinen auf dem Kang und trank Rachenputzer Marke »Feuriges Schwert«, zu dem er Eselsfleisch aß. Als er den neuen Gast erblickte, nickte er ihm einen Gruß zu und bot ihm mit den

Worten »Wollen Sie 'nen Schluck kosten?« von seinem Schnaps an. Seit Wus Entlassung aus dem Gefängnis war fast ein ganzer Tag vergangen, aber hier wurde er zum erstenmal als Mensch behandelt, obwohl er doch in seinem ganzen Leben weder in dieser Herberge gewesen noch diesem Fuhrmann je begegnet war. Mit den Worten »Sie sind zu gütig!« beugte er ganz tief das Knie vor dem Mann. Der hatte den Neuankömmling eigentlich nur ganz beiläufig begrüßt, ohne sich viel dabei zu denken. Als Wu Shibao sich jetzt so umständlich bedankte, sprang er schnell auf und nötigte ihn, Platz zu nehmen. »Tabak und Wein schmeckt nicht allein! Ist gewiß vom Schicksal vorherbestimmt, daß wir zwei beide hier zusammen übernachten! Da müssen Sie mir die Freude machen und einen mit mir zur Brust nehmen – da gibt's überhaupt keine Widerrede!« Wu Shibao war schon beim Geruch des Schnapses das Wasser im Munde zusammengelaufen, und so setzte er sich nach dieser freundlichen Aufforderung mit einem höflichen »Dann bin ich mal so frei!« auf die andere Seite des Kangs, so daß der niedrige Tisch sich zwischen ihnen befand. Als der Hausknecht sah, daß der neue Gast Platz genommen hatte, ging er hinaus, um ihm ein Paar Eßstäbchen zu holen und bei dieser Gelegenheit auch gleich dem Wirt Bericht zu erstatten.

Der Wirt war ein geselliger Mann, und in seiner Herberge, die ja ohnehin weniger städtisch als ländlich wirkte, hatten sich noch einige von den Bräuchen vergangener Zeiten erhalten. So schnitt er jetzt zwei Luffagurken vom Spalier, schmorte sie und trug sie eigenhändig den Gästen auf, wobei er zu ihnen sagte: »Ich höre, Sie haben sich auf Anhieb verstanden. Das wird meinem Haus Glück bringen. Wie heißt es doch? ›Einträchtig sein bringt immer was ein!‹ Also, meine Herren – auf Rechnung des Hauses!«

Der Fuhrmann forderte den Wirt auf, sich zu ihnen zu setzen, und nach einigem höflichen Hin und Her ließ er sich seitlich auf dem äußersten Rand des Kangs nieder. Seit dem Augenblick, da Wu Shibao in seine Herberge gekommen war, hatte er das bestimmte Gefühl, dieser Mann sei irgendwie ungewöhnlich, und als nach ein paar Schnäpsen Wus Lebensgeister wieder erwacht waren, begann er, ihn auszufragen. Wu, der nur auf eine Gelegenheit gewartet hatte, sich alles, was ihm widerfahren war, von der Seele reden zu können, schilderte nun ausführlich, wie er denunziert und eingesperrt worden war, wie er nach der Entlassung sein Haus nicht mehr vorgefunden hatte und wie er zu guter Letzt auch noch im Gasthaus am Chaoyang-Tor abgewiesen worden war. Nicht zu Unrecht wird Schnaps »Quasselwasser« genannt – es heißt ja in Peking: »Wer Quasselwasser intus hat, der nimmt dir vor den Mund kein Blatt!« Wu Shibao blieb nicht der einzige, dem der Schnaps die Zunge löste. Als er mit seinem Bericht fertig war, legte der Fuhrmann los, schlug mit der Faust auf den Tisch und schwor, Xu Huanzhang eins mit der Peitsche überzuziehen, sollte der jemals seinen Weg kreuzen. Und was diesen Herrn Bataillonskommandeur Gu betraf, den würde er bis ins dritte und vierte Glied verfluchen. Der Wirt wartete ab, bis der Fuhrmann seiner gerechten Empörung Luft gemacht hatte. Dann fragte er Wu Shibao: »Ja, aber was haben Sie jetzt vor?«

»Sobald es hell ist, werde ich als erstes einen Freund besuchen«, antwortete Wu Shibao.

Der Wirt schüttelte den Kopf. »Nein, als erstes werden Sie sich die Schläfenhaare schneiden, Ihren Zopf flechten, ein Bad nehmen und sich rasieren. Und dann besorgen Sie sich saubere Kleidung – die kann man sich ja leihen –, denn so, wie Sie jetzt aussehen, werden Sie in der Stadt nirgends vorgelassen, sondern höchstens noch obendrein als Landstreicher aufgegriffen. Nehmen Sie es mir nicht übel, aber jeder Bettler vor dem Tor des Osttempels sieht adretter aus als Sie in diesem Aufzug.«

»Sie haben ja so recht! Aber was soll ich machen – ich stehe mit absolut leeren Händen da!«

»Könnten Sie nicht irgendwelche Sachen zu Geld machen?«

»Woher soll ich denn noch irgend etwas haben nach anderthalb Jahren im Gefängnis? Wo mir doch nicht einmal Essen von draußen gebracht worden ist!«

»Als Sie vorhin Ihre Nudeln bezahlt haben, habe ich doch bemerkt, wie Sie aus der Brusttasche eine Schnupftabakflasche zogen, eine gelbliche Bergkristallflasche mit eingeschliffenem Tragegurt wie eine Umhängeflasche. Wenn ich recht gesehen habe, war sie sogar noch von innen bemalt und beschriftet. Wie wäre es denn mit der?«

Während Wu Shibao sich instinktiv an die Brust faßte, um sich zu vergewissern, daß das Fläschchen noch da war, entfuhr ihm ein Ruf der Überraschung: »Himmel, Sie haben wohl Ihre Augen überall!«

»Als Wirt muß man das schon. Sehen Sie, wenn ein anständiger Gast Wertsachen bei sich führt, muß ich ein Auge drauf haben und ein bißchen aufpassen, und genauso muß ich Bescheid wissen, was für Zeug die weniger respektablen Bürschchen mir so ins Haus bringen, sonst lande ich am Ende selbst noch vor dem Richter. Mit der Zeit kriegt man ein Gefühl dafür, was das für Leute sind, die einem ins Haus kommen – hätte ich Sie sonst aufgenommen? Ich bin ein grober Klotz und verstehe nichts von Nippsachen und so, aber immerhin wohne auch ich in derselben Stadt wie unser Kaiser. Ein bißchen nimmt man sich ja doch an – wer niemals Schweinefleisch zwischen die Zähne kriegt, weiß trotzdem, wie ein Schwein aussieht, ist's nicht so? Also, Ihre Flasche, das ist schon was Besonderes. Ehrlich gesagt, so wie Sie jetzt aussehen, kriegen Sie höchstens noch Ärger mit dem Ding. Wenn das jemand sieht, kommt er womöglich auf dumme Gedanken oder zeigt Sie gar als Dieb an, und dabei will er das Fläschchen bloß selbst haben. Die Menschen sind ja so schlecht! Und dann, Sie wissen ja: ›Die lahme Ente ist des Wiesels leichte Beute!‹ Stellen Sie sich vor, Sie treffen so ein paar Ganoven, und die legen sich unter irgendeinem Vorwand mit Ihnen an. Da sind Sie Ihr Fläschchen todsicher los, und was machen Sie dann! Also, wenn Sie mich fragen:

Verkaufen Sie das Ding! Jetzt hilft es Ihnen aus der Not, und in so einer Familie wie Ihrer wird es ja wohl nicht bloß eins von der Sorte geben. Wenn Sie dann morgen Ihren Sohn wiedergefunden haben, stehen Sie sich doch nichts mehr aus.«

Wu Shibao kam das alles sehr vernünftig vor. Außerdem konnte er bei dieser Gelegenheit gleich einmal ausprobieren, ob seine Malkünste Anklang finden würden. So nickte er und sagte: »Gut, dann bringe ich es morgen in ein Antiquitätengeschäft. Mal sehen, was die dazu sagen.«

Aber der Wirt lachte nur. »Sie sind vielleicht gut! In so einem Laden gucken die sich doch an, wer da kommt. Sie und Ihr Aufzug – also, das ist wie bares Geld für die! Was denken Sie, wie das den Preis drückt!«

»Aber was soll ich sonst machen?«

»Ich werde das Ding ein paar Bekannten zeigen. Nehmen sie's, um so besser. Nehmen sie's nicht, mache ich mit Ihnen eine Runde über den Geistermarkt. Aber damit Sie es gleich wissen: Bei Verkauf an Privat stehen mir drei Zehntel zu, wenn das Geschäft was wird; wenn nicht, vier Zehntel. Bei Verkauf auf dem Geistermarkt setzen Sie selbst fest, was der Vermittler kriegt.« Der Wirt kannte sich, wie man sieht, recht gut in solchen Kommissionsgeschäften aus.

Wer in jener Zeit auf dem Wasserwege in die südlichen Provinzen Jiangsu, Anhui, Jiangxi oder Fujian wollte, reiste mit dem Boot auf dem Kaiserkanal von Peking nach Hangzhou. Weder der Kanal noch die gepflasterte Staatsstraße von Tongxian nach Peking, die bis zum Chaoyang-Tor führte, berührten die Gegend vor dem Dongzhi-Tor, die folglich etwas abseits lag und dementsprechend menschenleer war. Ein Herbergswirt in dieser Gegend war darauf angewiesen, auch Diebe und Schmuggler aufzunehmen und ihnen beim Umschlag ihrer »Ware« behilflich zu sein, wobei er auch selbst nach dem Motto »Wo Wasser läuft, wird die Erde feucht« seinen Schnitt machte. Als Hehler mied man begreiflicherweise die alteingesessenen, respektablen Läden und unterhielt statt dessen – wie im Falle unseres Wirtes – Geschäftsbeziehungen etwa zu Pfandleihern (die wie viele Geschäftsleute aus der Provinz Shanxi stammten) oder eben zu den trommelschlagenden fliegenden Händlern auf dem Geister-, besser: Diebesmarkt. Das war auch der Grund, warum der Wirt Wu Shibao von einem Antiquitätenladen abgeraten hatte. Zwar war er überzeugt, daß Wu kein Dieb war, aber auf seine Vermittlungsgebühr wollte er auch nicht verzichten, und so verfuhr er dennoch mit ihm wie mit einem Dieb. Als Wu Shibao jetzt seinem Vorschlag zustimmte, bat er, das Schnupftabakfläschchen in Ruhe betrachten zu dürfen.

»Ist ja toll!« rief der Fuhrmann, der Wu Shibao das Fläschchen aus der Hand riß, kaum daß dieser es hervorgeholt hatte. »All diese Zweiglein und Blättchen – wie haben Sie die bloß da reingemalt? Und Sie machen sich noch Gedanken, ob das reicht für 'ne neue Kluft?! Unsereins müßte ein halbes Jahr arbeiten und würde trotzdem noch nicht genug Geld verdienen für so ein Fläschchen.«

»Na, dann paß auf und laß es nicht fallen, sonst mußt du es ersetzen, und dann bist du Pferd und Wagen los!« scherzte der Wirt und nahm ihm das Fläschchen aus der Hand, um es selbst zu begutachten. An sich war dieser Wirt ein ungebildeter Mensch und verstand nicht allzuviel von solchen Dingen. Da aber zu jener Zeit solche Fläschchen in Mode und zudem schon oft durch seine Hände gegangen waren, so daß er eine ganze Menge davon gesehen hatte, mangelte es ihm nicht an einem gewissen Sachverstand.

Die Kunst der Innenbemalung von Tabakfläschchen hatte es im Laufe ihrer siebzig- oder achtzigjährigen Geschichte zu einiger Popularität gebracht. Die Namen solcher Künstler wie Gan Huang, Ma Tong, Cui Xianggu oder Yong Shoutian waren unter Liebhabern ein Begriff, und unter den zeitgenössischen Malern gab es sogar einige, die auch einer breiteren Öffentlichkeit bekannt waren, zum Beispiel Ma Shaoxuan, der auf den Innenwänden eines daumengroßen

Fläschchens in akkurater Normschrift die gesamte »Beschreibung des Jiucheng-Palastes«, wie sie sich auf der berühmten Gedenkstein-Inschrift findet, kopiert hatte, oder Ye Zhongsan, dessen Miniaturbilder von Gestalten aus dem Roman »Der Traum der Roten Kammer« und Szenen aus den »Geschichten aus einem chinesischen Studierzimmer« als nachgerade unübertrefflich galten. Wenn einem Schnupftabakfläschchen-Liebhaber der Name Zhou Leyuan nicht vertraut gewesen wäre, hätte man ihn ausgelacht wie einen Kalligraphen, dem der Name Wang Xizhi nichts sagt. Zhou Leyuan hatte die »Felsen-mit-Menschenfigur«-Maltechnik von Gong Banqian für die Bemalung von Tabakfläschchen adaptiert und damit solche Meisterwerke wie »Der Eisangler im Schnee«, »In Sturm und Regen landet das Boot« und »Grasorchideen und Bambuszweige« geschaffen. Ein anderes Werk von Zhou Leyuan, ein Fläschchen mit einem »Herbstbild«, hatte der Wirt vor einiger Zeit für einen Klienten verkauft. Als er eben einen ersten flüchtigen Blick auf Wu Shibaos Fläschchen geworfen hatte, war es ihm ganz ähnlich vorgekommen; vielleicht war es sogar von dem Meister ...? Ganz fest hielt er es nun in der Hand, um es eingehend zu untersuchen. Doch am Ende schüttelte er enttäuscht den Kopf.

»Stimmt irgend etwas nicht?« wollte Wu Shibao wissen.

»Das Signum fehlt.«

»Aber da steht doch ›Einer aus den Changbai-Bergen‹, reicht das nicht?«

»Kein Siegel!«

War schwer genug, im Gefängnis schwarze Tusche aufzutreiben, woher hätte ich wohl Zinnober nehmen sollen? dachte Wu Shibao bei sich. Laut sagte er: »Auch Ma Shaoxuan hat oft kein Siegel gemalt.«

Schließlich fragte ihn der Wirt noch: »Sonst sind die Fläschchen immer mattiert oder grundiert. Wieso ist Ihres durchsichtig?«

»Ach ja!« entfuhr es Wu Shibao. Er hatte schon die ganze

Zeit das Gefühl gehabt, daß sein eigenes Werk irgendwie anders war als andere Fläschchen mit Innenbemalung, aber erst die Frage des Wirts hatte ihm die Erleuchtung gebracht: Bei den anderen war nur die Bildfläche durchscheinend, die Flasche aber undurchsichtig, während bei ihm alles durchsichtig war, die gelbliche Flasche wie das Bild, so daß die Linien kraftlos, die Farben matt erschienen. Ihm fiel ein, daß er einmal ein Fläschchen von Gan Huang gesehen hatte, das auch so durchsichtig war; allerdings war jene Flasche aus klarem weißem Bergkristall gewesen. »Das verstehen Sie nicht«, antwortete er nun dem Wirt, »vor sechzig, siebzig Jahren, unter Kaiser Daoguang, waren die meisten Fläschchen durchsichtig. Schon daran können Sie sehen, wie alt meins ist.«

Dem Fuhrmann fielen fast die Augen zu, zumal das Gespräch der beiden anderen über seinen Horizont ging. »Was streiten Sie hier rum«, sagte er, »morgen wird sich ja rausstellen, was das Ding wert ist. Ich jedenfalls muß früh raus. Wenn Sie mitwollen zum Gelben Tempel, schlafen wir jetzt besser!«

VII

Die Stunde der vierten Nachtwache sah unseren Fuhrmann mit seinem Karren, dessen Verdeck über eiserne Rundbügel gespannt war, schon auf dem Weg, der erst nach Norden, dann nach Westen den Wallgraben entlang zum Desheng-Tor führte. In der Gegend vor diesem Tor wurden um diese Zeit, also kurz vor Sonnenaufgang, nebeneinander zwei Märkte abgehalten, der sogenannte Menschenmarkt und der Geistermarkt, die jedoch – da sie praktisch ineinander übergingen – oft in einen Topf geworfen wurden, so daß es in Peking hieß: »Gehen wir auf den Morgenmarkt am Desheng-Tor!« In Wirklichkeit hatten jedoch die beiden Märkte außer der räumlichen und zeitlichen Nähe nichts miteinander gemein. Auf den Menschenmarkt gingen einerseits Leute, die Arbeit suchten – Tischler oder Maurer oder sonstwer, nur zupacken mußten sie können –, und andererseits Leute, die Arbeit anzubieten hatten, sei es, daß sie ein Haus bauen oder einen Ofen setzen oder Möbel für die Aussteuer anfertigen lassen wollten. (Zu jener Zeit hängte man sein Herz nicht wie heute an Hausbar und Polstergarnitur, aber neue Möbel zur Hochzeit waren schon damals ein Muß.) Wer also Arbeitskräfte brauchte, stellte sich am Anfang der Straße, in der der Markt stattfand, hin und rief etwa: »Suche zwei Maurer und einen Handlanger!«, woraufhin er im Handumdrehen von Arbeitsuchenden umlagert war, die wissen wollten, was er denn zahle. Auf diese Weise wurden dann entsprechende Tagelohnverträge ausgehandelt. Da es zu jener Zeit weder so viele Uhren wie heute noch den Achtstundentag gab, wurde im allgemeinen von Sonnenaufgang bis Sonnenuntergang gearbeitet. Wer einen Tagelöhner anheuerte, tat das also möglichst früh, meist um die vierte Nachtwache, das heißt, zwischen fünf und sieben Uhr morgens – daher die Bezeichnung »Fünf-Uhr-Arbeiter« für solche Tagelöhner.

Geschäfte ganz anderer Art wurden auf dem Geistermarkt getätigt. Dort gab es weder Buden und Stände noch eine Einteilung nach Warensortiment. Angeboten wurde alles – »das Zopfband, um Xiwangmu, die Göttin, zu ehren; die Knute für Bettler, um den Hunden zu wehren« –, und gekauft wurde auch alles. Überdies konnte man bei Bedarf auch Bestellungen aufgeben, sogar für ganz spezielle Waren. Dazu schnallte man sich den Geldbeutel über die linke Schulter und stellte sich, das Kinn in die rechte Hand gestützt, an möglichst auffälliger Stelle hin. Sofort wurde man dann angesprochen: »Suchen Sie etwas Bestimmtes?« – »Einen Kettenanhänger aus Jade als Grabbeigabe – aber rotgefleckt muß er sein!« – »Darüber läßt sich reden, bloß billig wird das nicht.« – »Na, erst mal will ich die Ware sehen!« Mochte es bei derartigen Geschäften um Summen von einigen Tael gehen, so gab es natürlich auch billigere Waren. »Suchen Sie etwas Bestimmtes?« – »Ich habe einen Messingknopf von meiner Jacke verloren.« – »Damit kann ich zufällig dienen.« – »Was soll er denn kosten?« – »Geben Sie mir die beiden Hirsekrapfen, die Sie da in der Hand haben, und wir sind quitt!«

Auf diesem Markt kam es vor allem darauf an, die Ruhe zu bewahren und nicht gleich in die Luft zu gehen, wenn ein überhöhter Preis gefordert oder ein allzu niedriges Angebot gemacht wurde. »Was kostet der Zinnleuchter?« – »Zinn? Gucken Sie mal richtig hin! Neusilber ist das!« – »Und was soll er kosten?« – »Zehn Tael.« – »Na, vielen Dank auch!« – »Was würden Sie denn geben?« – »Einen Tael.« – »Können Sie nicht was zulegen?« – »Kein bißchen!« – »Also topp!«

Warum so billig? könnte man fragen. Nun, der Leuchter war gestohlen, und je eher der Dieb ihn los wurde, desto geringer das Risiko, erwischt zu werden. Deshalb durfte man sich hier nie nach der Herkunft einer Ware erkundigen, so wertvoll sie auch sein mochte. Aus dem gleichen Grund konnte man aber tatsächlich manch günstigen Gelegenheitskauf tätigen. So war es schon vorgekommen, daß jemand für eine kostbare blau-weiß gemusterte Porzellanflasche nicht mehr als für eine Essigflasche bezahlte oder für einen Bronzepokal aus der Shang-Dynastie nicht mehr als für einen Spucknapf aus Messing. Ebensogut konnte es einem aber auch passieren, daß die für teures Geld erstandene Ginsengwurzel sich als wertlose Korianderknolle oder die zierlichen Brokatstiefelchen sich als Mongolenstiefel aus Pappmaché entpuppten.

Nun waren zu jener Zeit die Pekinger nicht so blasiert wie manch einer heutzutage. Stolz auf ihre Geschäftstüchtigkeit, brüsteten sie sich mit ihrem Schnäppchen, während sie es andererseits lieber für sich behielten, wenn sie selbst hereingelegt worden waren, um nicht etwa auch noch ausgelacht zu werden. Auf diese Weise hörte man ausschließlich von günstigen Gelegenheitskäufen, so daß immer mehr Menschen, die sich für besonders schlau hielten, mit gefüllter Börse einen Morgenspaziergang über den Geistermarkt machten.

Das wurde nun von bestimmten Geschäftemachern ausgenutzt: Sie kauften zum Beispiel für wenig Geld eine Glasflasche, trimmten sie durch Schleifen und Scheuern und Färben auf alt und drehten sie schließlich mit verschwörerischer Heimlichtuerei in irgendeinem finsteren Winkel des Marktes einem sich höchst fachmännisch gebärdenden Dummkopf als angeblich heiße Ware an. Im Verkaufsgespräch mit solch einem Pseudo-Experten, etwa einem mandschurischen Adelssproß, taten sie überdies so, als wollten sie gar nicht verkaufen und seien eigentlich schon im Weggehen. Das Ende vom Lied war unweigerlich, daß das wertlose Glasfläschchen als Achat- oder Nephritflasche zu einem Wucherpreis losgeschlagen wurde. Ehe es hell wurde und der Geprellte die Bescherung sah, war der Geistermarkt längst zu Ende. Heraus kam so etwas nie, denn keiner von den Geschädigten wollte sein Gesicht verlieren …

Die vierte Nachtwache war vorbei, als der Fuhrmann Wu Shibao und den Herbergswirt am Pagodenhof des Gelben Tempels absetzte. Als er Wu gegenüber erwähnte, an dieser Stelle habe sich der Palast der Silbernen Ruhe der Königin Xiao befunden, mußte dieser an einen Empfang im Hause des Prinzen Qing vor ein paar Jahren denken, bei dem die Peking-Oper »Das Wiedersehen mit der Mutter« von Yang Yuelou mit dem berühmten Mei Qiaoling in der Rolle eben dieser Königin Xiao aufgeführt worden war. Er stellte sich vor, daß die vollschlanke Majestät sich in diesem Pagodenhof bestimmt etwas verloren vorgekommen wäre, denn der Gelbe Tempel war mittlerweile schon ziemlich trostlos und verlassen, seit der große Lamatempel im ehemaligen Palast der Harmonie und des Friedens zum Pekinger Zentrum der Gelben Lehre geworden war.

Der Wirt ging mit Wu Shibao etwa eine Meile in Richtung Westen. Als sie dann nach Süden abbogen, zeigte sich ihnen in der Ferne der Geistermarkt mit seinen Lichtpünktchen, seinen sich schemenhaft bewegenden Gestalten und seinem Stimmengewirr. Sie beschleunigten ihre Schritte und waren nach kurzer Zeit angelangt. Der Markt zog sich zwar entlang der Straße hin, machte aber einen äußerst chaotischen Eindruck. Manche Händler hatten über ihren improvisierten Verkaufsständen oder -matten Sturmlaternen aus Rinderhörnern aufgehängt, andere einen Lampion oder gar eine ebenso wertvolle wie reparaturbedürftige blütengeschmückte Glasampel. Die so beleuchteten Waren ließen sich zur Not nach ihrer Form bestimmen, aber Farben waren überhaupt nicht zu erkennen. Angeboten wurde alles, was man sich nur vorstellen kann: Töpfe und Teller, Schüsseln und Kellen, Tische und Stühle, Bänke und Schemel, Musikinstrumente, Domino- und Schachspiele, Rollbilder, Schwerter und Speere, Kettenpanzer, Angelruten, Opiumlampen, Porzellan und Glaswaren, Kupfer- und Lackgefäße, zierliche Kothurne für mandschurische und plissierte Röcke für vornehme chinesische Damen, Brustschilder für Beamtenuniformen, Federbuschhalter für Beamtenhüte, Beamtenhalsketten, Knöpfe für Beamtenhüte, ja sogar kleine Kragenbären und Eulen – alles, alles in buntem Durcheinander.

Wu Shibao fragte den Wirt: »Geht das überhaupt – hier ohne Lampe etwas verkaufen?« Aber der meinte nur lächelnd: »Sprechen Sie man hier nicht soviel! Halten Sie sich nur an mich, und gehen Sie mir nicht verloren!«

Der Wirt blieb an einem kleinen Stand stehen und hockte sich hin, um sich anzuschauen, was da auf einem Stück blauem Stoff angeboten wurde: zwei Schalen zum Auswaschen von Schreibpinseln, ein Tuschereibstein, mehrere Weinbecher und drei oder vier Porzellantabakfläschchen. Er nahm ein Rosa-Familie-Fläschchen mit Drachenmuster in die Hand und fragte: »Was soll die kosten?«

Der Verkäufer hielt vier Finger hoch, woraufhin der Wirt das Fläschchen zurücklegte und sich wieder aufrichtete. Darauf der Verkäufer sofort: »Wieviel wollen Sie denn geben?«

»Für einen Drachen mit nur drei Klauen? Überhaupt nichts!«

»Ich habe auch bessere!« Mit diesen Worten zog der Mann unter seinen gekreuzten Beinen eine Geldkatze hervor und entnahm ihr ein Päckchen in Seidenpapier, aus dem er vorsichtig zwei in Watte verpackte Schnupftabakfläschchen auswickelte.

Als Wu Shibao sich herunterbeugte, um besser sehen zu können, erblickte er ein Werk von Ma Shaoxuan, eine von innen bemalte Flasche mit der Darstellung einer Opernfigur, »Tan Xinpai im Kampf um Changsha«. Das andere Fläschchen war mit einem eingeschnittenen farbigen Dekor, einem »feuerfesten Bild«, geschmückt. Der Wirt erkundigte sich nach dem Preis des Innenmalerei-Fläschchens und erhielt zur Antwort: »Für weniger als zwanzig Tael gebe ich es nicht her. Und das auch bloß, weil es aus Glas ist. Wenn es aus Bergkristall wäre, würden Sie es nicht mal für das Doppelte kriegen.«

Darauf der Wirt: »Wie wär's mit zwei Tael?«

»Na schön! ›Ein Witz am Morgen – ein Tag ohne Sorgen‹, nicht wahr?«

Der Wirt zwinkerte Wu Shibao zu und bedeutete ihm, weiterzugehen.

Sie sahen sich die Waren einiger weiterer Händler an, und wenn sie Schnupftabakfläschchen entdeckten, erkundigten sie sich nach dem Preis. Schließlich blieben sie unter einer Straßenlaterne neben einem größeren Stand stehen, und der Wirt flüsterte Wu Shibao zu: »Jetzt sind Sie so einigermaßen über den Marktpreis im Bilde, nicht wahr? Unser Fläschchen bringt allerhöchstens fünfzehn Tael.« Wu machte ein enttäuschtes Gesicht, aber innerlich freute er sich diebisch, denn sein Quarzkristallfläschchen hatte einmal zehn Tael gekostet. Zeit seines Lebens hatte er stets zugezahlt, wenn er etwas verkauft hatte, um so freudiger überrascht war er nun über die Aussicht, endlich einmal Gewinn zu machen.

An diesem Stand gab es vor allem Kunstgewerbe und allerlei Nippes, als da waren: Rosa-Familie-Porzellanständer für Beamtenhüte, Flaschenvasen mit Kontrastfarbendekor, Marmor-Tafelaufsätze, Porzellanhocker aus der kaiserlichen Manufaktur, diverse Siegel aus Halbedelsteinen, Kettenanhänger aus Jade und auch einige Schnupftabakfläschchen, zwei davon mit Innenmalerei, von Barbarenfrauen (das Jahr 1900 lag ja nicht lange zurück, so daß man von den Europäern stets als Barbaren sprach). Für letztere interessierte sich gerade ein hochgewachsener, dünner Mann mit gebeugtem Rücken, der vor dem Stand hockte und sie unschlüssig in der Hand wog. Der Verkäufer verlangte zuerst fünfzig Tael, der Mann bot drei Tael pro Stück, dann ging der Händler auf vierzig herunter, woraufhin der dünne Mann je einen halben Tael zulegte. Schließlich erwarb er das Paar für fünfzehn Tael, wickelte es in sein Taschentuch und ging von dannen; unser Herbergswirt folgte ihm auf dem Fuße, überholte den Mann nach ein paar Schritten und stellte sich ihm in den Weg.

»Ich habe Sie eben beobachtet, mein Herr«, sagte er, »und ich habe gemerkt, daß Sie echtes Kaufinteresse haben. Ich hätte hier etwas für Sie, sehen Sie es sich doch mal an!«

Ehe der Mann etwas sagen konnte, hatte er schon Wu Shibaos Fläschchen aus seiner Gürteltasche hervorgeholt und es ihm in die Hand gedrückt. Der Mann rieb mit dem Daumen über die Oberfläche, warf einen flüchtigen Blick darauf und sagte beiläufig: »Hübsches Stück! Was soll sie denn kosten?«

Der Wirt antwortete: »Ohne viel Feilschen – einigen wir uns auf zwanzig Tael!«

»Das ist sie unbedingt wert. Zeigen Sie sie doch noch anderen. So ein Prachtstück werden Sie immer los!« Sprach's und drückte, schon im Weitergehen, dem Wirt das Fläschchen wieder in die Hand.

Der lief eilig hinter dem Mann her und redete ihm zu: »Schauen Sie es sich doch noch mal an, es tut ja nichts,

Er entdeckte, daß das gelbliche Fläschchen von innen bemalt war.

wenn Sie es nicht kaufen! Aber vielleicht machen Sie mir ein Angebot?«

Mit einem resignierten Achselzucken blieb der Mann wieder stehen, nahm das Fläschchen zum zweitenmal in die Hand und untersuchte es diesmal etwas eingehender. Dabei entdeckte er, daß das gelbliche Fläschchen ja von innen bemalt war. Er betrachtete es im Licht einer Lampe am Straßenrand und fragte, nun ernsthaft interessiert, abermals nach dem Preis.

»Ich habe doch eben schon gesagt, ohne Handeln zwanzig Tael!«

»Na ja, wenn es ein Siegel hätte! Aber es hat keins!«

»Na schön, geben Sie achtzehn!«

Der Mann hielt sich das Fläschchen noch dichter unter die Augen. Plötzlich rief er: »Wie?!«, sah noch einmal genau hin und fragte: »Woher haben Sie dieses Fläschchen?«

»Woher ich es habe? Wissen Sie wirklich nicht, wie das hier läuft, oder wollen Sie sich über mich lustig machen?«

Das Fläschchen fest umklammernd, beharrte der Mann: »Sie dürfen mich nicht mißverstehen, aber ich muß wissen, woher diese Flasche kommt!«

»Was geht Sie denn das an – jedenfalls ist sie nicht gestohlen!«

»Das habe ich ja auch nicht gesagt. Ich habe nur gefragt, woher sie stammt. Diese Flasche ist nämlich schon durch meine Hände gegangen, ich habe sie verkauft. Und jetzt suche ich den Käufer.«

In diesem Moment stürzte Wu Shibao, der abseits im Schatten gestanden hatte, auf ihn zu, packte ihn am Arm und rief: »Herr Shou! Es kam mir gleich so vor, als ob Sie es wären, aber ich war mir nicht sicher. Deshalb habe ich Sie die ganze Zeit von hinten beobachtet.«

»Sie, Herr Wu? Warum haben Sie mich denn nicht verständigt, daß Sie raus sind? Hätte ich Sie heute nicht endlich getroffen, wäre ich ins Justizministerium gezogen, mich nach Ihnen zu erkundigen.«

»Ich wollte Sie ja aufsuchen«, erwiderte Wu und zog sein Schnupftuch hervor, um sich die Augen zu trocknen, »aber Sie sehen ja, wie ich aussehe. Ohne neue Kleidung konnte ich mich doch nicht in die Öffentlichkeit getrauen. Deshalb wollte ich dieses Fläschchen verkaufen . . .«

Shou Mings Frage nach der Herkunft des Fläschchens hatte dem Wirt einen gehörigen Schrecken eingejagt, denn er dachte, das Fläschchen sei doch gestohlen und nun von seinem Besitzer wiedererkannt worden. Gerade wollte er sich davonstehlen, da merkte er, daß es sich nicht so verhielt. Unauffällig näherte er sich aus dem dunklen Schatten, in den er sich verzogen hatte, wieder den beiden Herren. »Oh, die Herren kennen sich! Welch glückliche Fügung, dieses unverhoffte Wiedersehen!«

Wu Shibao stellte seinem Freund schnell den Wirt vor. Dann fragte Shou Ming: »Haben Sie noch Sachen in der Herberge?« Wu verneinte, woraufhin Shou Ming dem Wirt eine Schnur Silbermünzen mit den Worten überreichte: »Herr Wu und ich, wir haben uns lange nicht gesehen, da will ich ihn für ein paar Tage mit zu mir nach Hause nehmen. Sie haben sich so nett um meinen Freund gekümmert – bitte schön! Kaufen Sie sich eine Schale Tee davon!«

Der Wirt dankte ihm, war aber innerlich arg enttäuscht. Bestimmt war dieser Shou Ming ein Antiquitätenhändler, der beim Anblick des Fläschchens ein Geschäft gewittert hatte und Wu Shibao nur mitnahm, weil er den Gewinn selbst einstreichen wollte und ihm – dem Wirt – seine Kommission nicht gönnte.

Wu Shibao fragte: »Wie kommt es, daß Sie heute auch hier auf dem Geistermarkt sind?«

»Oh, ich bin öfters hier.«

»Sie müssen aber Zeit haben!«

»Wovon sollte ich leben, wenn ich nicht ab und an ein kleines Geschäft machte? Sie waren eben anderthalb Jahre weg vom Fenster und wissen nicht, was inzwischen passiert ist. Ich muß Ihnen das alles erzählen. Zum Beispiel muß der

Staat den Ausländern eine Boxer-Entschädigung zahlen, und deshalb sind die Zuwendungen für uns Bannerleute halbiert worden. In so unruhigen Zeiten veranstaltet außerdem kein Mensch private Opernvorstellungen, daher sitze auch ich mit meiner Musik auf dem trockenen. Aber schließlich sind wir Mandschuren auch Menschen und müssen essen – also versuche ich, hier etwas zu verdienen.«

Nun erkundigte sich Wu Shibao nach seiner Familie. Shou Ming erwiderte: »Ich weiß alles, aber hier ist nicht der Ort zu reden. Kommen Sie, zu Hause erzähle ich Ihnen die ganze Geschichte.«

VIII

Am Morgen des Tages nach Wu Shibaos Entlassung, das heißt genau zu der Zeit, als dieser mit dem Wirt auf dem Geistermarkt war, erschienen in dem Gefängnis zwei Diener des Neunten Herrn Zai, einer mit einer Laterne, der andere mit einem Maultier, um Nie Xiaoxuan abzuholen. Als der Wärter nach ihm rief, lagen Nie und der Schatzwächter noch in süßem Schlummer, so daß der Wärter Nie mit Fußtritten wecken mußte. »Los, los, aufstehen! Meinen Glückwunsch!«

Nie Xiaoxuan zitterte vor Angst bei diesen Worten, denn in jenen Jahren wurden Festnahmen oder Hinrichtungen stets vor der fünften Nachtwache vorgenommen, so daß er bei den Worten »Meinen Glückwunsch!«, Böses ahnend, Bruder Bao wachrüttelte und zu ihm sagte: »Bruder, ich gehe, vielleicht auf Nimmerwiedersehen ... Wenn du rauskommst, sag meiner Familie Bescheid, ich bitte dich herzlich. Merk dir auch das heutige Datum, damit meine Nachkommen einst an meinem Todestag meiner gedenken ...«

Da klopfte ihm der Wärter auf die Schulter. »Wo denken Sie hin! Der Neunte Herr hat Diener geschickt, um Sie abzuholen!« Schon war auch von draußen das ungeduldige Rufen der wartenden Abgesandten zu hören. Halb ziehend, halb stoßend hatte der Wärter Nie hinausbugsiert und das Tor hinter ihm verschlossen, ehe der schlaftrunkene Bruder Bao noch recht zur Besinnung gekommen war. Zwar hatte er Nies Worte gehört, aber was sie bedeuteten, war ihm erst nach einigem Nachdenken aufgegangen, und da war Nie Xiaoxuan schon draußen vor dem Tor.

Rasch lief er hinterher und rief durch das geschlossene Tor: »Machen Sie sich keine Sorgen! Ich mache alles, wie Sie es gesagt haben!«

Darauf wandte Nie sich noch einmal um und rief ihm zu: »Sag meiner Tochter, ich habe nur die eine Sorge, daß unsere Familientradition abbricht, unsere Kunst! Sie soll Herrn Wu aufsuchen und ...«

Ehe er zu Ende sprechen konnte, zerrte ihn einer der Diener schimpfend fort: »Was soll das Palaver! Der Neunte Herr wartet! Wenn der ungeduldig wird, haben wir alle nichts zu lachen! Also los!« Die beiden halfen Nie auf das Maultier, und ab ging es in Richtung der Gegend außerhalb des Qianmen, des Vorderen Tores ... Wie das? mag man fragen. Die Sprößlinge alter Adelsgeschlechter, all die Fürstensöhne und Prinzen – lebten sie nicht sämtlich in der Innenstadt? Wieso wohnte ausgerechnet der Neunte Herr Zai außerhalb des Qianmen?

Nun, dem Neunten Herrn als ältestem Sohn eines Fürsten war schon im Alter von zwölf Jahren der Titel »Generaloberst zweiter Klasse« verliehen worden. Seine Erhebung in den Stand eines Beise, so das mandschurische Wort für »kaiserlicher Prinz«, hatte unmittelbar bevorgestanden, da hatte er in berauschtem Zustand seinem Ärger über die Einsetzung des von ihm seit ihrer gemeinsamen Kinderzeit gehaßten Pu Jun als Thronerbe mit ein paar abfälligen Worten Luft gemacht. Das wurde prompt der Kaiserinwitwe Cixi hinterbracht, die ihn von da an äußerst kühl behandelt und natürlich auch seine Beförderung ad acta gelegt hatte. Diese Demütigung hatte einen Stachel in ihm hinterlassen, so daß er zwar nach außen hin den Eindruck erweckte, Wein, Weib

Die Kaiserinwitwe Cixi behandelte ihn äußerst kühl.

und Gesang seien seine Welt, insgeheim jedoch mit Prinz Su konspirierte und sich an die Ausländer hielt. Er hatte eine berühmte Kurtisane freigekauft und ihr in der Xiheyan-Straße vor dem Qianmen einen Wohnhof eingerichtet. Dieses Liebesnest war sein Refugium, in dem er sich einzig und allein dem Müßiggang hingab. Vor allem aber wollte er den allgegenwärtigen Augen und Ohren entgehen, die in der Residenz über sein Tun und Lassen wachten, und in diesem seinem Zweitwohnsitz ungestört seine ganz private »Verwestlichungsbewegung« betreiben. Er kleidete sich in ausländischen Baumwollsatin, trug eine ausländische Uhr, rauchte ausländische Zigaretten, hörte ausländische Grammophonplatten – kurz, er ließ keinen Zweifel daran, daß für ihn nichts Einheimisches an die Importwaren aus dem Westen heranreichte.

Der schlagendste Beweis war der »Älteste Bruder«, Pu Jun, selbst, der gerade deshalb am Ende gescheitert war, weil er mit der Kaiserinwitwe gemeinsame Sache gemacht hatte, während er – der Neunte Herr –, der stets die Ausländer für sich zu gewinnen gesucht hatte, nun, nach deren Sieg über die Yihetuan, in aller Öffentlichkeit seinen Triumph auskosten konnte. Dem Friedensvertrag von 1901 zufolge war die Qing-Regierung verpflichtet, sich durch einen Abgesandten in Tokio bei der japanischen Regierung zu entschuldigen. Für diese Aufgabe war vom Kaiserhof Na Tong ausersehen worden, dem wiederum Prinz Su geraten hatte, den Neunten Herrn Zai mit nach Japan zu nehmen, um sich seine heikle Mission zu erleichtern. Daraufhin hatte Na Tong der Kaiserinwitwe die Sache so dargestellt, als sei es der Wunsch der Japaner, daß der Neunte Herr mitfahre. Der »Alte Buddha« hatte keinen Widerspruch gewagt, obwohl sie den Neunten Herrn ja nicht leiden konnte.

Über seinen Vorbereitungen auf die Auslandsreise hatte dieser den armen Meister Nie völlig vergessen. Als er aber heute überlegte, was für Geschenke man für den Mikado, seinen Oberbefehlshaber Yamaguchi und andere hohe Würdenträger mitnehmen könnte, war sein Blick auf jenen Satz Schnupftabakfläschchen gefallen – und plötzlich fiel ihm ein, daß da ja noch jemand im Gefängnis einquartiert war. Unverzüglich hatte er Nie Xiaoxuan holen lassen, doch als die Diener mit diesem in des Neunten Herrn Ausweichquartier vor dem Qianmen eintrafen, war es heller Morgen, und der hohe Herr mußte schlafen gehen. Der Haushofmeister hieß Nie im Pferdestall warten, bis der Neunte Herr am Nachmittag erwachen würde und man ihm Nies Ankunft melden könnte.

Die anfängliche Begeisterung des Neunten Herrn, dem ja die achtzehn Fläschchen so gut gefallen hatten, daß er vor lauter Angst, Nie Xiaoxuan könne einen weiteren Satz der gleichen Art brennen und an jemand anders verkaufen, ihren Schöpfer ergreifen ließ, um ihm das zu verbieten – denn dann wären seine eigenen Fläschchen keine Einzelstücke mehr gewesen –, diese Begeisterung hatte sich nach all den langen Monaten, die inzwischen vergangen waren, so weit abgekühlt, daß er eigentlich Nie Xiaoxuan mit ein paar Silbermünzen wieder nach Hause schicken wollte, zumal er ja nun die achtzehn Fläschchen den Japanern schenken und sie somit – Einzelstück hin, Einzelstück her – ohnehin verlieren würde. Hätte Nie sich an jenem Morgen etwas mehr beeilt oder der Neunte Herr sich etwas später schlafen gelegt, wäre wohl auch alles so gekommen. So aber meldeten die Diener dem Neunten Herrn, als er am frühen Nachmittag erwachte, daß Liao Qian, ein Mönch aus dem Tempel des Umfassenden Glanzes, und Nie Xiaoxuan darauf warteten, vor ihn treten zu dürfen. Wen von beiden wünsche er zuerst zu sehen?

»Als Mönch in Peking kam oft an, wer als Beamter fortzog dann.« Dieser Liao Qian war vom heiligen Berg Hengshan in der Provinz Hunan mit einem goldenen Teller in die Hauptstadt gekommen, auf dem seine von ihm selbst abgehackte, in Öl gesottene rechte Hand lag. Damit wollte er vor die Prinzen und Adligen treten und um Almosen für einen

Ein Mönch aus dem Tempel Umfassenden Glanzes war in die Hauptstadt gekommen.

Tempel zu Ehren des Bodhisattwa Manjusri bitten, den er zu errichten gedachte. Die Kunde von diesem Mann war bereits in aller Munde, so daß der Neunte Herr, der solche Art Nervenkitzel über alles liebte, selbstverständlich zuerst nach ihm schickte. In Hauskleidung und Pantoffeln ließ er sich von seinen Dienern in dem Korridor vom zweiten Eingangstor zum inneren Teil des Wohnhofes den Mönch vorführen.

Nachdem dieser ihn höflich begrüßt und auf dem angebotenen Stuhl Platz genommen sowie einige artige Floskeln mit dem Hausherrn gewechselt hatte, holte er seine Spendenliste hervor und bat um eine milde Gabe. Aber der Neunte Herr sagte: »Das hat noch Zeit! Erst mal will ich was sehen für mein Geld! Es heißt, du hast dir die Hand abgehackt und gelobt, damit Almosen für einen Tempel zu sammeln. Wo ist sie denn, hä? Erst die Hand, dann das Geld! Also los, laß mal sehen!«

Eilfertig verneigte sich der Mönch abermals höflich vor dem Neunten Herrn und sprach: »Allmächtiger Gott! Ich wage nicht, Euer Gnaden Augen zu beleidigen.«

Doch der Neunte Herr fuhr ihn an: »Schluß mit dem Gequatsche! Ich will sie sehen!«

In die Enge getrieben, kniete der Mönch nieder, schlug das rote Tuch zurück und streckte den Teller mit der verkohlten Hand hoch über seinem gesenkten Kopf dem Neunten Herrn, der sich vorgebeugt hatte, um besser sehen zu können, entgegen, so daß dieser um ein Haar mit der Nase die an eine kohlschwarze Vogelklaue erinnernde abgehackte Hand berührt hätte. Den Neunten Herrn schauderte. Er schlug auf den Tisch und brüllte: »Du verdammter Gauner! Das soll eine Menschenhand sein? Irgendeine Tierklaue hast du gebraten, und jetzt willst du uns hier in Peking für dumm verkaufen!«

»Der Himmel bewahre mich – ich kleiner Mönch habe gelobt, einen Tempel zu bauen, so wahr ich lebe! Fern von mir sind Lug und Trug!«

Der Neunte Herr erwiderte: »Wenn du es wirklich ernst

meinst, nun gut, dann hacke dir hier vor meinen Augen auch noch die andere Hand ab! Dann brauchst du um keine Spenden mehr zu betteln, dann bezahle ich allein für deinen Tempel. Na, wie ist es?« Vor Angst schwitzend, machte der Mönch mehrmals Kotau vor dem Neunten Herrn, der nun rief: »Heda, Leute! Hackt ihm die linke Hand ab, da auf der Schwelle, damit ich es sehen kann!«

Im Nu hatten zwei Wachen den armen Mönch gepackt und zum Tor gezerrt, wo sie ihm den Ärmel hochstreiften und seine einzig noch verbliebene linke Hand auf die erhöhte Schwelle preßten. Als sie mit einem zischenden Geräusch ihre Schwerter zogen, verlor der Mönch vor Schreck das Bewußtsein. Auf ein Zeichen des Neunten Herrn hin steckten die Wachen ihre Schwerter wieder in die Scheide. »Holt Wasser und bringt ihn zu sich!« gebot der Neunte Herr.

Nun ergossen sich zwei Schüsseln kaltes Wasser über den Kopf des Mönchs, der zähneklappernd erwachte, nachsah, ob seine Hand noch dran war, und, nachdem er sich vergewissert hatte, daß sie unverletzt war, eilig einen Kotau machte. Lachend fragte ihn der Neunte Herr: »Na, wie hast du das gefunden?«

»Sie haben mir armem Mönch einen gehörigen Schrecken eingejagt«, antwortete der Mönch mit saurer Miene, doch der Neunte Herr meinte nur: »Erst fährst du mir mit deiner stinkenden Klaue ins Gesicht, daß mir vor Schreck fast das Herz stehenbleibt, und dann wunderst du dich noch, wenn ich dir auch ein bißchen Angst mache! Na, schon gut, geh jetzt mit deiner Liste zum Haushofmeister und sage ihm, ich spende fünfhundert Tael.«

Ganz benommen entfernte sich der Mönch, während der Neunte Herr, gut gelaunt und aufgekratzt nach dieser Episode, Nie Xiaoxuan holen ließ. Dieser wagte nicht, über die Schwelle des inneren Tores zu treten, sondern kniete davor nieder und machte einen Kotau. Immer noch in bester Stimmung, amüsierte sich der Neunte Herr sowohl über Nies abgerissene Kleidung als auch über seine offensichtliche Ängstlichkeit. »Streck mal die Hände aus!« gebot er ihm lachend. »Ich will sie sehen.«

Zögernd streckte ihm Nie, der ja nicht wissen konnte, was das nun wieder zu bedeuten hatte, die Hände hin. Er schämte sich sehr, denn nach der langen Zeit im Gefängnis, wo er sich nicht täglich waschen konnte, waren seine Hände dürr und schmutzig. Den Neunten Herrn störte das jedoch nicht. Nachdem er Nies Handflächen eingehend betrachtet hatte, sagte er, an die Diener gewandt: »Tz, tz, tz! Seht euch das an – auch das sind Hände! Anders als bei dem Mönch! Der kann nichts anderes damit anfangen, als den Holzfisch zu schlagen, damit er beim Beten nicht aus dem Takt kommt. Oder er hackt sie sich ab, um damit Almosen zu erbetteln. Aber diese Hände hier, die sind wirklich was wert! Die brennen dir Guyuexuan-Porzellan, die malen dir die schönsten Mädchenbilder – die kaufe ich! Mach mir einen Preis, Alter!«

»Darf ich ergebenst darauf aufmerksam machen«, erwiderte Nie, »daß ich für jene Tabakfläschchen bereits belohnt wurde?«

Einer der Diener, der sich wohl bei seinem Herrn einschmeicheln wollte, belehrte ihn: »Es geht doch nicht um Tabakfläschchen! Der Neunte Herr will die Hände kaufen, die sie gemacht haben!«

»Halten zu Gnaden«, sagte Nie, sich nur mühsam beherrschend, »diese Hände sind an meinem Körper angewachsen. Nur so kann ich etwas damit anfangen. Werden sie abgehackt, sind sie nichts mehr wert.«

Der Neunte Herr, dem der zornige Unterton von Nies Antwort entgangen war, fand, er habe geschickt pariert. »Na schön«, sagte er, »entweder den ganzen Menschen mitsamt seinen Händen oder nur die Hände allein – ich kaufe alles! Wir setzen einen Vertrag darüber auf, und dann darfst du dein Guyuexuan nur noch an mich verkaufen. Ich werde den ganzen Nie in Silber bezahlen. Oder willst du mir doch lieber nur die Hände verkaufen? Ist mir auch recht! Wenn du dann nicht mehr arbeiten kannst – ich werde dich schon nicht verhungern lassen!«

Nie Xiaoxuan war bei diesen Worten ganz anders geworden; er wagte keinen weiteren Einwand. Der Neunte Herr befahl seinem Haushofmeister: »Bring ihn in den Pferdestall und kümmere dich um ihn! Er kriegt Bedenkzeit, aber wenn er sich bis heute abend nicht entschieden hat, wird gemacht, was ich sage!«

Während Nie Xiaoxuan noch um Erbarmen bat, kamen zwei Wachen und führten ihn ab. Höchlich amüsiert befahl der Neunte Herr seinem Haushofmeister, zehn Tael und ein paar getragene Gewänder für Nie Xiaoxuan bereitzulegen und ihn am nächsten Tag nach Hause zu schicken. Heute aber wolle er ihn noch ein bißchen zappeln lassen.

Der Haushofmeister wollte sich bei seinem Herrn lieb Kind machen, zumal dieser ohnehin so gut gelaunt war. Er sagte: »Die hundert Ziegen, die Euer Gnaden aufzutreiben befahlen, stehen bereit. Der Fleischer über die Straße bekommt pro Tag drei Tael dafür. Sobald Euer Gnaden sie zu verwenden geruhen, möget Ihr dem Sklaven gnädig befehlen!«

Der Neunte Herr, nun erst recht in Fahrt, entschied lachend: »Jetzt gleich werden sie verwendet! Laß sie vor die Tür des Teehauses ›Zum Zufriedenen Gast‹ treiben und dort auf mich warten!«

Zum Teehaus »Zum Zufriedenen Gast« vor dem Xuanwu-Tor gelangte man, wenn man vom Stadttor aus nach Osten in Richtung Hufangqiao ging. Ursprünglich hatten hier vor allem Schauspieler und Antiquitätenhändler verkehrt, Angehörige des Adels hatten sich kaum je dorthin verirrt. Der Neunte Herr jedoch amüsierte sich gelegentlich, indem er sich, als Diener verkleidet – blauer Drillichkittel und blaue Schärpe –, unters Volk mischte und einen Bummel durch das Viertel außerhalb des Qianmen machte. Dabei war er ein paar Tage zuvor in der Liulichang-Straße auf

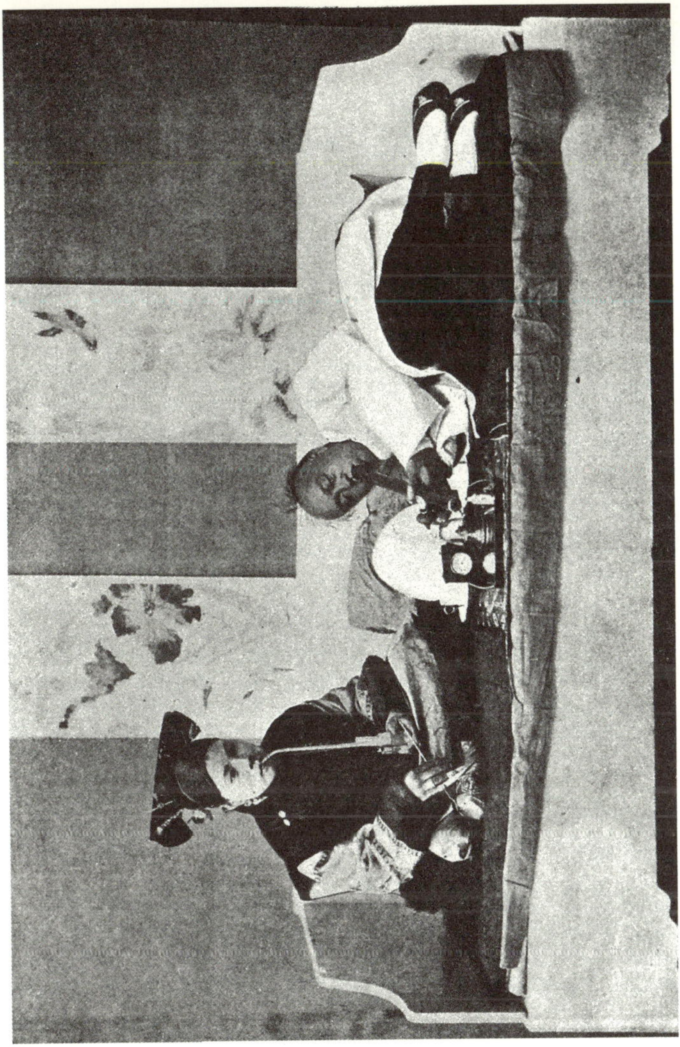

Er genoß noch ein paar Züge Opium.

einen Gaukler gestoßen, der einen Affen dazu dressiert hatte, ein von einer Ziege gezogenes Wägelchen im Kreise fahren zu lassen. Das hatte dem Neunten Herrn so gut gefallen, daß er kurzerhand das ganze Gespann für ein Dutzend Tael kaufte, um in seiner Residenz für seinen alten Herrn eine Privatvorstellung zu veranstalten. Nur den Affen wollte sein Besitzer nicht verkaufen; deshalb ließ der Neunte Herr den Mann mit dem Affen auf der Schulter hinterherkommen, während er selbst das Ziegengefährt lenkte. So zogen sie zusammen davon. Als sie am Teehaus »Zum Zufriedenen Gast« vorbeikamen, ließ der Neunte Herr den Gaukler mit dem Affen vor der Tür warten, während er selbst mitsamt der Ziege hineinging, um eine Schale Tee zu trinken.

Kaum hatte er sich hingesetzt, erschien ein Kellner und sagte: »Mein Herr, es ist bei uns nicht üblich, in Begleitung von Ziegen den Tee einzunehmen!«

Der Neunte Herr antwortete: »Ich gehe gleich wieder, will mich nur ein wenig ausruhen. Außerdem beansprucht meine Ziege nicht mal einen Sitzplatz. Warum soll sie also nicht mit reinkommen?«

Da entschied der junge Geschäftsführer hinter dem Tresen, ganz neu auf seinem Posten, daß die Ziege bleiben könne, wenn der Herr auch für sie bezahle, was dieser akzeptierte. Als er seinen Tee ausgetrunken hatte, wollte er tatsächlich zwei Tassen Tee bezahlen. Der Kellner zögerte und schaute unschlüssig zum Geschäftsführer, doch der fuhr ihn nur an: »Was guckst du denn? Los, kassiere, und Schluß!« Darüber hatte der Neunte Herr sich so geärgert, daß er noch am selben Tag seinem Haushofmeister befohlen hatte, einhundert Ziegen zu mieten oder, wenn das nicht ginge, auch zu kaufen.

Heute nun machte er sich, nachdem er dem Haushofmeister seine Anweisungen bezüglich der gemieteten Ziegen gegeben hatte, hoch zu Roß auf den Weg ins Teehaus »Zum Zufriedenen Gast«, nicht ohne vorher noch ein paar Züge Opium und einen kleinen Imbiß genossen zu haben. Im

Teehaus angekommen, überließ er sein Pferd dem Diener und ging selbst hinein.

An jenem Nachmittag sollte dort der Geschichtenerzähler Shi Yukun junior mit »Die drei Recken und die fünf Gerechten« auftreten, daher waren etwa zwei Drittel der Tische besetzt. Die Vorstellung hatte aber noch nicht begonnen, so daß sich die Gäste an den Fenstern drängten und nach draußen schauten, denn dort hatten sich mittlerweile wegen der Ziegen, die da – bewacht von zwei Männern mit roten Quasten an der Mütze – in aller Seelenruhe mitten auf der Straße standen und den Verkehr blockierten, viele Menschen und Fahrzeuge angesammelt. Was mochte das zu bedeuten haben? Der Neunte Herr ging zum Tresen und fragte den bärtigen Mann, der an diesem Tag dort Dienst tat: »Wo ist der junge Mann, der neulich hier saß?«

Der junge Geschäftsführer, der im Hinterzimmer mit der Buchhaltung beschäftigt war, steckte den Kopf heraus, als er hörte, daß jemand nach ihm fragte. »Worum handelt es sich?« wollte er wissen.

Der Neunte Herr sagte: »Vor ein paar Tagen habe ich hier Tee getrunken und für zwei bezahlen müssen – für mich und für meine Ziege. Stimmt doch, nicht?«

Bei diesen Worten schaute der andere näher hin und erkannte den Mann von neulich. Nun war dieser junge Geschäftsführer selbst einer von jenen großspurigen Geldsäkken, die da meinten, ganz Peking sei nicht groß genug für Männer wie sie. Daher trat er jetzt näher und sagte völlig ungerührt: »Stimmt! Aber wenn Sie heute kämen, müßten Sie sogar noch mehr springen lassen – Ziegen zahlen jetzt doppelt! Ganz einfach, wir berechnen nach der Anzahl der Beine: ein Mensch – zwei Beine, eine Ziege – vier Beine!«

Der Neunte Herr nickte und warf ein Stück Silber auf den Tresen. »Das wären also vier Silberlinge pro Ziege, insgesamt vierhundert für einhundert Ziegen, stimmt's? Wiegen Sie das Silber hier! Sie brauchen mir nicht rauszugeben, der

Rest ist für Sie!« Dann rief er mit lauter Stimme: »Rein mit den Ziegen!«

Unverzüglich schlug eine seiner Wachen den Vorhang an der Eingangstür zurück, während andere Diener peitschenknallend die Ziegen hereintrieben. Die entsetzten Gäste des Teehauses stoben auseinander und versuchten, dem Ansturm der Ziegen zu entgehen, doch der Eingang war von den nachdrängenden Tieren verstopft, so daß ihnen nichts anderes übrigblieb, als durch die Fenster nach draußen zu hechten. Die Kunde von den Vorgängen im Teehaus verbreitete sich in Windeseile, und schnell hatte sich draußen eine dichtgedrängte Menge Neugieriger versammelt, die durch die Fenster das Geschehen im Teehaus verfolgten. Kaum zur Tür herein, liefen die Ziegen förmlich Amok, kletterten auf Tischen und Stufen herum und rissen sogar den Schrein des Herdgottes herunter. Teekannen und -schalen gingen mit Geklirr zu Bruch. Der junge Geschäftsführer wollte voller Zorn einschreiten, aber sein älterer Kollege hielt ihn eilig zurück und flüsterte ihm zu: »Mach keinen Mist! Schnell, einen Kotau! Hast du nicht seinen gelben Gürtel gesehen? Der Mann gehört zum Kaiserhaus!«

Der Neunte Herr amüsierte sich köstlich über das Tohuwabohu. Dann schwang er sich auf sein Pferd und ritt zum Prinzen Su, um mit ihm zu beraten, welche Geschenke man den Japanern mitnehmen könne.

IX

Erst nachdem Shou Ming mit seinem Freund zu Hause angekommen war, erzählte er Wu Shibao, was für Schicksalsschläge dessen Familie während der Zeit seiner Haft erlitten hatte.

Wu Shibao hatte sich früher nur mit seinen eigenen Liebhabereien die Zeit vertrieben, ohne sich um die Angelegenheiten anderer Menschen zu scheren. Was seine Frau betraf, so kannte sie seit frühester Jugend nichts Schöneres, als ihre Freundinnen zu besuchen und mit ihnen zu klatschen, Betelnüsse zu kauen und Karten zu spielen. Um den Haushalt kümmerte sie sich selbstverständlich nicht. Es war ja schon schlimm genug, mit einem solchen Ehemann ohne Beruf und ohne Posten geschlagen zu sein! So oblag es seit jeher Wu Shibaos alter Amme, die gesamte Hausarbeit zu erledigen.

Amme Liu kam aus Sanhe, einer Kreisstadt in der Nähe von Peking. Sie hatte mit Mitte Dreißig ihren Mann verloren und mußte ihren Sohn allein aufziehen. Inzwischen selbst schon verheiratet und Inhaber eines Ladens für gedämpfte Hefeklöße in Sanhe, wollte der Sohn seine Mutter zu sich holen, damit sie ihren Lebensabend bei ihm verbringe, doch da Wu Shibaos alter Vater zu jener Zeit halb gelähmt ohne Pfleger darniederlag, blieb Amme Liu im Hause Wu. Nachdem der Alte tot war, entfiel dieser Grund, aber da kam Wu Shibaos Sohn zur Welt, und Wu bat seine Amme, für weitere zwei Jahre auszuhelfen, weil er inzwischen zu arm war, um sich eine andere Amme leisten zu können. In einer mandschurischen Adelsfamilie wurde die Amme stets wesentlich besser behandelt als andere Diener; wenn ihr ehemaliger Schützling gar zum Familienoberhaupt aufrückte, rechnete sie fast mit zur Herrschaft. Amme Liu, die die Arroganz und Großspurigkeit der Dame Wu zutiefst mißbilligte und aus lauter Angst, ihr geliebter Milchsohn könne zu kurz kommen, dessen Gattin häufig Vorhaltungen wegen ihrer Verschwendungssucht machte, mußte sich ihrerseits so manche giftige Bemerkung der Dame des Hauses anhören, die darüber hinaus Wu Shibao zusetzte, er solle die Amme wegschicken, allerdings ohne Erfolg, denn auf diesem Ohr hörte Wu überhaupt nicht, wußte er doch nur allzu gut, daß der Haushalt zusammenbrechen würde, wenn die Amme ginge.

Doch als er eingesperrt wurde, ging der Ärger los.

Seine Frau kannte nichts Schöneres, als mit ihren Freundinnen zu klatschen

Amme Liu und Xu Huanzhangs Vater hatten zur selben Zeit im Hause Wu gedient; daher wußte sie, was für ein Mensch Xu war. Als er nun Wu Shibaos Gattin besuchte – ganz der große Herr, für den jemand wie Amme Liu natürlich Luft war –, riet die Amme ihrer Herrin, seinen Einflüsterungen kein Gehör zu schenken, doch vergeblich. Frau Wu verlangte sogar von Amme Liu, sie solle die ausstehenden Schulden eintreiben, damit man mit diesem Silber bei Gericht etwas in Bewegung setzen könne, und als sie sich weigerte, machte sie ihr eine fürchterliche Szene. Außerdem beschwerte sie sich bei den Nachbarn, die Amme hindere sie daran, ihren Gatten aus dem Gefängnis zu erretten, bloß damit sie nach dessen Tod den ganzen Besitz des Hauses Wu selbst einstecken könne. Das Geheul und Gezeter von Frau Wu hatte Amme Liu noch hingenommen, diese bodenlose Verleumdung aber war zuviel. Im Beisein des Bataillonskommandeurs Gu von nebenan, den sie als Zeugen hinzugebeten hatte, rechnete Amme Liu die von ihr verwalteten Konten ab; dann ging sie zurück nach Sanhe.

Frau Wu konnte selbst nicht kochen, geschweige denn ein Kind großziehen. Deshalb stellte sie die Frau eines Tapezierers namens He, der ein paar Häuser weiter wohnte, als Dienstmagd ein. Da diese Frau nur hinter dem Geld her war, redete sie natürlich ihrer neuen Herrin in allen Dingen nach dem Munde. Frau Wu, die ja gern ein Spielchen machte, wurde seit der Sache mit ihrem Mann von ihren Freundinnen geschnitten, so daß sie sich furchtbar langweilte. Nun war Frau He die Stiefschwester einer gewissen Mutter Xu, die als Botin für einen Lotterieeinnehmer arbeitete. Daher konnte sie sämtliche Verschen auswendig, anhand deren abergläubische Spieler ihre Entscheidung, auf welchen der sechsunddreißig Namen und Begriffe auf dem Lotterieschein sie ihr Geld setzen sollten, zu treffen pflegten. »Einmal her und zweimal hin, sieh – ein Mantel aus Kanin! Lotoskind mit Brettertruhe, Lenzesrot find't keine Ruhe ...« Damit sang sie abends den kleinen Wu in Schlaf. Frau Wu gefiel das so sehr, daß auch sie einige von diesen Reimen lernte.

Als sie nach der Bedeutung von all dem Kauderwelsch fragte, erklärte ihr Frau He: »Das ist Geheimsprache, das hat alles mit der Lotterie zu tun. ›Kanin‹, das bedeutet natürlich ›Guanyin‹; wenn Sie also im Traum die Bodhisattwa Guanyin sehen, dann setzen sie einfach auf ›Kaninchen‹ – mit einem Tael Einsatz gewinnen Sie dann vielleicht dreißig. ›Lenzesrot‹ steht für ›Dirne‹, ›Brettertruhe‹ für ›Sargtischler‹ . . .«

Frau Wu fand das alles hochinteressant. »Wo muß man denn hingehen, um zu tippen?« erkundigte sie sich.

Frau He antwortete: »Ach, da brauchen Sie sich nicht selbst zu bemühen. Die Botin vom Lotterieeinnehmer kommt zu Ihnen ins Haus, wenn Sie tippen wollen. Sie schreiben genau auf, worauf und wieviel Sie setzen wollen, und dann geben Sie es der Botin. Am nächsten Tag, nach der Ziehung, kommt sie mit dem Ergebnis wieder ins Haus und bringt Ihr Geld gleich mit – wenn Sie was gewonnen haben. In dem Fall geben Sie ihr ein kleines Trinkgeld; sonst ist sie eben umsonst gelaufen.«

Mit solchen Reden hatte die He ihre Herrin sehr bald so weit, daß sie ihre Stiefschwester kommen lassen konnte, die dann auch prompt Frau Wu das erste Los aufschwatzte. Mit der Lotterie ist es so eine Sache: Wenn man erst einmal anfängt, kommt man nicht mehr davon los. Da träumt man vielleicht an einem Tag von einem Sarg, setzt auf »Sargtischler« und gewinnt tatsächlich. Am nächsten Tag, beim Aufwachen, versucht man wieder, sich an den Traum der vergangenen Nacht zu erinnern, und wagt abermals einen Einsatz. Verliert man dabei, möchte man das Glück zwingen und spielt erst recht weiter. Im Laufe der Zeit wechseln natürlich Gewinn und Verlust miteinander ab, aber stets überwiegen die Verluste. Und merkwürdigerweise gewinnt man immer dann, wenn der Einsatz gering, verliert dagegen, wenn der Einsatz hoch war. Jedenfalls zweigte Frau Wu von den Einnahmen aus ihren Schmuck- und Grundstückverkäufen, die ja größtenteils an Xu Huanzhang gingen, jeweils einen Teil für die Lotterie ab und machte obendrein so viele Schulden, daß sie am Ende nicht einmal den Monatslohn für ihre Dienstmagd pünktlich zahlen konnte, woraufhin die He prompt kündigte.

Nachdem Amme Liu ein paar Monate bei ihrem Sohn gewohnt hatte, ließ ihr die Sorge um den jungen Herrn Wu keine Ruhe mehr. Am fünften Tag des fünften Monats machte sie sich mit ein paar Maulbeeren und Kirschen sowie einer lustig bunten Kette aus allerlei Spielzeugfigürchen und Amuletten und einem Paket in Schilfblätter gewickelter Klebreisklößchen – man feierte ja das Drachenbootfest! – auf den Weg nach Peking zum Hause Wu. Als sie sah, wie es dort ausschaute, wäre sie fast in Tränen ausgebrochen. »Und ich hatte gedacht, jetzt brauchen Sie sich nicht mehr über mich zu ärgern, da wird gleich alles viel besser für Sie!« sagte sie. »Wie konnte es bloß in den paar Monaten so weit kommen?« Frau Wu, die nicht zugeben mochte, daß sie beim Glücksspiel Geld verloren hatte, behauptete, alles habe sich gegen sie verschworen; erst sei sie immerzu krank gewesen, und dann habe sie im Yamen erneut Unkosten wegen ihres Mannes gehabt. Geld sei ja gar nicht das Problem, nur sei sie einfach nicht dazu gekommen, es einzutreiben.

Amme Liu dachte nur: Mir machst du nichts vor, ich weiß doch genau Bescheid, wie es um diese Familie steht! Eigentlich wollte sie sich gar nicht weiter um die Dame kümmern, aber dann fand sie doch, sie sei es dem verstorbenen Herrn Wu senior und seinem noch lebenden Sohn schuldig. Also drückte sie Frau Wu ein paar Tael in die Hand, wobei sie sagte: »Ich hatte ja keine Ahnung, daß es Ihnen nicht gut geht, sonst hätte ich Ihnen doch ein paar Erfrischungen mitgebracht. So kann ich Sie nur bitten, sich von diesem Geld selbst zu kaufen, worauf Sie Appetit haben. Mein Sohn baut zur Zeit ein Haus, so daß ich auch viel um die Ohren habe. Wenn alles wieder im Lot ist, besuche ich Sie wieder, und wenn der gnädige Herr dann immer noch nicht raus ist und es Ihnen noch nicht besser geht, könnte ich doch den jungen Herrn mitnehmen.«

Bei diesen Worten hakte Frau Wu sofort ein: »Wer weiß, wann bei dir wieder alles im Lot ist! Ich bringe in letzter Zeit kaum einen Bissen mehr herunter, kann überhaupt nicht mehr schlafen – ich hab einfach nicht die Kraft, mich um das Kind zu kümmern. Wenn du also wirklich gewillt bist, dich für die Güte deines Herrn und Meisters erkenntlich zu zeigen, dann nimm den Jungen lieber gleich mit. Zu Neujahr bringst du ihn dann zurück, da wird der gnädige Herr ja auf jeden Fall wieder zu Hause sein.«

Daraufhin packte Amme Liu, die ohnehin den Kleinen nur schweren Herzens zurückgelassen hatte, ein wenig Kleidung und Bettzeug für ihn zusammen und fuhr mit ihm in einem Karren, der auf der Hinfahrt Landesprodukte nach Peking gebracht hatte, zurück nach Sanhe. Vor dem ersten Schneefall, so nahm sie sich vor, würde sie mit dem Jungen wieder in die Hauptstadt fahren, damit er seine Mutter besuchen könne.

Nachdem Amme Liu das Kind weggeholt hatte, langweilte sich Frau Wu erst recht, so daß sie kurzerhand das Haus abschloß und wieder in ihr Vaterhaus übersiedelte, wo seit dem Tode der Eltern ihr ältester Bruder als Familienoberhaupt amtierte. Er hatte von seinem Vater nicht nur das Oberstenpatent, sondern auch die Angewohnheit übernommen, die Leitung des Haushalts völlig seiner Frau zu überlassen. Die aber war von der Schwägerin in der ersten Zeit nach ihrer Hochzeit ständig bei der Schwiegermama angeschwärzt worden und brannte natürlich darauf, ihr Gleiches mit Gleichem zu vergelten, wo die Dame jetzt so kläglich wie ein Spatz mit versengtem Gefieder ins Elternhaus zurückgekommen war. Schließlich war die Gattin des Obersten ebenfalls eine echte Bannerfrau, wenn auch nicht gerade aus dem Hochadel – prahlen und angeben, knapsen und knausern, sticheln und hetzen, anderen Leuten Unannehmlichkeiten

Sie wartete auf dem Friedhof auf einen Traum.

bereiten, das alles beherrschte sie ebensogut wie ihre Schwägerin. So dauerte es nicht lange, bis der Oberst seiner Schwester heimlich vierzig Tael zusteckte und ihr riet: »Du weißt ja, Verwandte sind einem um so teurer, je weiter weg sie sind. Ich glaube, es ist für alle Beteiligten besser, du ziehst wieder in dein Haus.«

Jetzt erst wurde Frau Wu bewußt, was die Redensart »Ist das Geld erst mal alle, bist du erledigt für alle!« bedeutet. Sie bereute nun, ihren ganzen Besitz zu Geld gemacht und obendrein das Silber mit vollen Händen ausgegeben zu haben. Zum erstenmal begann sie sich Sorgen zu machen, wie sie sich ihrem Mann gegenüber rechtfertigen sollte, wenn er zurückkäme. Sie beschloß, mit den vierzig Tael als Anfangskapital ein wenig zu spekulieren, um wieder Boden unter die Füße zu kriegen. Vielleicht sollte sie einen kleinen Handel aufmachen? Damit müßte sich doch wohl so viel verdienen lassen, daß man davon leben konnte! Aber erstens verstand die gnädige Frau überhaupt nichts von Geschäften und hatte Angst, ihr Gesicht zu verlieren, und zweitens war sie nicht gewillt, sich mit solchen Klein-klein-Profiten zufriedenzugeben. Am leichtesten und bequemsten kam man eben doch mit dem Glücksspiel zu Geld!

Wer wollte denn das Gegenteil behaupten – es gab ja genügend Leute, die mit dem Lotto ihr Glück gemacht hatten! Draußen vor dem Dongzhi-Tor, so hatte sie gehört, hatten doch zwei Frauen – Mutter und Tochter – zehn Tage auf einem vernachlässigten Begräbnisplatz in den Bergen zugebracht, bis sie endlich ihren Traum hatten. Dann waren sie nach Hause zurückgekehrt, hatten drei Mu Land verkauft, von dem Erlös Lotterielose erworben und auf einen Schlag so viel Geld gewonnen, daß sie neunzig Mu Land dafür kaufen konnten. Auch gab es jene verarmte alte Mongolin aus der Straße hinter dem Lamatempel, die Frau Na Renhua, von deren ganzem Besitz am Ende nur drei Räume verblieben waren. Die hatte sie verkauft und wartete dann auf dem Friedhof an der Alten Ziegelei vor dem Anding-Tor auf einen Traum. Im Traum war ihr tatsächlich eine junge Frau erschienen, die folgendermaßen zu ihr gesprochen hatte: »Ich habe mich erhängt, weil ich im Lotto alles verloren hatte. Jetzt will ich dir einen Tip geben, worauf du morgen setzen sollst. Du mußt aber ordentlich viel setzen, damit du den Lotterieeinnehmer ruinierst und mich rächst. Doch denke daran: Wenn du gewonnen hast, laß mir einen Grabstein setzen und einen kleinen Tempel errichten.« Jene alte Mongolin setzte also tatsächlich einhundert Tael und gewann auf einen Schlag dreitausend, woraufhin sie an jenem Ort für den Geist der Selbstmörderin ein Tempelchen erbauen ließ. Und das hatten sich schließlich viele mit eigenen Augen angeschaut! Was die He ihr da nach und nach alles eingetrichtert hatte, fiel ihr nun schlagartig wieder ein.

Am Nachmittag des ersten Tages des zehnten Monats – man weiß ja: »Zehnter Monat, erster Tag? Kleider müssen da aufs Grab!« – machte Frau Wu sich mit einem Bündel Totenkleider aus Papier rechtzeitig, ehe die Stadttore geschlossen wurden, zum Chaoyang-Tor auf, um von dort aus auf den Armenfriedhof in der nordwestlichen Ecke des Dorfes Balizhuang zu laufen, wo sie auf einen Traum zu warten gedachte. Jene vierzig Tael, ihr einziges, ihr letztes!, Betriebskapital, wollte sie aus Angst vor Diebstahl nicht zu Hause lassen, sondern lieber am Leibe tragen. Also verbarg sie sie in dem Einschlagtuch mit den Opfergaben, das sie sich dann um die Taille band – darüber kam ja noch das wattierte Oberkleid.

Als sie das Tor verschloß, sprach Zhou Cheng, der Pförtner des Nachbarhauses, der gerade mit dem Reisigbesen vor dem Tor kehrte, sie an: »Na, wohin soll's denn gehen?«

»Ich habe ein Gelübde abgelegt und will nun draußen vor der Stadt ein paar Opfergaben verbrennen«, antwortete Frau Wu. »Vielleicht sind Sie so freundlich und passen ein bißchen auf, solange bei uns niemand zu Hause ist?«

Zhou Cheng meinte: »Schaffen Sie es denn noch zurück nach Hause, wenn Sie jetzt erst losgehen? Man hört ja,

Frau Wu machte sich auf, um auf den Armenfriedhof des Dorfes Bali-zhuang zu laufen.

außerhalb der Stadtmauer ist es abends nicht recht geheuer.«

Aber Frau Wu erwiderte: »Ach, machen Sie sich keine Gedanken! Der Bastard ist noch nicht geboren, der es wagen würde, die Gattin eines Bannermanns zu belästigen!«

Alle Familien lebten hinter verschlossenen Türen und kümmerten sich nicht um andere, und was Zhou Cheng betraf, so liebte er den Klatsch nicht – kurz, es verging der Tag, es verging die Nacht, und kein zweiter Bewohner dieser Gasse erfuhr, daß Frau Wu weggegangen war.

Gerade hatte man begonnen, den Kang mit Kohle zu beheizen; Frau Wu, die vom Heizen nichts verstand, hatte das Feuer nicht gelöscht, ehe sie wegging. Bis zum Morgengrauen war der Kang so heiß geworden, daß Matratzen und Matten Schicht für Schicht verkohlten, denn sie waren so dick übereinandergestapelt, daß nur beißender Qualm, aber keine Flamme entstand. Um die Mittagszeit untersuchten die Nachbarn zur Rechten und zur Linken ihr eigenes Bettzeug, ob es nicht am Ende Feuer gefangen hätte, aber nirgendwo wurde auch nur ein Fünkchen entdeckt. Bis zum Nachmittag wurde der Brandgeruch jedoch immer stärker, so daß die Leute vors Tor auf die Gasse traten, um nachzusehen, woher er denn käme.

Da entdeckten sie den Rauch, der vom Dach des Hauses Wu emporstieg. Als sie dann noch feststellten, daß das Tor verschlossen war, empörten sie sich: »Da muß man doch mal nachsehen! Wenn die verbrennt, ist das ihre Sache, aber das Feuer kennt keine Grundstücksgrenzen!« Der nächste Nachbar, Bataillonskommandeur Gu, befahl, das Tor zum Hause Wu aufzubrechen, und alles strömte in den Hof. Als man feststellte, daß jener Rauch aus dem Wohnzimmertrakt kam, wurde beschlossen, die Windfangtür aufzureißen, aber die klemmte so fest, daß es großer Anstrengungen bedurfte, sie überhaupt zu öffnen. Sobald es endlich gelang und Luft in den Raum strömen konnte, loderten mit einem gewaltigen Puff, der das Papier der Fenster bersten ließ, plötzlich überall, aus jeder Öffnung, aus jeder Ritze, Stichflammen wie Blitze empor, die im Nu Zöpfe und Brauen der Männer, die ganz vorn standen, versengten. Geschlagene zwei Stunden dauerte es, bis das Feuer gelöscht war. Immerhin hatte es nicht auf die benachbarten Gebäude übergreifen können. Vom Haus der Familie Wu, dessen Dach eingestürzt war, blieben jedoch nur verkohlte Reste übrig.

Der Bataillonskommandeur von nebenan erstattete bei den Behörden des Kreises Daxing Bericht über den Vorfall und schickte zugleich jemand zum Blauen Banner, die Familie von Frau Wu zu benachrichtigen. Der Banneroberst des Blauen Banners war so erschrocken über den Anblick, der sich ihm bot, daß er am ganzen Körper zitterte und nur noch hervorbrachte: »Und was ist mit meiner Schwester?« Da erst erzählte Zhou Cheng, daß sie am Nachmittag des Vortages mit Papieropfergaben vor die Stadt gezogen sei, um ein Gelübde einzulösen. »Gelobt sei Buddha!« rief der Banneroberst. »So ist sie wenigstens bei dieser Katastrophe nicht umgekommen! Ich hatte schon befürchtet, sie wäre mit verbrannt!«

Inzwischen war auch der Beamte vom Kreis Daxing, der den Brand untersuchen sollte, eingetroffen. Als er die Worte des Obersten hörte, riß er vor Erstaunen Mund und Augen auf, holte ein paarmal tief Luft und stotterte: »Ich fürchte, es steht noch viel schlimmer! Aus einem Wassergraben nordwestlich von Balizhuang ist heute früh die Leiche einer Frau gefischt worden, die wie eine Mandschurin gekleidet war. Bisher steht noch nicht fest, ob sie hineingestoßen wurde oder selbst hineingesprungen ist.«

Zhou Cheng fragte: »Was hatte sie denn an?«

»Ein wattiertes Obergewand aus violettem Brokat und schwarze Stoffschuhe.«

»Herr Bannerobert«, sagte daraufhin Zhou Cheng, »Sie dürfen hier nicht länger untätig stehen! Gehen Sie schnell, gnädiger Herr, und identifizieren Sie den Leichnam! Nach der Kleidung könnte sie es sein.«

Am dritten Tag des zwölften Monats kam Amme Liu mit dem jungen Herrn wieder nach Peking. Inzwischen hatte der Banneroberst die verkohlten Balken und die Wasserkübel und Tonkruken, die den Brand überstanden hatten, mit einem Karren abtransportieren lassen, so daß die Amme nur noch einen Haufen kohlschwarzen Schutt vorfand. Zhou Cheng nahm sie mit in sein Pförtnerhäuschen und labte sie mit einem Becher heißen Wassers, während er berichtete, wie sich alles zugetragen hatte. Amme Liu sagte: »Eine so gute Familie! Und nun ist plötzlich alles vorbei – das Haus kaputt, die Menschen tot oder in alle Winde zerstreut!«

»Ach ja, als die Soldaten der acht Mächte in die Stadt kamen, ist's ja sogar den vornehmsten Prinzen nicht anders ergangen, Sie haben es doch auch miterlebt, nicht wahr? Was soll nun bloß mit dem armen jungen Herrn hier werden?« seufzte Zhou Cheng.

Amme Liu erklärte: »Den nehme ich erst mal wieder mit. Wenn Herr Wu rauskommt, sehen wir weiter. Schließlich können sie den ja nicht für ewig einsperren! Ich möchte Sie nur bitten, Herrn Wu – wenn er zurückkommt – Bescheid zu sagen, daß sein Sohn bei mir ist.«

Der Bataillonskommandeur Gu, der Wu Shibao ohnehin nachtrug, daß er zu den Yihetuan gehalten und so die ganze Bannersippe in Mißkredit gebracht hatte, war nach dem Brand, der um ein Haar auf sein eigenes Anwesen übergegriffen hätte, noch schlechter auf seinen Nachbarn zu sprechen. Er beantragte, dessen Namen im Bannerregister zu streichen. So erklärt sich auch, daß er dann später Wu Shibao so schnöde an seinem Tor abfertigte. Ein Glück nur, daß der gutherzige Zhou Cheng die ganze Geschichte Shou Ming erzählt hatte, als der Frau Wu besuchen wollte. Wie hätte Wu Shibao sonst jemals den genauen Hergang erfahren sollen?

X

Als Shou Ming mit seinem Bericht am Ende war, fiel Wu Shibao wie ein halbgeformter Lehmkloß, der Regen abbekommen hat, in sich zusammen, die Augen verdreht, Schaum vor dem Mund, von Krämpfen geschüttelt. Bewußtlos sank er zu Boden. Shou Ming nahm schnell eins von den spitzen Stäbchen, mit denen man Opiumkügelchen anspießt, um sie in die Pfeife zu befördern, und piekte damit Wu in die Nasenlippenrinne. Immer wieder zwirbelte er das Stäbchen, bis Wu Shibao endlich zu sich kam und röchelnd einen Mundvoll Schleim ausspuckte. Shou Ming seufzte erleichtert, wrang ein feuchtes Handtuch aus und reichte es seinem Freund mit den Worten: »Wischen Sie sich das Gesicht ab und trinken Sie etwas! Ruhen Sie sich ein wenig aus!« Ganz benommen, die Kehle wie ausgedörrt, fühlte sich Wu erschöpft wie nach einer großen körperlichen Anstrengung. Abgrundtief seufzend, wischte er sich das Gesicht und trank ein paar Schluck Tee.

Gerade wollte er mit Shou Ming beraten, wo er sich jetzt hinwenden solle, da hörte er im Nebenzimmer die Stimme von Shous Gattin. Früher war er sich viel zu schade gewesen, Shou Ming zu besuchen, so daß er dessen Frau erst jetzt kennengelernt hatte. Sie war vielleicht etwas älter als sechzig, aber ihre Stimme war noch immer laut und vernehmlich. Eben sagte sie zu ihrer Tochter: »Zhaodi, du gehst jetzt zum Pfandleiher. Für das Geld, das er dir für dieses Kleid gibt, kaufst du ein. Für zwanzig Silberlinge Hackfleisch und für drei gehacktes Gemüse. Dann machen wir für Herrn Wu Nudeln mit Bohnenmehlschwitze und Hackfleisch.«

Als Wu Shibao das hörte, stand er eilig auf und wollte sich verabschieden, aber Shou Ming, der ganz rot geworden war, flüsterte: »Wir wollen zusammen in die Menkuang-Gasse gehen. Ich lade Sie ein!«

»Nein, nein«, erwiderte Wu, »Sie haben doch selbst nicht viel im Stiefelschaft!«

Darauf Shou: »Sie dürfen nicht auf ihr Gejammer über unsere Armut hören! Auf die Art will sie bloß die Gäste vergraulen. Bei meiner verehrten Frau Gemahlin, da stimmt irgendwie die Chemie nicht – Holz, Wasser, Feuer, Erde, die hat sie, nur das fünfte Grundelement nicht, das Metall. Das fehlt ihr! Deshalb kennt sie bloß noch eins: Geld! Am besten, wir verziehen uns einfach. Wenn sie doch bloß auch vor die Stadt gehen würde, um was zu träumen oder so . . .«

»Es heißt ja immer, man soll über Tote nichts Böses reden. Aber wenn meine Verflossene nur einmal auf Amme Liu gehört hätte, wäre das alles nicht so gekommen! Von wegen ›Liebe, Geld und gute Dinge, ein bißchen Ärger dann und wann‹ – solange ich mit der verheiratet war, hatte ich nichts als Ärger, und nicht zu knapp!«

Unter derlei Gesprächen waren die beiden in der Gegend südlich des Qianmen angekommen, wo Shou Ming seinen Freund zu einem Teller Kuttelflecke einlud. Danach führte er ihn noch in das Badehaus »Zum Köstlichen Wohlgeruch«, um zu baden und sich rasieren zu lassen. Während der Badediener Wu Shibaos sämtliche Kleider wusch, berieten die beiden Herren über einer Kanne »Krümeltee der Spitzensorte«, wie Wu Shibao sein Leben hinfort einrichten könnte.

Darüber hatte sich dieser nie Gedanken gemacht, früher nicht und im Gefängnis erst recht nicht. Deswegen fiel ihm auch nichts ein, als Shou Ming ihn jetzt nach seinen Plänen fragte. Shou dagegen war schon viel länger verarmt, so daß er über bestimmte Erfahrungen verfügte und Rat wußte. »Wenn Ihnen selbst nichts einfällt«, sagte er also, »sollten Sie auf mich hören. Aber dann müssen Sie auch wirklich genau das tun, was ich sage. Keine eigenmächtigen Entscheidungen!«

Wu Shibao erwiderte: »Selbst wenn ich eigenmächtige Entscheidungen treffen wollte, ich wüßte ja gar nicht, wie. Das Kind ist bei der Amme, da bin ich erst mal beruhigt. Aber vor meiner Entlassung habe ich einem Leidensgefährten dort versprochen, mich um seine Familie zu kümmern. Dem habe ich viel zu verdanken, so daß ich unbedingt Wort halten möchte.«

»Da haben Sie völlig recht, das gehört sich auch so. Aber wie es jetzt um Sie bestellt ist, können Sie überhaupt nichts ausrichten. Ich sage Ihnen, Sie müssen erst einmal ein Dach über dem Kopf haben und etwas finden, um ein paar Tael zu verdienen, damit Sie wieder zu Kräften kommen und sich ein paar anständige Sachen kaufen können. Danach werden wir weitersehen.«

»Ja, das ist alles schön und gut, aber womit sollte ich denn Geld verdienen?«

»Da findet sich schon was, nur müssen Sie von Ihrem hohen Roß heruntersteigen.«

»Soll ich vielleicht Balladen singen? Mein Steckenpferd zum Beruf machen?«

»Das wäre immerhin eine Möglichkeit. Aber im Moment ist das noch nicht nötig.«

»Soll ich einen Stand für Kalligraphie aufmachen?«

»Würde Ihnen das zusagen?«

»Lieber nicht! Schwer kann die Arbeit ruhig sein, aber so am hellichten Tag auf der Straße stehen – da würde ich ja mein Gesicht verlieren.«

Shou Ming lachte. »Ich habe gewußt, daß das kommen würde. Also gut, Sie brauchen Ihr kostbares Gesicht nicht zu verlieren. Ich habe doch Ihr Schnupftabakfläschchen gesehen. Die Innenmalerei ist gar nicht übel, dafür gibt es einen Markt. Ich werde Ihnen in einem kleinen Gasthof eine Unterkunft besorgen, Ihnen ein paar Flaschenrohlinge und Farben kaufen, und Sie kümmern sich um nichts anderes als um Malen. Verkauf und Rohstoffe, das ist alles meine Sache! Wenn Sie Angst haben, Ihr Gesicht zu verlieren, bitte schön, dann signieren Sie eben nicht mit Ihrem wahren Namen. Ein Pseudonym – und fertig!«

Wu Shibao verdrehte die Augen und seufzte: »Ach ja, das hätte ich mir nicht träumen lassen, daß es mal so weit mit

Am Hade-Tor war die Zollschranke.

mir kommen würde! Daß ich mir eigenhändig mein Brot verdienen muß!«

»Bemalen Sie nur erst ein paar Fläschchen! Wenn Sie gemerkt haben, wie schön das ist, werden Sie bald nicht mehr Trübsal blasen. ›Landbesitz ist gut, doch besser ist dran der tüchtige Mann, der selber was tut‹ – stimmt's? Sehen Sie sich doch uns Bannerleute an, wir beide sind ja gewissermaßen noch erste Klasse, aber eine dritte oder fünfte Klasse oder gar keine Klasse, die gibt's auch!«

Shou Ming riet also Wu Shibao, eine passende Bleibe zu suchen. Die Gegend um die Huashi-Straße südlich des Hade-Tores sei am geeignetsten. Dort wohnten nämlich viele Kunsthandwerker wie Jade- und Elfenbeinschnitzer, Velourblumen und Glasmacher oder Drechsler. Dort könnte Wu den ganzen Tag in seinem Zimmer hocken und Fläschchen bemalen, ohne daß jemand sich darüber den Mund zerreißen würde. Am Hade-Tor sei ja auch die Zollschranke, die alle Händler von außerhalb passieren müßten, wenn sie nach Peking kämen. Auch Imbißstände und Teestuben gebe es genug in der Gegend, Essen und Trinken seien also gesichert. Außerdem wohnten dort viele Hausierer und Lohndiener, so daß Kost und Logis billig seien. Wu möge vielleicht meinen, das alles sei ein wenig unter seiner Würde, aber könne er es sich denn jetzt noch leisten, wählerisch zu sein?

Ein wenig widerstrebend nickte Wu Shibao. Als sie das Bad verließen, führte Shou Ming ihn in die Gegend der Suanshikou-Straße. Mit dem Wirt vom Gasthof Du hatte Shou Ming schon einmal irgendwelche Tauschgeschäfte gemacht, so daß dieser jetzt seine Bürgschaft akzeptierte und einwilligte, Wu Shibao unterzubringen und erst nach vierzehn Tagen die Zimmermiete zu kassieren. Das Zimmer lag im Osthof und war bis auf den Lehm-Kang mit einer Matte darauf leer. Wu Shibao kam es auf den ersten Blick nicht viel besser als seine Gefängniszelle vor. Als Shou Ming sah, wie er enttäuscht die Luft durch die Zähne zog, lachte er nur. »Keine

Bange! Jetzt haben wir erst mal ein Zimmer für Sie. Als nächstes ist das Bettzeug dran!«

Wu sagte: »Ich bin ja das erstemal in so einer Herberge. Es stimmt schon, was man so sagt: Man hat nichts als vier kahle Wände.«

Shou Ming beruhigte ihn: »Decke, Unterbett, Kopfkissen, Moskitonetz – das ist alles da. Nur muß man es gesondert mieten – soundso viel pro Tag. Aber wir sind ja keine Laufkundschaft, da würde sich das tageweise Ausleihen nicht rentieren. Ich werde deshalb beim Gebrauchtwarenhändler Bettzeug für Sie besorgen, so gut wie neu! Da haben Sie auch eigene Sachen hier, und dann wird es dem Wirt mit der Rechnung auf einen Tag mehr oder weniger nicht ankommen – dann weiß er ja, daß Sie nicht abhauen. Würden Sie alles bei ihm leihen und obendrein nicht sofort bezahlen, dann würde er Ihnen über kurz oder lang doch einmal dumm kommen. Und das wäre ja doch peinlich, nicht wahr?«

Während sie so redeten, brachte der Kellner ein schmutzverkrustetes Kang-Tischchen, eine Teekanne mit beschädigter Tülle und zwei ebenfalls angeschlagene Teeschalen. Die Arme in Habachtstellung, stand er da und sagte: »Der Wirt läßt fragen, ob der Herr sich um seine Verpflegung selbst kümmern will oder ein Abonnement wünscht.«

Shou Ming antwortete: »Wir abonnieren erst mal bis zum Monatsende; wenn es schmeckt, auch länger, sonst kümmern wir uns anderweitig.«

Der Kellner entgegnete: »Andere mögen es nicht wissen, aber Sie, Herr Shou, wissen doch genau, daß unsere Gäste gerade wegen des Essens hierherkommen. Ganz Peking kennt unser Motto: ›Gasthof Du, den lob ich mir! Gutes Essen find'st du hier, warmes Zimmer, weiches Bett, alles sauber, neu und nett!‹«

»In den paar Monaten, seit ich dich zuletzt gesehen habe, bist du ja ganz schön keß geworden!« meinte Shou Ming. »Verschone mich mit deinen Sprüchen! Der Herr Wu hier ist mein bester Freund. Wenn ihr ihn nicht gut bedient oder ihm sonstwie zu nahe tretet, kriegst du es mit mir zu tun.«

Als der Kellner fort war, klärte Shou Ming seinen Freund auf: »Das Essen hier taugt überhaupt nichts. Aber wenn Sie Ihre Mahlzeiten abonnieren, kriegen Sie wenigstens etwas in den Magen, egal, ob Sie Geld haben oder nicht. Morgens können Sie sich in der Imbißstube über die Straße Sojamilch und Ölkrapfen kaufen, denn Frühstück ist nicht mit inbegriffen. Ich lasse Ihnen für derartige Ausgaben ein paar Tael hier, später können wir ja dann weitersehen.«

Wu Shibao war das peinlich. »Ich habe Ihnen schon so viele Umstände gemacht«, protestierte er eilig, »da kann ich nicht auch noch Ihr Geld annehmen!«

Aber Shou Ming sagte: »Nehmen Sie es nur! Hören Sie, weder dieses Silber noch das Geld für das Bettzeug ist ein Geschenk! Das könnte ich mir auch gar nicht leisten. Aber wir sind doch Geschäftspartner, nicht wahr? Ich kaufe für Sie Material und setze die fertigen Fläschchen ab, da steht mir ja wohl eine Provision zu, und die will ich auch haben. Das Geld für das Bettzeug und Ihr Taschengeld, das strecke ich Ihnen nur vor. Später ziehe ich es dann von dem Erlös der Fläschchen wieder ab, und zwar mit Zinsen – Ordnung muß sein! Freundschaft ist Freundschaft, und Geschäft ist Geschäft, Geschenke sind Geschenke, und Darlehen sind Darlehen! Das muß man alles klar auseinanderhalten. Sie sind eben neu im Geschäft, da muß ich Sie schon ein bißchen aufklären!«

Wu Shibao nickte, denn das war ja wirklich so.

XI

Der alte Geschäftsführer vom Teehaus »Zum Zufriedenen Gast« war kein Spielverderber. Als er erfuhr, daß sein händelsüchtiger Gast niemand anders als der Neunte Herr war, lachte er schallend. »Dieser Kerl, der Eisenmund-Liu, der hat wirklich was drauf! Neulich hat er mir doch tatsächlich geweissagt, daß ich in diesem Jahr Besuch von jemand ganz Vornehmem bekommen würde!« Sprach's und ließ auf der Stelle im Hof Tische für die Diener des Neunten Herrn aufstellen, an denen er sie mit Tee und danach mit Wein bewirtete. »Daß der Neunte Herr mich in meiner bescheidenen Hütte beehrt, ist wahrlich ein unverdientes Glück!« schmeichelte er. »Und auch Sie, meine Herren, tun mir die Ehre – ich habe nichts anderes, Ihnen meine Verehrung zu bezeigen, daher möchte ich jedem von Ihnen hier ein Bambusstäbchen überreichen. Wenn Sie das vorzeigen, können Sie von jetzt an immer kostenlos bei uns Tee trinken.« Zum Abschied packte er jedem von den Dienern noch ein Pfund guten Jasmintee ein, und sogar die Ziegenhirten bekamen alle ihre vier Schnüre Trinkgeld.

Als der Neunte Herr am Abend nach Hause kam, fragte er die Diener, wie denn die Sache in dem Teehaus ausgegangen sei. Da berichteten sie ihm, nicht ohne gehörig zu übertreiben, wie die einhundert Ziegen Amok gelaufen seien und alles Geschirr kurz und klein getrampelt hätten, wie Tische und Stühle zu Bruch gegangen seien und sogar der Herd in der Küche dem Erdboden gleichgemacht worden sei. Der alte Geschäftsführer jedoch habe sich, als er hörte, daß sein Gast der Neunte Herr Zai gewesen sei, immer wieder nach Norden zu verneigt, um mit seinem Kotau dem Neunten Herrn für die erteilte Lehre zu danken.

Bei diesen Worten schwoll dem Neunten Herrn ordentlich die Brust. Stolz und zufrieden genehmigte er sich zwei große Prisen Schnupftabak und sagte dann: »Nun gut, dann wollen wir ihn für diesmal laufenlassen. Wenn der Kerl nicht klein beigegeben hätte, wäre ich ihm morgen mit zweihundert Ziegen auf die Bude gerückt – und das drei Tage lang! Dem wäre Hören und Sehen vergangen!«

Die Diener wandten ein: »Aber gnädiger Herr, morgen noch einmal? Es wird so schon lange genug dauern, ehe der sein Teehaus wieder aufmachen kann!«

Der Neunte Herr stutzte, dann lachte er abermals. Die Diener sahen, daß dies der richtige Moment war, um ein gutes Wort für den Teehausbesitzer einzulegen: »Euer Gnaden sind ja so weise! Sie haben Ihrem gerechten Zorn freien Lauf gelassen, der Mann hat klein beigegeben, und Sie sind nun wieder guter Laune, da wollen Sie jetzt bestimmt dem armen Tropf eine kleine Gratifikation zukommen lassen, nicht wahr?«

»Ihr seid ja schlimmer als Bandwürmer im Bauch!«

»Ganz Peking weiß doch, wie reich und wie mächtig unser gnädiger Herr ist. Würde es da nicht komisch aussehen, wenn Sie dem Kerl keine Entschädigung gewährten?«

Immer noch brummelnd, spendierte der Neunte Herr schließlich einen Barren Silber. Davon zogen seine Diener die Hälfte für sich ab, der Rest ging als Entschädigung für das kaputte Geschirr und Mobiliar an das Teehaus. Auf diese Weise hatte der Teehausbesitzer sogar noch Glück im Unglück. Von dem Neunten Herrn hatte er zunächst Teegeld für einhundert Ziegen beziehungsweise zweihundert Menschen bekommen, das allein entsprach schon den Einnahmen zweier Tage. Und die paar Kannen und Schalen – was kosteten die schon! Zumal einige noch repariert und weiterverwendet werden konnten. Alles in allem kam am Ende sogar noch ein Gewinn für das Teehaus heraus. Wertvoller aber war, daß die Geschichte rasch zum Stadtgespräch wurde und alle Welt begierig war, aus dem Munde des Geschäftsführers selbst zu hören, was für unerhörte Begebenheiten sich in seinem Teehaus zugetragen hatten. Innerhalb weniger Tage setzte er einige hundert Schalen Tee mehr ab als gewöhnlich.

Etwas Derartiges war allerdings nur bei einem Geschäftsmann möglich. Für den mochte es sich auszahlen, gute Miene zum bösen Spiel zu machen. Kunsthandwerker dagegen verfügten nicht über dieses Talent. Ebenso fleißig und gewissenhaft wie eigensinnig und stolz, waren sie allein auf ihr fachliches Können angewiesen, um ihren Lebensunterhalt zu verdienen. Hätte der Neunte Herr einem von ihnen so übel mitgespielt, wären sie lieber zugrunde gegangen, als daß sie nachgegeben hätten. Jedenfalls wäre die Sache ganz anders ausgegangen.

So konnte es nicht ausbleiben, daß Nie Xiaoxuan jetzt in Schwierigkeiten kam.

An jenem Tage hatte der Neunte Herr eigentlich vorgehabt, ihn laufenzulassen, nachdem er seinen Spaß mit ihm gehabt hatte. Dann aber war er zum Prinzen Su gefahren, um mit ihm zu beraten, was für Geschenke man dem japanischen Kaiserhaus überreichen könne. Zufällig war auch Xu Huanzhang zur Stelle, der ja seit der Niederschlagung der Yihetuan schnell Karriere gemacht hatte und nun häufiger Gast in der Residenz von Prinz Su war. Er hatte dem Prinzen geraten, für die Japaner lieber ausgefallene als lediglich wertvolle Geschenke auszusuchen. Als nämlich die alliierten Truppen die Stadt besetzten und plünderten, hatten die japanischen Soldaten aus den Häusern der Han-chinesischen Beamten nicht etwa wertvolle Kalligraphien oder Bilder fortgeschleppt, sondern die winzigen Schuhe, die deren Frauen mit ihren eingebundenen Lilienfüßchen trugen, und in den Wohnungen der mandschurischen Würdenträger galt ihr Interesse weniger deren aus Edelsteinen nachgebildeten kostbaren Bonsais oder Gebirgslandschaften aus dunkler Jade als vielmehr den Opiumlampen und -pfeifen – alles Raritäten in ihren Augen.

Als der Neunte Herr dies hörte, fielen ihm seine achtzehn Guyuexuan-Schnupftabakfläschchen ein, und er ließ sie holen, um sie dem Prinzen und Xu Huanzhang vorzuführen. Letzterer hatte kaum einen Blick darauf geworfen, da versicherte er schon: »Damit werden Sie alle anderen in den Schatten stellen!«

Und Prinz Su meinte: »Sie wollen mich wohl ausstechen, mein lieber Neunter Herr?«

Aber der antwortete eilfertig: »Sie stehen Eurer Exzellenz zur Verfügung, wenn ich es wagen darf, sie Ihnen anzubieten.«

»Dann haben aber doch Sie keine mehr.«

»Oh, ich kann mir jederzeit neue anfertigen lassen.«

Der Prinz nahm eins von den Fläschchen zur Hand und schaute auf die Bodenmarke. Als er das Herstellungsjahr – »25. Jahr der Guangxu-Regierung« – sah, lachte er und meinte: »1899 – kein Wunder, daß ich solche Flaschen noch nie gesehen habe! Das ist ja etwas ganz Neues. Aber da kann ich Sie nicht berauben! Lassen Sie doch einfach den Mann einen neuen Satz Fläschchen für mich anfertigen!«

Xu Huanzhang, der die ganze Zeit mit den Fläschchen gespielt hatte, schaltete sich bei diesen Worten beflissen in das Gespräch ein: »Wenn Eure Exzellenz ohnehin einen neuen Satz brennen lassen, könnte man doch den Dekor ändern. Dann wäre es auch keine Kopie der Fläschchen des Neunten Herrn, sondern etwas wirklich Neues. Am besten wäre vielleicht ein aktuelles Motiv.«

»Sehr gut!« meinte der Prinz. »Was für ein Motiv würdest du denn vorschlagen?«

Xu antwortete: »Euer Exzellenz Sklave hat häufigen Umgang mit den Japanern und kennt ihre Vorlieben. Vielleicht dürfte ich Eurer Exzellenz ein paar japanische Bilder zur Auswahl vorlegen, die man dann auf die Fläschchen kopieren könnte?«

Höchlich zufrieden, bat der Prinz den Neunten Herrn, alles mit dem Künstler abzusprechen, damit er mit der Arbeit beginnen könne, sobald Xu Huanzhang mit den Bildvorlagen käme.

Kaum in seiner Nebenresidenz vor dem Qianmen eingetroffen, ließ der Neunte Herr sofort Nie Xiaoxuan kommen.

Der hatte vor lauter Aufregung den ganzen Tag keinen Bissen heruntergebracht und sah daher noch mitgenommener aus als vorher im Gefängnis. Er machte den vorgeschriebenen Kniefall vor dem Neunten Herrn und stand dann mit gesenktem Kopf da, wortlos und stumm.

Lächelnd fragte der Neunte Herr: »Hast du es dir überlegt? Verkaufst du mir deine Hand allein oder die Hand mit dem Menschen daran?«

Nie beugte das Knie und senkte den Kopf, ohne etwas zu antworten.

»Was denn? Etwa keins von beiden?«

Nie Xiaoxuan beugte abermals das Knie, immer noch stumm.

Höchlich amüsiert, sagte der Neunte Herr: »Na schön, ich sehe schon, du machst dir ja fast in die Hosen vor Angst. Da will ich mal nicht so sein. Wenn du mir weder deine Hand noch dich selbst verkaufen willst, dann mach mir wenigstens noch einen Satz Guyuexuan-Porzellan!«

»Äh?«

Nie Xiaoxuan konnte einfach nicht glauben, daß er so leichten Kaufes davonkommen sollte, wo es doch eben noch um Leben und Tod gegangen war. Starr und stumm stand er da, unfähig zu antworten. Da rief der Haushofmeister: »Dir hat's wohl die Sprache verschlagen? Der gnädige Herr hat was zu dir gesagt!«

»Sehr wohl, sehr wohl!« Nie nickte eilfertig. »Ich bringe Ihnen, was Sie wollen. Wenn ich es nicht habe, brenne ich es für Sie.«

»Mach mir noch einen Satz Schnupftabakfläschchen!«

»Sehr wohl!«

»Wie lange brauchst du dazu?«

»Das kommt darauf an, ob ich das Material bekomme oder nicht. Die Rohlinge für die ›Achtzehn Lieder, zur Querflöte zu singen‹ waren Erbstücke von meinen Vorfahren. Die habe ich alle für Ihren Satz verbraucht. In der Provinz Shandong gibt's so was . . .«

»Interessiert mich überhaupt nicht! Ich will die Dinger schnell haben!«

»Dann könnte ich den Dekor von fertigen Fläschchen abkratzen und sie für Sie neu bemalen.«

»Wie viele Tage würde das dauern?«

»Drei Monate. Wenn man die Glasur abkratzt, müssen sie ja neu gebrannt werden.«

»Interessiert mich nicht! Du hast zwei Monate Zeit, keinen Tag länger! Sonst geht es dir schlecht!«

»Ich will mein Bestes versuchen.«

Da der Neunte Herr nicht gern zugeben wollte, daß der Dekor der Fläschchen von anderen festgelegt werden würde, verfügte er: »Brenne mir erst mal ein Muster und lege es mir vor. Eine Anzahlung kriegst du nur, wenn es mir gefällt und ich dir befehle anzufangen. Jetzt kannst du gehen, warst ja lange genug nicht mehr zu Hause!«

Nie Xiaoxuan dankte ihm für seine Huld und verließ, in kalten Schweiß gebadet, die Residenz.

XII

Da er gehört hatte, daß das Teehaus »Zum Zufriedenen Gast« neuerdings großen Zulauf hatte, füllte Shou Ming ein von Wu Shibao bemaltes Fläschchen mit Tabak, wickelte zwei weitere in Seidenpapier und machte sich dorthin auf, um sie zu verkaufen.

Das Teehaus war nicht groß. Es bestand nur aus drei hintereinander liegenden Räumen von normaler Zimmergröße, jeweils reichlich drei Meter im Quadrat, in denen sechs quadratische Tische standen. Hinzu kamen draußen auf der Straße rechts und links von der Eingangstür zwei längliche Tische mit einigen Bänken. Während bei anderen Teehäusern verschiedene Umstände darüber entschieden, ob das Geschäft blühte oder nicht, kam diesem hier vor allem seine günstige geographische Lage zugute. Ein Stück weiter nach Süden zu lagen nämlich der Pavillon der Sorglosen Freude, der Armenfriedhof für Theaterleute und das Nonnenkloster Unter den Kiefern und Zypressen, alles Orte, an denen die »Schüler des Birnengartens«, also die Leute vom Theater, spazierenzugehen und ihre Stimmübungen zu machen pflegten. Zu jener Zeit galten die Schauspieler als »Gesindel« und durften nicht in der Innenstadt wohnen, so daß die meisten in der Gegend zwischen Pferdegeist-Tempel im Osten, Chunshu-Gasse im Westen und Nanhuang-Straße/Panjia-Ufer im Süden wohnten. Auch das Theater der Umfassenden Tugend, das Theater der Umfassenden Harmonie und das Theater der Dreifachen Feiern – alles große und bekannte Häuser – waren nicht weit entfernt. Nach ihrem Spaziergang oder auch nach der Vorstellung kehrten die Opernkünstler gern in dem Teehaus ein, um eine Schale Tee zu trinken oder einen Imbiß zu sich zu nehmen. Dies wiederum veranlaßte Opernfreunde und angehende Darsteller, Kostümbildner und Requisiteure, Bühnenmeister und Inspizienten, Orchestermusiker und Statisten, Gewandmeister und Platzanweiser, Kutscher und Pferdeknechte – mit einem Wort: alle, die sich irgendwie mit dem Theater verbunden fühlten oder vom Theater lebten, regelmäßig hier einzukehren.

Zu den Stammgästen dieses Teehauses gehörten außerdem noch die Vogelfreunde. Zwischen ihnen und den Opernsängern gab es nämlich Gemeinsamkeiten: Beide standen früh auf, beide liebten es, unter Bäumen oder am Wasser spazierenzugehen. Mit ihren Käfigen zogen die Vogelfreunde Morgen für Morgen los, damit die Lerchen, Drosseln, Pirole, Blaukehlchen oder wie die Vögel sonst heißen mochten im Freien nach Herzenslust singen konnten. Auf dem Rückweg vom Altar des Göttlichen Landmanns, von der Stadtmauer, vom Wallgraben oder vom Westlichen Palast des Langen Lebens kehrten dann auch sie meistens auf einen Schwatz im Teehaus »Zum Zufriedenen Gast« ein.

Daher gehörten zu den Stammgästen auch Leute, die Käfige oder Futternäpfe herstellten, Heuschrecken fingen, Spinnen züchteten oder sonstwie Kontakt zu den Vogelfreunden suchten beziehungsweise damit ihr Brot verdienten.

Mit der Zeit kam es durch den häufigen Kontakt so weit, daß manch einer sowohl etwas von Operngesang als auch von Vogelzucht verstand. Wenn dann etwa ein professioneller Operndarsteller gesagt bekam, er sei als Hobby-Vogelzüchter sogar noch begabter denn als Bühnenkünstler, war das für ihn das schönste Kompliment. Betrieb aber jemand die Vogelzucht als Beruf und war Amateur-Opernsänger, dann wäre er gekränkt gewesen, hätte man ihm nicht versichert, er habe es im Operngesang zu einer Perfektion gebracht, die seine vogelzüchterischen Fähigkeiten weit in den Schatten stelle. Es gab eine Menge derartiger ungeschriebener »Zunftregeln«, so daß Außenstehende zwar häufig vor der Tür stehenblieben, um dem Gesang der Vögel zu lauschen und die Zelebritäten von ferne zu bestaunen, es aus Angst, irgendein Tabu zu verletzen, aber kaum jemals wagten, in direkter Tuchfühlung mit den Stammgästen ihren Tee zu trinken.

Nachdem Shou Ming Platz genommen hatte, begrüßte er zunächst all seine Bekannten, wobei er aber im Auge behielt, wer draußen vor den Fenstern vorüberging. Als er von Süden her zwei dicke Männer – einer groß, einer klein – sich nähern sah, strich er Ärmel und Brustlatz glatt, eilte zur Tür und beugte mit dem Gruß »Dritter Herr, Sie sind aber früh unterwegs!« vor dem größeren der beiden Dicken das Knie und begrüßte gleich danach auch den kleineren mit den Worten »Und Sie, Herr Wu, immer frisch und munter!«, wobei er ebenfalls andeutungsweise das Knie beugte.

Da der Dritte Herr Qian einen großen Vogelkäfig in der Hand hielt, konnte er sich schlecht verbeugen, so daß er lediglich symbolisch die Hände grüßend vor der Brust zusammenlegte. Herr Wu dagegen, der unablässig zwei Kugeln in seiner Rechten hin und her bewegte, gönnte den beiden

»Handschmeichlern« eine Pause und erwiderte Shous Gruß in gleicher Manier: »Einen schönen guten Tag auch! Aber ich bin gar nicht so munter, wie Sie denken. Niemand will mich engagieren.«

Während dieser Begrüßungsszene waren mehrere Passanten stehengeblieben, um Herrn Qians gewaltiges Vogelbauer zu bewundern. Einer, der ihn kannte, tuschelte: »Das ist Qian Xiaoxian, der berühmte erste Heldendarsteller, und das da ist der nicht minder berühmte zweite Heldendarsteller Wu Qingchang.«

Seit jeher waren viele von den ersten Heldendarstellern, den sogenannten Bronzehämmern, bei denen es mehr auf den Gesang als auf die Beweglichkeit ankommt, klein und rundlich, so daß manch einer vermutete, die Stimmbänder seien umgekehrt proportional zur Körpergröße. In Peking ging sogar das Wort von den »kleinen Dicken mit der großen Röhre« um. Die besondere Stärke der Darsteller des zweiten Heldenfachs dagegen lag in den akrobatischen Kampfszenen, wobei natürlich Darsteller von großer Statur besonders imposant wirkten. Bei diesen beiden war es nun genau umgekehrt. Herr Qian war stattlich und hochgewachsen, sang aber dennoch mit Stentorstimme. Das fand man schon sehr bemerkenswert. Wu Qingchang wiederum, klein und stämmig, wie er war, verkörperte trotzdem absolut glaubhaft solche Opernhelden wie Li Kui, Ma Wu oder Kou Erdun. Wenn er in vollem Ornat die Szene betrat, sich mit einer majestätischen Bewegung seiner wattongepolsterten Schultern mit geschwellter Brust in Positur stellte, ließ er allein durch sein eindrucksvolles Auftreten die Zuschauer völlig vergessen, daß da ja eigentlich ein kleiner Dicker vor ihnen stand. Daher wurde er sogar noch mehr bewundert als Qian Xiaoxian.

Die beiden waren auch insofern etwas exzentrisch, als sie nur sehr ungern im Theater auftraten, sobald sie ein wenig Geld in der Tasche hatten. Herr Wu war Stammkunde in den Antiquitätenläden und mehr daran interessiert, für andere Geschäfte zu vermitteln oder ein antikes Stück zu taxieren, als auf der Bühne zu brillieren. Zu Shou Ming hatte er ein halb kollegiales, halb freundschaftliches Verhältnis. Was Qian Xiaoxian betraf, so befaßte er sich gern mit Tieren, aber nicht etwa so, wie andere es tun – er hatte vielmehr den Ehrgeiz, Geschöpfe, die von Natur aus einander feind sind, zur Aufgabe ihrer angestammten Gegnerschaft zu bewegen und sie gewissermaßen miteinander zu versöhnen. Er hatte für viel Geld einen Käfig mit einer Trennwand in der Mitte flechten lassen, in dem er zunächst ein Wiesel und ein Huhn unterbrachte. Nach ein paar Tagen, als er glaubte, zwischen den beiden seien erste freundschaftliche Bande entstanden, entfernte er die Trennwand, woraufhin das Wiesel unverzüglich das Huhn auffraß und Qian voller Wut seinerseits das Wiesel totschlug. Nun kaufte er eine Eule, brachte die Trennwand wieder an und quartierte auf der anderen Seite eine kleine weiße Maus ein, die den ganzen Tag, zitternd vor Furcht, auf die Eule starrte und nichts fraß und nichts trank, bis sie nach ein paar Tagen vor lauter Angst gestorben war. Im Moment waren die Bewohner seines Käfigs eine große Bengalkatze auf der einen und ein Erlenzeisig auf der anderen Seite. Bisher hatte Qian die Trennwand noch nicht entfernt, und der Vogel nahm Futter und Wasser zu sich und sang sogar, doch mit so kläglich zitternder Stimme – als hätte er ein Rohrblattmundstück in der Kehle –, daß man fast zu Tränen gerührt war. Da Qian über den Käfig keine Schutzhaube gezogen hatte, wurde er überall, wo er hinkam, bestaunt. Die Gaffer ergötzten sich an dem Spektakel von Vögelchen und Bestie, er seinerseits ergötzte sich an den Gaffern. Im übrigen gab er sein Geld gern für neumodischen Krimskrams aus, besonders wenn der ein bißchen unanständig war. Auf diese Weise war er halb Freund, halb Kunde von Shou Ming.

Nach der Begrüßung bat Shou Ming die beiden an seinen Tisch. Weil in Qian Xiaoxians Vogelbauer eine Katze war, konnte er es nicht zu den anderen Käfigen mit Drosseln oder Lerchen hängen, sondern stellte es einfach auf den Tisch an die Wandseite. Er wischte sich mit einem gewaltigen Schnupftuch die Hände ab, schneuzte sich und machte Miene, seine Schnupftabakflasche vorzuholen, ein gewaltiges Exemplar, passend zu seiner Statur, das in einem Beutel an seinem Gürtel hing, so daß es seine Zeit dauerte, ehe er die Flasche hervorgekramt hatte. Diesen Moment benutzte Shou Ming, um ihm jenes von Wu Shibao bemalte Fläschchen zu reichen. »Dritter Herr, probieren Sie mal diesen!«

»Hundertblumentau?«

»Ich bitte Sie! Der taugt doch nichts. Echter Große Goldene Blume aus Europa! Ich sage Ihnen, allein das Chevreauleder-Etui der Flasche kostet soviel wie ein Paar anständige Stiefel! Ganz zu schweigen von dem Tabak!«

»Und Sie können sich solch eine Ausgabe leisten, Herr Shou?« fragte Qian mit einem schrägen Blick auf Shou Ming, während er lächelnd das Tabakfläschchen in die Hand nahm, den Stöpsel entfernte und an der geöffneten Flasche schnupperte.

»Na? Glauben Sie es nun?«

»Große Goldene Blume, kein Zweifel! Aber den haben nicht Sie gekauft!« meinte der Dritte Herr Qian. »Sagen Sie mal ehrlich, wo Sie ihn herhaben.«

Shou Ming nickte mit zur Seite geneigtem Kopf: Er hatte Herrn Qian überzeugt! Dann flüsterte er ihm ins Ohr: »Ich soll nämlich für jemand eine Tabakflasche wie diese hier besorgen. Die ist nun noch halbvoll. Ich habe den Tabak dringelassen, da kann ich erst noch selbst ein wenig schnupfen. Sobald der Tabak umgefüllt wird, ist ja das Aroma hin, und das wäre doch schade.«

Jetzt erst fiel Herrn Qians Blick auf das Fläschchen. Er betrachtete es einen Moment und fragte dann: »Was ist denn daran so Neues und Großartiges, daß Sie den Mittelsmann spielen müssen?«

Shou Ming lächelte nur vielsagend. Das ärgerte den Dritten Herrn. Noch einmal sah er sich das Fläschchen an und hielt es gegen das Licht. »Oh«, sagte er, »auch noch Innenbemalung! Das ist ja nun wahrlich nichts Originelles!«

»Bemalung ist nicht gleich Bemalung!« erwiderte Shou Ming. »Aber das würden Sie sowieso nicht verstehen, auch wenn ich es Ihnen erklären würde. Geben Sie mir das Fläschchen mal wieder her, ehe Sie es am Ende noch kaputtmachen.«

Herr Qian konnte auf den Tod nicht leiden, wenn ihm jemand unterstellte, er verstünde von einer Sache nichts, oder – schlimmer noch – wenn jemand gar durchblicken ließ, er halte ihn für mittellos. Deswegen war er jetzt ganz rot vor Ärger.

»Sie haben wohl Angst, ich könnte es nicht ersetzen?«

»Aber woher denn! Sie brauchten ja bloß eine Vorstellung von ›Der Kampf gegen die fünf Despoten‹ zu geben, dann könnten Sie von der Gage die große Vase aus der Ru-Manufaktur kaufen, die in der Residenz von Prinz Chun steht – ganz zu schweigen von diesem Fläschchen hier!« entgegnete Shou Ming lächelnd. »Ich hatte nur Angst, Sie könnten böse werden, denn wenn Sie das Fläschchen tatsächlich beschädigen würden und ich von Ihnen die Erstattung des Kaufpreises forderte, dann würden Sie mit Sicherheit sagen, ich wolle Sie bloß übers Ohr hauen, und würden mir nur den Wert eines gewöhnlichen Quarzkristall-Fläschchens mit Innenbemalung ersetzen. Und ich hätte dann das Nachsehen.«

»Was ist denn bloß so Besonderes daran?«

Shou Ming lächelte abermals statt einer Antwort. Herr Qian sah sich das Fläschchen ein weiteres Mal an. Er schüttelte den Kopf, nickte und fragte mit einem sarkastischen Grinsen: »Wieviel haben Sie denn dem Verkäufer als Kaufpreis zugesagt?«

»Fünfzig Tael.«

»Ich gebe Ihnen einundfünfzig.«

»Herrje, Dritter Herr, ich habe sie doch für jemand besorgt! Ich muß doch mein Wort halten!«

»Dann besorgen Sie eben eine andere für ihn!«

»Sie sind ein Kenner, Herr Qian; wenn eine zweite Flasche mit Innenbemalung wie diese so leicht aufzutreiben wäre, hätten Sie mir kaum einen Tael über den Preis geboten, stimmt's? Sie sind doch selbst ein hervorragender Geschäftsmann und wissen ganz genau Bescheid, nicht wahr? Also, geben Sie sie mir zurück!«

Der Dritte Herr Qian stieß Shou Mings Hand zurück. »Sie Halunke! Warum zeigen Sie sie mir denn erst? Ich lege noch vier Tael drauf. Sie können sich das Geld heute abend nach der Vorstellung im Theater der Dreifachen Feiern bei mir abholen.«

»Ich muß schon sagen, Dritter Herr, Sie schlagen ganz schön zu, wenn Sie ein gutes Geschäft wittern!« schaltete sich jetzt Herr Wu ein, der die ganze Zeit scheinbar unbeteiligt zugeschaut hatte. »Darf man vielleicht auch mal einen Blick riskieren?«

Qian gab ihm das Fläschchen. Wu Qingchang untersuchte es eingehend. »Doch, es ist sein Geld wert! Kaufen Sie es! Sie machen ein gutes Geschäft. Da könnten Sie mir aber eigentlich auch was zukommen lassen – schenken Sie mir den Tabak in der Flasche!«

Bei diesen Worten hatte Wu auch schon sein Schnupftellerchen aus grüner Jade hervorgeholt und den Tabak daraufgeschüttet. Wu Qingchang war unter den »Schülern des Birnengartens« als Autorität für Kunstgegenstände und Antiquitäten berühmt, so daß der Dritte Herr Qian über sein positives Urteil besonders erfreut war. Mit verständnisvollem Lächeln erwiderte er: »Ach ja, Herr Wu, ich weiß doch, daß Sie oft Geschäfte für Antiquitätenhändler vermitteln. Ich mache das ja nun nicht, aber nicht etwa, weil ich es nicht bringe. Würde ich mich damit befassen, könnte ich sogar Ihnen die Hälfte Ihres Umsatzes streitig machen, glauben Sie nicht auch?«

»Natürlich glaube ich das! *Das* würde ich sogar glauben, wenn ich nicht glaubte, daß der Süden gegenüber vom Norden liegt. Also wirklich, Herr Qian – hervorragend!«

Vom Himmelsaltar führte sie der Weg zur Fünfbogen-Ehrenpforte.

Nun vollends in Hochstimmung, lud Qian Xiaoxian Herrn Wu zu einem Teller »Dreieckchen« – in dreieckigen Formen fritierte Gemüseomeletts – ein, aber der wehrte ab: »Verschieben Sie Ihre freundliche Einladung auf ein andermal. Ich kann heute leider nicht. Also, dann bis morgen, wieder am Himmelsaltar, ja? Von da aus könnten wir ja dann gleich zur Fünfbogen-Ehrenpforte gehen.«

Als der Dritte Herr Qian fort war, erhob sich auch Shou Ming und wollte sich verabschieden, doch Wu Qingchang hielt ihn am Ärmel zurück. »So leicht kommen Sie nicht davon! Was meinen Sie, wieviel von den fünfundfünfzig Tael stehen mir zu?«

»Grundgütiger Himmel! Herr Wu! Ich verdiene doch dabei nichts – tue doch bloß jemand einen Gefallen!«

»Erzählen Sie das Ihrer Großmutter! Wie kommen Sie eigentlich dazu, fünfzig Tael für solchen Ramsch zu verlangen? Und obendrein noch fünf draufzuschlagen, wenn Sie einen Dummen gefunden haben!«

»Wenn ich Ihnen das erzähle, werden sogar Sie zugeben, daß der Preis nicht zu hoch war.«

»Das glaube ich nicht. Aber schön, wenn Sie mich überzeugen, geht Ihr Frühstück heute auf meine Rechnung, so wahr ich hier stehe. Und aus dem Geschäft ziehe ich mich auch zurück. Also los, reden Sie!«

»Die Flasche hat ein Freund von mir bemalt, der zwanzig Monate hinter Gittern verbracht hat, ein Autodidakt. Es war ein reiner Freundschaftsdienst – ich will tot umfallen, wenn ich auch nur einen Kupferling dabei verdient habe!«

Als Wu Qingchang Näheres wissen wollte, erzählte ihm Shou Ming die Geschichte von Wu Shibao, ohne jedoch dessen Namen zu nennen. Erst recht verschwieg er, daß Wu unter dem Verdacht, mit den Yihetuan zusammenzustecken, eingekerkert worden war, denn Wu Qingchang war in letzter Zeit öfter beim Besuch der katholischen Kathedrale am Xuanwu-Tor beobachtet worden, und man vermutete, er beabsichtige, zum Katholizismus überzutreten.

Es bleibe dahingestellt, ob Wu Qingchang an Jesus glaubte oder nicht. Auf jeden Fall war er ein warmherziger Mensch. Als Shou Ming mit seiner Erzählung am Ende war, sagte er mit ernster Miene: »Demnach ist Ihr Freund ja wirklich zu bedauern. Will er denn nun mit den bemalten Fläschchen seinen Lebensunterhalt verdienen?«

»Was bleibt denn einem Bannermann wie ihm heutzutage anderes übrig?«

»Wir sind doch Freunde. Ein Freund von Ihnen ist auch mein Freund. Ein Fischzug wie heute, der gelingt einmal oder auch zweimal, aber dann nicht mehr. Wieviel Qian Xiaoxians gibt es schließlich! Wenn's denn Malerei sein muß, sollte der Mann seine eigene Note haben. Dann erst wird was Rechtes draus.«

»Wozu würden Sie ihm denn raten?«

»Es gibt zwei Möglichkeiten. Erstens könnte man sich aufs Nachmachen verlegen und sich ganz stur an Vorbilder wie den Stillvergnügten Meister oder Zhou Leyuan halten, wobei die Kopie bis ins kleinste mit dem Original übereinstimmen muß. Damit kann man schon sein Geld verdienen. Andererseits, warum sollte man Kraft und Zeit auf etwas verwenden, was irgendwie ja doch ehrenrührig ist?«

»Sie sagen es!«

»Zum anderen könnte man sich was Eigenes aufbauen. Ich habe ja eben die Flasche gesehen – der Mann kann tatsächlich was, sonst würde ich mich auch gar nicht so engagieren.«

Shou Ming nickte. »Ja, vielen Dank auch für Ihre Anteilnahme. Mein Freund versteht etwas von unserer traditionellen Ideenmalerei, deswegen ist da auch was Eigenes, Originelles dran.«

Aber der andere schüttelte den Kopf. »Nein, für die freie Malweise braucht es Platz, damit der Maler sich richtig entfalten kann – Großzügigkeit und Schwung sind da gefragt! So ein Fläschchen ist dafür viel zu klein; auch die Saugfähigkeit und Weichheit des Reispapiers fehlt ja. Das wird also

»Wenn der auf die Bühne geschritten kommt und sich in Positur stellt, dann macht das was her.«

nichts. Die Feinmalweise wiederum ist, wie gesagt, nichts Besonderes. Das ist wie mit der Oper: Wenn ein Huang Runfu mit seinem Stil Erfolg hat, kann ich ihn auch nicht einfach nur kopieren, denn wer würde sich schon für die Kopie interessieren? Ganz abgesehen davon, daß Huang Runfu groß und stattlich ist. Wenn der auf die Bühne geschritten kommt und sich in Positur stellt, zwei Streitäxte in den Fäusten, dann macht das was her. Ich aber, klein und schmalschultrig wie ich bin – wenn ich auch so auftreten würde, wie würde das wohl wirken? Ich muß mir schon etwas Eigenes einfallen lassen. Heldendarsteller sind wir beide, und sein Stil hat genausoviel für sich wie meiner. Willst du einen forschen Helden ›mit großem Schwert und breiter Axt‹ sehen, dann ist Huang Runfu der richtige Mann für dich; interessierst du dich für Geist und Anmut, bist du bei Wu Qingchang besser aufgehoben. Ist es nicht so?«

»Absolut!«

»Ich sage Ihnen, ich habe eine Vorliebe für die Malweise von Lang Shining und habe mich schon immer gewundert, warum niemand seine Technik für die Bemalung von Tabakflaschen nutzt. Klar, manche behaupten, er taugt nichts, aber darauf darf man nichts geben. Wie ich hier stehe, gebe ich Ihnen mein Wort darauf: Wenn jemand Flaschen in seinem Stil bemalt, dann ist das was Einmaliges! Und dann – die Zeiten haben sich seit dem Boxeraufstand geändert. Wer sind denn heute die wichtigsten Käufer für solche Sachen? Na? Die Ausländer sind es! Die alten mandschurischen Adelsfamilien, die hohen Beamten, die reichen Kaufleute – die können nur noch verkaufen, nicht mehr kaufen. Und trifft man wirklich mal einen Neureichen, der tatsächlich was kauft, so stellt sich doch in den allermeisten Fällen heraus, der hat bloß ein Geschenk für die Ausländer gesucht. Ist es nicht so?«

»Sie sagen es.«

»Sonst haben uns ja die Ausländer gründlich ausgenommen. Wenn wir sie unsererseits mal ausnehmen wollen, dann bleibt uns bloß unser Kunsthandwerk oder Kalligraphie und Malerei. Und die sollten wir dazu auch nutzen. Dieser Lang Shining war ja Italiener, Castiglione hieß er eigentlich. Italiener, Engländer, Österreicher, Portugiesen, Spanier, Deutsche – für uns Chinesen ist da kein großer Unterschied. Die sind ja auch alle irgendwie miteinander verwandt, und was dem einen gefällt, gefällt auch dem anderen. Castigliones Bilder sind ihnen vertraut, die mögen sie! Sagen Sie also Ihrem Freund, er soll sich ihrem Geschmack anpassen. Soll er doch den Bastarden das Silber wieder aus der Tasche ziehen, das sie uns geraubt haben! Folgt er meinem Rat, dann garantiere ich selbst für den Absatz der Flaschen, da braucht er keinen anderen einzuschalten. Und er macht das große Geld.«

Shou Ming hatte stets eine hohe Meinung von Wu Qingchang als Kunstsachverständigem gehabt, aber seit dieser zur Kirche ging, hatte er ihn im Verdacht, mit den Ausländern unter einer Decke zu stecken. Als er ihn jetzt so reden hörte, wurde ihm jedoch klar, daß er ihm Unrecht getan hatte und Wu sich lediglich an die Ausländer herangemacht hatte, um sie tüchtig zu schröpfen.

Während die beiden sich noch angeregt unterhielten, war plötzlich hinter ihnen ein mittelgroßer, rotgesichtiger Mann aufgetaucht. Er war in ein langes Gewand aus dünnem Seidenstoff gekleidet, hatte derbe Stiefel an den Füßen und trug einen locker geflochtenen Zopf. Nachdem er das Knie vor den beiden Herren gebeugt hatte, sagte er mit rauher Stimme: »Sind Sie vielleicht Herr Shou Ming?«

»Sie müssen entschuldigen«, sagte dieser und erwiderte eilig die Begrüßung des Mannes, »aber ich weiß im Moment wirklich nicht, mit wem ich das Vergnügen habe.«

Der Mann antwortete: »Kann ich Sie mal kurz sprechen?«

Wu Qingchang erhob sich sofort. »Die Herren entschuldigen mich wohl. Ich habe noch was zu erledigen.«

Darauf wieder der Mann: »Bleiben Sie ruhig. Ich habe bloß zwei Sachen auszurichten.«

»Ich habe wirklich noch etwas zu erledigen«, versicherte Wu, »sonst wäre ich gern noch geblieben.«

Als Wu Qingchang außer Hörweite war, sagte der Mann: »Sie können mich überhaupt nicht kennen. Wir haben uns nämlich noch nie gesehen. Ich komme im Auftrag eines Freundes.«

Eilig bat ihn Shou Ming, Platz zu nehmen, woraufhin der Fremde fortfuhr: »Ein Freund von mir hat mit Ihrem Freund Herrn Wu zusammen im Gefängnis gesessen. Er hat gesagt, ich soll Sie aufsuchen und durch Sie Herrn Wu eine Nachricht übermitteln.«

»Wie heißt denn Ihr Freund?«

»Bao heißt er, ist Soldat bei der Schatzwache. Er läßt Herrn Wu ausrichten, ein gewisser Meister Nie ist von einem Neunten Herrn weggeholt worden. Was danach mit ihm wurde, ist nicht bekannt. Ehe er wegging, hat Meister Nie noch gesagt, Herr Wu soll unter allen Umständen sein Handwerk weiterführen. Dann kann er beruhigt sterben, wenn's denn sein muß.«

»Was für ein Handwerk? Wer ist denn dieser Meister Nie? Können Sie sich nicht ein bißchen deutlicher ausdrükken?«

»Mehr hat er nicht gesagt. Ich habe Ihnen alles genauso ausgerichtet, wie er es gesagt hat. Mehr weiß ich auch nicht.«

»Na schön. Aber Sie wollten mir doch zwei Sachen ausrichten, nicht wahr?«

Daraufhin holte der Mann eine Banknote über dreihundert Tael hervor. »Das hier schickt Bruder Bao Herrn Wu als kleine Beihilfe. Er soll es als Startkapital für seinen Handwerksbetrieb nehmen. Bruder Bao hat gesagt, er hat sein Lebtag nichts Nützliches gemacht. Wenn er sich jetzt an Herrn Wus Unternehmung beteiligt, ist er wenigstens nicht umsonst auf der Welt gewesen, hat er gesagt.«

»Was soll denn das heißen?«

Der Mann vergewisserte sich, daß niemand in Hörweite war, und flüsterte: »Die haben ihn zum Tode verurteilt. Er sitzt schon in der Todeszelle. Im Spätherbst wollen sie ihn hinrichten. Er ist doch Schatzwächter, ist beim Silberklauen erwischt worden.«

Ganz bestürzt packte Shou Ming den Mann am Arm. »Und dabei hat er so einen ausgeprägten Gerechtigkeitssinn!«

»Ach, wissen Sie, mit dem Silber ist das doch so: Silber klauen die von der Schatzwache alle, aber als sie ihn erwischten, haben sie einfach alle Verluste ihm in die Schuhe geschoben. Zum Sündenbock hat man ihn gemacht. Aber ich will Sie nicht länger aufhalten.«

»Darf ich Sie nicht doch nach Ihrem werten Namen fragen?«

»Ich heiße Ma. Habe in der Yingtao-Straße einen Laden für Weihrauch und Kerzen. Kommen Sie doch bei Gelegenheit mal vorbei! Und bitte bestellen Sie Herrn Wu, er soll seinen Freund nicht enttäuschen. Für das Geld hätte ich gern eine Quittung. Damit Bruder Bao sieht, daß alles seinen Gang geht.«

Shou Ming borgte sich am Tresen Schreibzeug und stellte eine ordentliche Quittung über dreihundert Silbertael aus. Als er sie durchlas, kam es ihm vor, als fehle noch etwas. Noch einmal nahm er den Pinsel zur Hand und fügte die nachstehenden Zeilen hinzu:

»Ist gnädig der Fluß, ohne Sturm, ohne Wogen,
Gefahren doch birgt oft der Weg unter Menschen.«

XIII

Vom Teehaus aus begab sich Shou Ming zuerst in die Liulichang-Straße, um ein paar Malutensilien wie Farben, Leim, Palette und Wassernäpfchen einzukaufen, und dann in die Zhubaoshi-Straße, wo er einige durchsichtige Flaschen-Rohlinge aussuchte. Danach machte er sich auf den Weg in die Ciqikou-Straße, in der Wu Shibaos Herberge lag.

Da Wu Shibao von klein auf ein sorgenfreies und ungebundenes Leben gewohnt war, hätte man vermuten können, daß er bedrückt, ja verzweifelt war, als er sich mit einemmal als Schicksalsgefährte von Rikschakulis und Wasserverkäufern in einer kümmerlichen Absteige wiederfand. Doch dem war nicht so. Zwar war er verwöhnt und anspruchsvoll, andererseits aber anpassungsfähig genug, um sich in sein Schicksal zu fügen, so daß er sich von dem jähen Wechsel in seinen materiellen Verhältnissen nicht niederwerfen ließ. In den zehn Tagen seit Shou Mings letztem Besuch hatte sich das Aussehen von Wus Kammer bereits sehr verändert. Über der Tür prangte jetzt die Inschrift »Studio der überquellenden Farbigkeit«, und in dem Mauerriß daneben hing an einem bis zur Hälfte seiner Länge hineingeklopften Sargnagel ein zierlicher Käfig mit einem Erlenzeisig darin. Auch im Zimmer gab es einiges Neues zu bestaunen: auf dem Kang-Tischchen ein Bronzedreifuß aus der Ming-Zeit (natürlich eine Imitation), in dem Sandelweihrauch brannte; auf dem Fensterbrett eine angestoßene und beschädigte, aber echte Vase aus der Yongzheng-Zeit im Kontrastfarbendekor der kaiserlichen Porzellanmanufaktur mit zwei Tuberosen darin, daneben eine aus drei Teilen wieder zusammengeflickte Kanne aus feinem Yixing-Steinzeug; an der Wand eine von Wu Shibao eigenhändig geschriebene, wenn auch nicht auf Seide aufgezogene Kalligraphie, zwei Zeilen aus einem Gedicht von Tao Yuanming: »Eine Hütte baut ich mir unter Menschen und bin doch entrückt, da mein Herz fern von hier.« Im Zimmer war es sauber und ordentlich. Wu Shibaos Kleidung jedoch war inzwischen noch abgerissener als bei seiner Entlassung aus dem Gefängnis, auch war sie seit jenem Besuch im Badehaus nicht mehr gewaschen worden, und seine Stoffschuhe hatten Löcher an Ferse und Spitze.

Als Shou Ming das Zimmer betrat, saß Wu auf dem Kang und malte ganz selbstvergessen an einem Tabakfläschchen.

Er legte sofort den Pinsel hin und sprang auf, um vor dem Freund das Knie zu beugen, aber die Kammer war so eng, daß er sich dabei das Knie am Kang gestoßen hätte. Daher legte er lediglich grüßend die Hände vor der Brust zusammen und sagte: »Ich wußte nicht, daß Sie mich beehren würden, sonst hätte ich Sie an der Tür begrüßt. Verzeihen Sie meine Nachlässigkeit!«

Im gleichen scherzhaft-feierlichen Ton erwiderte Shou Ming: »Ich bitte Sie! Ich habe um Nachsicht zu bitten, weil ich so hereingeplatzt bin!«

Als die Freunde sich hingesetzt hatten, holte Wu Shibao unter seinem Kopfkissen einen Faltfächer mit Bambusrippen hervor. »Den wollte ich Ihnen schon die ganze Zeit zeigen. Drei Tael habe ich nur dafür bezahlt. Raten Sie, wer ihn bemalt hat! Song Xiaomeng! Wenn der wüßte, daß ich den Fächer für ganze drei Tael gekriegt habe, würde er sich im Grabe umdrehen!«

Shou Ming fragte: »Woher hatten Sie denn das Geld für all diese Dinge?«

»Verdient habe ich es!« antwortete Wu mit einem selbstzufriedenen Grinsen. »Sie sind so lange nicht gekommen, daß ich völlig abgebrannt war. Da habe ich gestern abend eine Flasche, die ich gerade fertiggemalt hatte, im ›Haus zum blauen Berg‹ vor dem Hade-Tor verkauft. Hab's einfach mal probiert. Zehn Tael habe ich bekommen!«

Shou Ming war bei diesen Worten ganz ernst geworden. »Warum um Himmels willen überlassen Sie denn nicht mir den Verkauf?«

»Ich wollte es einfach nur mal probieren«, beeilte sich Wu zu erklären. »Mir kam es nicht so sehr darauf an, wieviel ich kriege – ich wollte nur beweisen, daß ich selbst imstande bin, Geld zu verdienen. Sie sollten mir gratulieren!« Bei diesen Worten lachte er bitter auf. Dann fuhr er, leiser, fort: »Herr Shou, es ist doch ein Jammer, daß ich, ein Dasara Hafan, jetzt . . .«

Shou Ming seufzte: »Ich jedenfalls finde nichts dabei.

Nach der Besetzung Pekings haben die Ausländer ja sogar die Gemahlinnen von Prinzen entführt und Mandarine ersten und zweiten Grades gezwungen, die Straße zu kehren und ihre Pferde zu füttern – was haben Sie als einfacher Dasara Hafan denn da erwartet! Mit Verlaub gesagt, auch ich bin ›Kühner Reiter‹. Dennoch, mein Offizierstitel bringt mir nicht mal soviel ein wie Ihnen Ihre Schnupftabakfläschchen. Was soll's! Sehen Sie sich doch um! Rikschakulis, Eselkutscher, Kameltreiber – Bannerleute, wo immer Sie hingukken! Seien Sie froh und dankbar, daß Buddha Ihnen dieses künstlerische Talent verliehen hat!«

Wu Shibao nickte.

»Ich mache Ihnen ja keinen Vorwurf, daß mir jetzt meine Vermittlergebühr entgangen ist. Ich möchte einfach nicht, daß Ihre Sachen unter Wert verkauft werden. Da gibt es so viel zu berücksichtigen, da kann man als Laie leicht reinfallen. Wissen Sie, wieviel ich für die Flasche bekommen habe, die ich neulich mitgenommen hatte? Fünfundfünfzig Tael!«

»Wirklich?«

»Deswegen möchte ich ja auch nicht, daß Sie selbst dazwischenfunken.«

»Ich werd's nicht wieder machen.«

»Überlassen Sie mir das Geschäftliche, und konzentrieren Sie sich aufs Malen! Das ist übrigens nicht nur meine Meinung – Sie haben noch einen Freund, der an Ihrem Schicksal Anteil nimmt. Obwohl er selbst nicht mehr lange zu leben hat.«

»Was sagen Sie da?« fiel ihm Wu Shibao ins Wort. »Wer ist es denn?«

Shou Ming erzählte dem Freund, was Herr Ma zu ihm gesagt hatte. Am Ende seines Berichts stapelte er die Malutensilien, die er gekauft hatte, zusammen mit dem restlichen Silber auf den Tisch und erklärte: »Herr Wu, wir sind schließlich Freunde aus besseren Tagen. Wenn ich Ihnen zurede, sich mit Innenmalerei zu beschäftigen, dann mache ich das doch nicht wegen der lumpigen Vermittlungsgebühr, sondern weil ich gemerkt habe, Sie haben echt Talent. Und jener Freund aus dem Gefängnis, der will auch nichts anderes, als daß ein nützlicher Mensch aus Ihnen wird. Daß wir Sie drängen, sich aus eigener Kraft ein eigenes Leben aufzubauen, jetzt, wo Sie nicht mehr der privilegierte Bannermann sind, wo sozusagen der eiserne Halm geknickt ist, auf dem Ihr Weizen bisher wuchs – darin eben zeigt sich unsere Freundschaft. Heute habe ich den Heldendarsteller Wu Qingchang getroffen. Auch er hat sich in diesem Sinne geäußert, als wir auf Sie zu sprechen kamen. Er hat mir sogar einen guten Rat für Sie auf den Weg mitgegeben . . .«

Über die Nachricht, daß der Schatzwächter zum Tode verurteilt worden war, und obendrein über das viele Geld, das er ihm geschickt hatte, war Wu Shibao so erschüttert, daß ihm die Tränen gekommen waren. Daher bekam er gar nicht richtig mit, was Wu Qingchang ihm bezüglich seines Malstils ausrichten ließ. Zum Schluß ermahnte ihn Shou Ming: »Sehen Sie, Ihre Freunde machen sich so viele Gedanken darüber, wie Sie mit Ihren bemalten Fläschchen zum Erfolg kommen. Da müssen Sie nun aber auch wirklich dabeibleiben und weitermalen!«

»Nein, das ist ein Mißverständnis«, erwiderte Wu Shibao. »Der Schatzwächter hat mir das Geld doch nicht geschenkt, damit ich die Kunst der Innenbemalung weiterführe. Sie haben mir doch selbst ausgerichtet, was er von Nie Xiaoxuan bestellen sollte.«

»Ja, schon, aber verstanden habe ich es nicht«, sagte Shou Ming. »Auch Herr Ma konnte mir das nicht erklären.«

Da erzählte ihm Wu, wie Meister Nie ihm im Gefängnis das Geheimnis seiner Kunst anvertraut hatte.

»Aber das ist doch wundervoll! Warum haben Sie mir denn das nicht längst gesagt?« rief Shou Ming aus. »Oder haben Sie etwa kein Vertrauen zu mir?«

»Wo denken Sie hin! Ich hatte mir nur gedacht, Meister Nie hat schließlich kein Verbrechen begangen, da hat der Neunte Herr auch keinen Grund, ihm nach dem Leben zu trachten. Damals war Meister Nie so niedergeschlagen und pessimistisch, daß all mein Zureden nichts nützte und mir nichts übrigblieb, als ihm zu versprechen, was er von mir wollte. Aber ich war sicher, er würde früher oder später entlassen, und dann sollte er natürlich nach Gutdünken über die Weitergabe seiner Kunst und die Wahl eines Schwiegersohnes entscheiden können. Bis dahin für seine Tochter zu sorgen, das allein hatte ich mir vorgenommen. Die Guyuexuan-Herstellung ist nämlich etwas ganz Besonderes. Das Geheimnis ist in Meister Nies Familie von Generation zu Generation vererbt worden – es war sozusagen ihre Existenzgrundlage, und anvertraut hat er es mir nur, weil er in dem Moment keinen anderen Ausweg sah. Davon kann ich doch nun nicht einfach Gebrauch machen. Zumal ich ja selbst in der Lage bin, meinen Lebensunterhalt zu verdienen. Ich habe mir vorgenommen, solange Meister Nie lebt, weder Guyuexuan-Porzellan zu brennen noch irgend jemand zu erzählen, daß ich das Geheimnis kenne. Nur um seine Tochter will ich mich kümmern, schließlich verdanke ich Meister Nie mein Leben. Wo ich jetzt das Silber vom Schatzwächter habe, wollen wir beide sie aufsuchen. Die Adresse habe ich mir im Gefängnis eingeprägt: Wuhumiao-Gasse am Guangliang-Tor.«

XIV

Außerhalb des Hade-Tores gab es einige besonders belebte Straßen, alle nördlich der Ciqikou- und westlich der Suanshikou-Straße. In der vierten Quergasse der Huashi-Straße zum Beispiel befanden sich seit der Ming-Dynastie die Läden der Perückenmacher, Juweliere, Velourblumen- und Wachsfrüchte-Hersteller, während auf dem Dongxiao-Markt Haushaltwaren, Landesprodukte und tausend kleine Dinge verkauft wurden. In diesem Viertel wohnten fast nur Handwerker, Händler, Sänften- oder Lastenträger, dagegen kaum reiche Kaufleute, prominente Schauspieler und bekannte Kurtisanen, wie man sie in der Gegend westlich der Qianmen-Straße antraf. Daher waren die Häuser – häßlich wie Vorstadthäuser, aber ohne deren Geräumigkeit – mit ihren Mauern aus Bruchziegeln und ihren grauen Schindeldächern dunkel und so niedrig, daß man sich beim Eintreten bücken mußte.

Östlich und südlich der Lan'ganshi-Straße gab es mehrere Tempel, die sich mangels Naturalien- und Geldspenden darauf verlegt hatten, gegen Entgelt die Särge von Verstorbenen bis zu deren Bestattung zu verwahren. Waren die Namen dieser Tempel – Tempel der Fünf Tiger, Höllenfürst-Tempel und so weiter – schon abschreckend genug, so taten die in den überdachten Vorhallen der Tempelgebäude aufgereihten gefüllten Särge ein übriges, selbst den neugierigsten Besucher fernzuhalten. Hinzu kam, daß am Zuoan-Tor einige Bataillone mandschurische Soldaten in Garnison lagen. Die Gegend gehörte zwar noch zum Stadtgebiet von Peking – die Verbotene Stadt war ja nur etwa fünf Kilometer entfernt –, aber die hier stationierten Mandschuren unterschieden sich von denen in der Inneren Stadt beträchtlich, denn sie hatten sich in Temperament und Charakter, Sitten und Gebräuchen noch ein gut Teil ihrer ursprünglichen Verwegenheit und Wildheit bewahrt. Neben vielen guten Angewohnheiten hatten sie auch eine, die die Leute in Schrecken versetzte: Sie griffen häufig unter fadenscheinigen Vorwänden Menschen auf der Straße auf und zwangen sie, zur Strafe Wasser zu schleppen. (Die Brunnen in der Stadt führten größtenteils sehr schlechtes Wasser, so daß gutes Trinkwasser oft von kilometerweit entfernten Stellen herbeigeholt werden mußte.) Daß die Herren Soldaten diese schwere Arbeit scheuten und sie gern anderen aufbürdeten, mag ja entschuldbar erscheinen, führte aber dazu, daß die Pekinger diese südöstliche Ecke der Stadt als eine gefährliche Gegend betrachteten, die man nach Möglichkeit mied.

Als Shou Ming und Wu Shibao auf die Straße traten, bemerkten sie, daß an diesem Tage einiges anders war als sonst. An der Kreuzung Ciqikou- und Suanshikou-Straße wurden Podeste aus Tannenholz und Schilfmatten aufgestellt, und zu beiden Seiten der Dongxiao-Markt-Straße drängten sich die Händler, an deren Ständen Weihrauch und Kerzen, Papierbilder von buddhistischen Heiligen und andere Opfergegenstände aus Papier, »Silberbarren« aus Zinnblech, Lotoslaternen, Beifußstengel, Lotosblätter, fischförmige Kerzen und so weiter feilgeboten wurden. Am Tor zum Tempel der Blühenden Lehre prangte bereits ein mehr als zehn Meter langes Buddha-Boot mit Drachen-Bug und Phönix-Heck, dessen prächtige Aufbauten von den Töchtern des Drachenkönigs und dem betenden Knaben zu Füßen der Guanyin, von Luohans, himmlischen Wächtern und anderen Figuren des buddhistischen Pantheons bevölkert waren – eine wundervolle Arbeit.

Als Wu Shibao die Programmanschläge – große gelbe Plakate am Tempeltor – sah, fiel ihm ein, daß man den dreizehnten Tag des siebenten Monats schrieb, den Tag, an dem das Ahnenfest beginnt. Waren die anderen Feiertage, die den Seelen der Verstorbenen geweiht sind – die Totengedenktage am fünften Tag des dritten Monats und am ersten Tag des zehnten Monats – von einer etwas melancholischen Stimmung geprägt, so war das Ahnenfest ein wahres Freudenfest. Das hing mit seinem Ursprung zusammen. Ullambana, so die Sanskrit-Bezeichnung für dieses buddhistische Fest, bedeutet zwar »Not und Elend leiden«, aber an jenem Tag bedachte man die Mönche mit Almosen und betete zu Buddha, um so die Seelen der Verstorbenen aus Not und Elend zu *erretten* – und das war doch zweifellos ein Grund zur Freude! So hieß es jedenfalls. In Wirklichkeit freilich rührte die Beliebtheit dieses Festes nicht nur von der Sorge um die armen Seelen toter Angehöriger, sondern auch von den verschiedensten Kulthandlungen zu Ehren Buddhas her, die den Menschen Abwechslung und Zerstreuung brachten und in denen die Pekinger Tempel miteinander wetteiferten.

Die Attraktion, für die der Tempel der Blühenden Lehre berühmt war, nannte sich »Das fliegende Becken des Mönchs Huitong«. Dieser Huitong war ein Meister der in manchen Klöstern betriebenen Kampfkunst, der von den achtzehn traditionellen Waffenarten speziell das große Bekken meisterhaft beherrschte. Solch ein Becken mit seinem Durchmesser von neunzig Zentimetern und seinem Gewicht von fast sechs Kilogramm – größer noch als die Zimbeln, mit denen im Theater Kampfszenen in Stücken wie »Der Eisenkistenberg« begleitet werden – wurde normalerweise gar nicht zur musikalischen Untermalung von Gebeten verwendet, nur eben zum Ahnenfest wurde es eigens von seinem Platz vor der Statue Buddhas herabgenommen. Zur Begleitung von Trommeln und Gongs schwang dann Huitong sein Becken nach links und nach rechts, nach oben und nach unten, wirbelte es durch die Luft und balancierte es auf dem Kopf, daß es nur so blitzte und funkelte. War er richtig in Fahrt, fuhr sein Arm plötzlich hoch, und mit einem peitschenden Geräusch flog das Becken meterhoch in die Luft, um dann aus den unterschiedlichsten Positionen – jedes dieser Kunststücke hatte seinen eigenen Namen, zum Beispiel »Zhang Fei schwingt sich aufs Pferd«, »Su Qin schultert sein Schwert«, »Der weiße Affe bietet Früchte dar« oder »Der schwarze Tiger schleicht durch die Schlucht« – wieder aufgefangen zu werden, und zwar mit so atemberaubender Präzision, wie man sie selbst bei den landesweit bekannten Artisten aus Cangzhou nicht zu sehen bekam. Daher fuhren die Spitzen der Pekinger Gesellschaft mit ihren Familien anläßlich des Ahnenfestes oftmals unter dem Vorwand, durch milde Gaben die Gnade des Himmels erflehen zu wollen, mit der Kutsche zum Tempel der Blühenden Lehre, um diesem Schauspiel beizuwohnen.

So waren schon zu dieser frühen Stunde die Straßen voller Menschen, die alle dorthin wollten. Shou Ming und Wu

Zum Ahnenfest war gewöhnlich viel Volk unterwegs.

Shibao kämpften sich mit vieler Mühe aus diesem Menschenstrom frei, gerieten aber sogleich in den Sog der zum Tempel des Sonnenuntergangs drängenden Menge. Zum Ahnenfest war gewöhnlich viel Volk unterwegs, doch so viele Menschen wie in diesem Jahr waren noch nie in die Tempel geströmt. Als Shou Ming, mit dem Mund stets vornweg, sich nach dem Grund erkundigte, erfuhr er, daß bei der Belagerung von Peking durch die vereinigte Armee der acht Mächte am 20. Juli 1900 hier am Zuoan-Tor zu nächtlicher Stunde ein Gefecht stattgefunden hatte, bei dem alle Bewohner des Viertels – alt und jung, Soldaten wie Zivilisten – in den Kampf gezogen waren und in dessen Verlauf mehr als zwanzig deutsche Soldaten getötet worden waren. Nachdem die ausländischen Teufel die Stadt besetzt hatten, rächten sie sich dafür mit einem drei Tage andauernden Massaker. Für das Seelenheil dieser Märtyrer hatte daher jeder Haushalt in dieser Gegend zum Ahnenfest ein Pfund Reis gespendet, und selbst die Mönche wollten diesmal ihre Gottesdienste halten, ohne dafür Almosen zu erwarten.

Länger als eine Stunde dauerte es, ehe Shou Ming und Wu Shibao sich ihren Weg durch die Menge gebahnt und sich, in der Wuhumiao-Gasse angelangt, zu dem Haus von Meister Nie durchgefragt hatten. Als sie endlich vor dem schwarzgestrichenen Pförtchen standen, angeklopft und »Ist Fräulein Liuniang zu Hause?« gerufen hatten, antwortete von drinnen die Stimme eines Mannes. Dann ging die Tür auf, und es erschien – Nie Xiaoxuan! Er trug eine graue Baumwolljacke und dazu bläulichweiße Knöchelbundhosen, weiße Socken und Pantoffeln. Mit seinen frisch geschorenen Schläfen und dem straff geflochtenen Zopf sah er um Jahre verjüngt aus.

Ehe Wu Shibao etwas sagen konnte, fragte Nie ihn schon: »Seit ich wieder hier bin, habe ich mich nach Ihnen erkundigt. Warum haben Sie sich denn nicht eher blicken lassen, wo Sie doch schon so lange raus sind?«

»Da ist so viel zusammengekommen«, entschuldigte sich

Wu Shibao, »ich war völlig mittellos. Jetzt gerade habe ich erst wieder ein paar Tael in der Hand, und da bin ich sofort zu Ihnen geeilt.« Nachdem er Shou Ming vorgestellt hatte, dem als Kenner des Antiquitätenmarktes Nie Xiaoxuans Name natürlich nicht unbekannt war, so daß er ihn nun höchst respektvoll begrüßte, gingen die drei Herren hinein.

Meister Nies Heim war ein kleines Anwesen, hinter dessen einzigem Tor nur eine Familie wohnte. Von den ursprünglich drei Wohngebäuden waren lediglich das nördliche und westliche übriggeblieben. Von dem abgebrannten Mitteltrakt standen nur noch ein paar rußgeschwärzte Mauern, und auch einer der beiden Dattelbäume im Hof war halb verkohlt. Der Hof selbst war sauber und ordentlich bis in den letzten Winkel, nirgendwo war Gras oder Unkraut zu sehen. Meister Nie führte seine Gäste in das Nordzimmer. Über dem Tischchen an der Wand gegenüber der Eingangstür hing das Porträt einer alten Dame in rotem Kleid und Perlenkappe, und auf dem üblichen quadratischen Tisch für acht Personen standen vier Teller mit Opfergaben. »Ist das Ihre Gattin?« erkundigte sich Wu Shibao. Nie Xiaoxuan nickte. Sofort strich Wu seine Kleider glatt, kniete nieder und machte einen Kotau. Als Shou Ming ebenfalls niederknien wollte, wurde er von Meister Nie höflich zurückgehalten. Shou fragte: »Wann ist denn die alte Dame dahingegangen?«

Da berichtete Nie, wie während des Angriffs der ausländischen Interventen alle Einwohner den Verteidigern des Zuoan-Tores geholfen hätten, unter anderen auch er selbst und seine Tochter, nur seine bettlägrige Frau sei zu Hause geblieben, weil sie gelähmt war und deshalb nicht mitkämpfen konnte. Nachdem die deutschen Soldaten in die Stadt eingedrungen waren, hatten sie jeden niedergemacht, den sie trafen. Nie Xiaoxuan, dem der Weg nach Hause abgeschnitten und dessen Tochter noch jung war, hatte sich mit ihr in dem Schilfdickicht nördlich des Dorfes Xinggongzhuang versteckt. Als sie am dritten Tag nach Hause zurückgekehrt waren, stand die halbe Gasse in Flammen. Mit den Nachbarn zusammen hatten sie endlich das Feuer gelöscht, aber inzwischen war die Decke des Zimmers, in dem seine Frau gelegen hatte, längst eingestürzt und sie selbst schon längere Zeit tot, ihr Gesicht verkohlt und unkenntlich. So hatte Nie ihr Porträt aus dem Gedächtnis gemalt. »Da ich sie schon nicht in einem anständigen Totenkleid einsargen konnte, habe ich sie wenigstens auf dem Bild wie eine vornehme Dame ausstaffiert!« sagte er mit einem bitteren Lächeln.

Shou Ming wollte ihn von seinem Kummer ablenken. Um dem Gespräch eine andere Wendung zu geben, fragte er nun: »Und Ihr Fräulein Tochter ist nicht zu Hause?«

»Sie ist zum Gottesdienst in den Tempel des Sonnenuntergangs gegangen«, erwiderte Nie. »Da will sie Weihrauch verbrennen und für die Seele ihrer Mutter beten.«

Nun erkundigte sich Wu Shibao, wann Meister Nie aus dem Gefängnis freigekommen sei. Während des Berichts über die Ereignisse im Zusammenhang mit seiner Entlassung beruhigte Meister Nie sich wieder. Halb verlegen, halb belustigt erzählte er, wie er bei den plumpen Späßen des Neunten Herrn in Panik geraten sei. Als er an die Stelle kam, wo der Neunte Herr nach all diesen Schreckschüssen plötzlich Schnupftabakfläschchen bei ihm bestellt hatte, lachte er schon wieder. In diesem Moment war draußen ein Geräusch zu hören und gleich darauf eine helle Frauenstimme: »Papa, ich habe uns ein bißchen Beifuß mitgebracht.«

Shou Ming und Wu Shibao erhoben sich eilig, um Liuniang zu begrüßen, während Nie Xiaoxuan den Bambusvorhang zurückschlug und sagte: »Wir haben Gäste! Herr Wu und Herr Shou sind da.« Das Mädchen antwortete, sie komme gleich, trug erst ihre Einkäufe – Beifuß, Weihrauchstäbchen, zarte Lotoswurzeln – in das Westzimmer und trat dann, nach einem prüfenden Blick auf ihre Kleidung, in das Nordzimmer, wo sie die beiden Besucher begrüßte.

»Papa war kaum wieder zu Hause, da hat er sich schon erkundigt, ob Sie gekommen seien, Herr Wu. Und da sind Sie nun wirklich! Aber so nehmen Sie doch Platz, Herr Shou! Herrje, was ist denn mit unserem Papa los? Ein so heißer Tag, und er läßt Sie verdursten! Nicht mal eine Kanne Tee für seine Gäste! Ich geh mal schnell Tee brühen, unterhalten Sie sich inzwischen schön!« An dieser Stelle unterbrach sie ihren munteren Redefluß, ergriff eine große Kanne aus Yixing-Steinzeug, schlug den Türvorhang zurück – und weg war sie. Wu Shibao hatte das Gefühl, eine Lichtgestalt aus lauter Glanz und Duft sei wie ein Windstoß in das Zimmer hinein- und gleich wieder hinausgewirbelt. Ganz überwältigt, hätte er nicht zu beschreiben gewußt, wie sie denn eigentlich aussah. Erst als Liuniang mit dem Tee zurückkam, konnte er sie richtig betrachten, und was er sah, verschlug ihm den Atem. Verwirrt senkte er den Kopf. Ein so bezauberndes Wesen in dieser Kleineleutewohnung – wie war das möglich?

Das Mädchen war etwa zwanzig Jahre alt. Sie trug einfache, aber geschmackvolle Trauerkleidung – bläulichweißes Jäckchen aus Hangzhou-Seide mit angeschnittenem Brustlatz und weiten Ärmeln, milchweißer Rock aus dünner Seide, silberweiße Brokatschuhe mit aufgestickten Narzissenblüten – und war mit blauen Zopfbändern und silbernen Armreifen und Ohrringen geschmückt. So hinreißend schön war sie, von solch ungekünsteltem Charme fern jeder Koketterie, solch strahlender Frische und Gesundheit ohne eine Spur von Schminke oder Puder, daß sich niemand ihrem Zauber entziehen konnte, am wenigsten Wu Shibao. In dieser Gegend, wo sowohl Mandschuren als auch Han-Chinesen wohnten, waren letztere unter dem Einfluß der mandschurischen Bräuche größtenteils von der Sitte des Füßeeinbindens abgekommen. Auch hatte Liuniang von klein auf arbeiten müssen, so daß sie gesund und kräftig war wie eine Lotosblume, die ihre Pracht am Ufer des Sees entfaltet.

Nachdem sie allen Tee eingegossen hatte, setzte sie sich auf einen Porzellanhocker seitlich von den Herren und erkundigte sich: »Wir haben uns schon Gedanken um Sie gemacht, Herr Wu. Ist denn zu Hause alles in Ordnung?«

»Ja, eben«, setzte Nie Xiaoxuan hastig fort, »über all den eigenen Sorgen habe ich ganz vergessen, Sie zu fragen, wie es zu Hause steht.«

Seufzend begann Wu Shibao zu berichten, was seiner Familie inzwischen widerfahren war, unterstützt von Shou Ming, der an bestimmten Stellen zusätzliche Erläuterungen gab. Meister Nie konnte kaum glauben, was er da hörte. »Nicht einmal den Leichnam Ihrer Frau haben Sie gesehen? Und den jungen Herrn haben Sie auch nicht zu Gesicht gekriegt? Da sind Sie ja jetzt ohne Haus und ohne Familie!«

Wu nickte.

Meister Nie fragte weiter: »Und Sie selbst? Sie wohnen jetzt bei Ihrem Onkel, ja?«

Shou Ming antwortete an Wu Shibaos Stelle: »Sein Vater und sein Onkel waren schon seit Jahren einander entfremdet. Herr Wu wohnt jetzt im Gasthof Du an der Ciqikou-Kreuzung.«

Liuniang, der schon die Augen feucht geworden waren, als sie hörte, daß Amme Liu Wus Sohn mitgenommen hatte, und die sich bei dem Bericht über den Brand des Hauses die Tränen hatte abwischen müssen, schluchzte jetzt laut los. Wu Shibao versuchte sie zu beruhigen: »Bitte nicht weinen! Mir geht es doch sehr gut. Das Fläschchenbemalen macht mir sogar richtig Spaß.« Aber während er das sagte, kämpfte er selbst mit den Tränen, denn auch er hatte nahe am Wasser gebaut.

»Ein Mann wie Sie, ein Erwachsener, läßt sich natürlich nicht so leicht umwerfen«, erwiderte das Mädchen unter Tränen, »aber Ihr armer kleiner Sohn! Als mein Papa im Gefängnis war, da habe ich ja selbst gespürt, wie es ist, eine Waise zu sein. Und der junge Herr ist doch noch so klein!« Die Erinnerung an alles, was sie durchgemacht hatte, ließ ihre Tränen um so reichlicher fließen. Auch ihr Vater war eine Weile unfähig zu sprechen.

Dann brach Shou Ming das Schweigen: »Und Sie, Meister Nie, haben jetzt alle Hände voll zu tun mit den Fläschchen für den Neunten Herrn, nicht wahr?«

»Und ob!« antwortete Nie Xiaoxuan. »Er will aber erst Muster sehen, ehe er endgültig bestellt. Woher ich Flaschenrohlinge, Glasurzutaten, Koks zum Brennen und so weiter kriegen kann, das weiß ich natürlich. Bloß, er hat nichts angezahlt. In meinem Gewerbe ist es üblich, daß bei der Bestellung eine Anzahlung geleistet wird. Von diesem Geld werden dann die Rohstoffe eingekauft. Daß jemand sagt, Geld wird erst gezahlt, wenn die Muster gefallen – also, das hat es noch nie gegeben!«

Da holte Wu Shibao zwei Silberbarren hervor und überreichte sie dem widerstrebenden Nie mit den Worten: »Dann nehmen Sie dies hier! Es war sowieso als kleine Beihilfe für Ihre Tochter gedacht.«

»Sie sind doch selbst gerade erst entlassen«, sagte Nie, »da haben Sie bestimmt kein Geld zu verschenken. Ja, wenn ich noch im Gefängnis säße, wäre es was anderes. Aber so kann ich Ihnen das wirklich nicht zumuten.«

Als Wu Shibao ihm nun erzählte, was der Schatzwächter ihm hatte ausrichten lassen und daß er ihm Silber geschenkt hatte, seufzte Nie: »So ein gutherziger Mensch! Zu traurig, daß man ihn so hereingelegt hat! Aber das Silber, das behalten Sie man schön! Was er Ihnen wegen meines Gewerbes hat ausrichten lassen, das hatte ich selbst ihm aufgetragen. Jetzt, wo wir uns wiedergefunden haben, könnten wir ja zusammen arbeiten. Was meinen Sie? Machen wir doch gleich Nägel mit Köpfen!« Wu Shibao war im Begriff, ihm zu sagen, daß der Schatzwächter zum Tode verurteilt worden war, doch Shou Ming hielt ihn mit einem warnenden Blick zurück. Nie Xiaoxuan fuhr fort: »Was sollte Sie denn daran hindern, Ihre Innenmalerei aufzugeben und statt dessen bei mir Guyuexuan-Porzellan zu bemalen?«

Aber Wu Shibao erwiderte: »Damals haben Sie mich doch nur in Ihre Kunst eingeweiht, weil Sie fürchten mußten, daß Sie keine Gelegenheit mehr haben würden, wieder einen Lehrling aufzunehmen. Und ich habe mich auch nur wegen unserer Freundschaft darauf eingelassen, damit Sie beruhigt waren. Aber jetzt sind Sie ja wieder zu Hause und können sich in aller Ruhe jemand suchen, der Ihre Familientradition fortsetzt, da kann ich mich doch nicht reinhängen und aus Ihrem Familiengeheimnis Kapital für mich selbst schlagen. Ich sehe das so, als hätten Sie mir im Gefängnis einen Beutel Silber übergeben, damit ich im Falle eines Falles für Ihre Tochter sorgen kann. Den hätte ich Ihnen natürlich auch wieder zurückgegeben, sobald Sie raus gewesen wären, das ist doch selbstverständlich . . .«

Wu Shibao war so in Fahrt, daß er Shou Mings beschwörende Blicke nicht bemerkte, bis dieser ihm plötzlich auf den Fuß trat. Da erst sah er, daß Meister Nie mit abgewandtem Kopf dasaß, während Liuniang ihn mit zornigen Blicken maß. »Wie kann man nur so lebensfremd sein!« rief Shou Ming. »Andere würden voller Freude ihren Kotau machen und sonstwas darum geben, von Meister Nie als Lehrling angenommen zu werden – und Sie?! Da will Ihnen jemand unbedingt was beibringen, und Sie zieren sich wie ein Jüngferchen! Also, ich finde, Sie knien jetzt schön nieder, solange ich als Zeuge hier bin, und machen Ihre drei Kotaus, wie es sich gehört. Und dann sind Sie ganz regulär Meister Nies Lehrling!« Sprach's und knuffte Wu Shibao mit einer so vielsagenden Grimasse, daß dieser wahrhaftig tat, was ihm da so eindringlich nahegelegt wurde.

Nie Xiaoxuan, der ihn halb und halb daran hindern wollte, die drei Kotaus zu machen, es aber dann doch nicht tat, dankte Wu mit einem Lächeln, indem er seinerseits dreimal das Knie vor seinem neuen Lehrling beugte. Als Wu Shibao sich erhob, verneigte sich Liuniang mit rechts vor der Brust zusammengelegten Händen vor ihm und grüßte ihn spontan als »Älteren Bruder«. Eilig holte Shou Ming – taktvoll, wie er war – die beiden noch nicht verkauften Schnupftabakfläschchen hervor und gab sie mit den Worten »Das trifft sich gut – wo alles so plötzlich gekommen ist, können Sie diese Fläschchen gleich als Geschenk für Ihren Meister nehmen!« seinem Freund, der sie seinerseits Nie Xiaoxuan überreichte, wobei er sagte: »Was ich von Innenmalerei verstehe, verdanke ich alles Ihnen. Bitte werfen Sie einen Blick hierauf, ob ich vielleicht einige Fortschritte gemacht habe.«

Liuniang hatte ja von ihrem Vater schon gehört, Wu Shibao sei eine echte Naturbegabung und werde dank seines großen Talents und seiner natürlichen Intelligenz in ganz kurzer Zeit etwas Ordentliches zustande bringen, ohne daß es mehr als einiger weniger Hinweise bedürfe; doch hatte sie schließlich noch keine Arbeit von ihm gesehen, so daß sie den Worten des Alten zwar Glauben schenkte, aber insgeheim vermutete, er habe auf Grund seiner Zuneigung zu Wu Shibao ein wenig übertrieben. Daher nahm sie Meister Nie, kaum daß er sie in Empfang genommen hatte, die Fläschchen aus der Hand, ging zum Fenster, hielt sie gegen das Licht und – war starr vor Staunen! Sie glaubte ihren Augen nicht zu trauen – dies sollte das Werk eines Mannes sein, der das Malen innerhalb weniger Monate im Gefängnis erlernt hatte?! Da stimmten nicht nur Bildaufbau und Maltechnik – das hatte auch Stil und Geist! Sie erkannte die Farbenpracht und Lebendigkeit der Malweise ihres Vaters wieder, doch kam hier noch eine gewisse Geistigkeit hinzu. Wenn der Vater ein solches Talent entdeckt hatte, war sein Gefängnisaufenthalt immerhin nicht ganz umsonst gewesen. Bei diesem Gedanken wandte sie unwillkürlich die Augen von den Fläschchen und richtete ihren Blick auf Wu Shibao.

Der holte gerade mit roten Ohren ein Bündel hervor, das er jetzt ganz verlegen Meister Nie übergab. »Meister, hier ist das Erkennungszeichen, mit dem ich zu Ihrer Tochter gehen sollte, die vergoldeten Armreifen. Ich weiß, es ist sehr unbescheiden, aber ich wollte Sie herzlich bitten, Meister, sie mir zu schenken.«

Der Meister erwiderte: »Aber die Reifen hatte Liuniang

»Bitte werfen Sie einen Blick hierauf, ob ich vielleicht einige Fortschritte gemacht habe.«

mir zum Vergolden mitgegeben. Was wollen Sie denn mit so einem Mädchenschmuck?«

»Wären nicht diese Armreifen gewesen, würde Ihr Lehrling jetzt kaum mehr unter den Lebenden weilen.« Wu Shibao erzählte nun, wie er damals am Wallgraben mit dem Gedanken an Freitod gespielt hatte, wobei sogar er selbst überzeugt war, er sei entschlossen gewesen zu sterben und nur durch den Anblick der Armreifen dem Leben wiedergeschenkt worden.

Von dem Gehörten ganz erschüttert, gab Meister Nie ohne viel Nachdenken seine Zustimmung: »Schön, also dann behalten Sie die Armreifen zur Erinnerung, und wenn Sie sie anschauen, denken Sie stets daran: Es gibt immer einen Ausweg – ›Kommt der Feind, rettet uns ein Held, kommt die Flut, schützt uns ein Damm‹! Solange der Mensch auf Erden lebt, darf er niemals leichtfertig mit dem Gedanken an den Tod spielen!«

»Papa, die Reifen gehören aber doch mir! Und du verschenkst sie so großzügig!« schaltete sich Liuniang ein.

Darauf Wu Shibao: »Lassen Sie sie mir! Wenn ich etwas verdient habe, entschädige ich Sie mit einem Paar echt goldenen.«

»Kredit gibt's bei mir nicht!« erwiderte das Mädchen. »Aber gut, ich nehme diese beiden Fläschchen in Zahlung. Wenn Sie Ihrem Meister eine Freude machen wollen, müssen Sie eben neue malen.«

Alle Anwesenden mußten lachen, und Nie Xiaoxuan sagte: »Heute am Ahnenfest beten wir nicht nur für das Seelenheil der Verstorbenen – wir haben auch selbst Grund zur Freude, und nicht nur einen. Liuniang, bring uns zu essen und zu trinken! Wir wollen mit einem guten Tropfen all den Kummer des vergangenen Jahres hinunterspülen!«

Während Liuniang das Essen zubereitete, holte Wu Shibao den Beifuß, den sie im Hof abgelegt hatte, beschnitt ihn und band ihn zusammen mit den in gelbem Opferpapier gebündelten Räucherstäbchen zu Sträußen, die er als »Sternlaternen« an die Lehnen zweier Stühle band. Sein Eifer steckte auch Shou Ming an. Er kaufte auf der Straße ein paar frische Lotosblätter, in deren Stielansatz er Bambusspäne steckte, auf denen zuletzt kleine Kerzen befestigt wurden. Mit diesen Lotosleuchtern drapierte er dann das Blumenspalier im Hof. Inzwischen war die Dämmerung angebrochen. Von nah und fern war der Singsang der betenden Mönche zu hören, die, begleitet von Trommeln und Becken, ihre Sutren rezitierten. Draußen zogen singende Kinder mit brennenden Kerzen vorbei, die in langstieligen Lotosblättern, aufgeschnittenen Lotoskapseln oder ausgehöhlten Melonen mit eingeschnittenen Mustern steckten. Der helle Mond übergoß alles mit seinem milden Licht, und in der ganzen Stadt herrschte eine Fröhlichkeit, als hätten alle vergessen, daß dieses Fest ja eigentlich dazu gedacht war, die Geister der Verstorbenen gut auf den Weg in das Totenreich zu bringen.

Auch Shou Ming und Wu Shibao zündeten nun die Kerzen auf den Lotosblättern und die gebündelten Räucherstäbchen in den Beifußsträußen an, so daß der Hof mit einemmal von Sternengefunkel und Mondlicht erfüllt schien. Auf Geheiß ihres Vaters stellte Liuniang den Kang-Tisch mitten im Hof auf und holte niedrige Stühlchen und Sitzkissen aus Schilf, auf denen sich die vier niederließen, um ihren Wein zu trinken. Abermals redete Meister Nie Wu Shibao zu, er solle zu ihm ziehen und das Bemalen von Guyuexuan-Porzellan erlernen. Auch Liuniang meinte: »Essen und Unterkunft in so einem Gasthof sind doch nicht das Wahre, Älterer Bruder, da sind Sie bei uns besser aufgehoben. Ich werde das Ostzimmer für mich zurechtmachen, dann können Sie im Westzimmer wohnen.«

Wu Shibao wollte höflich ablehnen, doch wieder kam ihm Shou Ming zuvor. »Eine sehr gute Idee! Meister und Lehrling sind doch wie Vater und Sohn. Es geht auf die Dauer gar nicht anders, als daß Sie zusammenziehen.«

An jenem Abend tranken Shou und Wu eine ganze

Menge. Nachdem sie sich, etwas angeheitert, von ihrem Gastgeber verabschiedet hatten, gab Shou Ming Wu Shibao einen freundschaftlichen Rippenstoß und erklärte: »Also, ich hab's doch gewußt, Ende gut, alles gut! Das Mädchen, die ist was ganz Besonderes! Ein Wort von Ihnen, und ich rede mit ihrem Vater!«

»Alles Unsinn!« lallte Wu Shibao. »Wir Bannerleute haben unsere Regeln, können keine Han-Chinesen heiraten. Können wir nicht, wir Mandschuren!«

Aber Shou Ming erwiderte: »Unfug! Kaiser Qianlong, der hat ja auch die Iparhan geheiratet. Und die war sogar aus Mittelasien und so moslemisch, wie man gar nicht moslemischer sein kann.«

XV

Wu Shibao war seit jeher ein eher passiver Mensch. Hatte ihn aber einmal jemand auf etwas angesetzt, dann war er gleich Feuer und Flamme. So war es zuerst mit dem Operngesang gewesen, dann mit der Innenmalerei und nun auch mit dem Bemalen von Guyuexuan-Ware, das Nie Xiaoxuan ihm beibrachte. Er beobachtete fasziniert, wie der Meister schwarze und blaue Farben auftrug, um damit leuchtend rote Blüten und grüne Blätter auf dem Porzellan hervorzuzaubern, sobald es gebrannt wurde. Und nicht nur dies – die farbigen Glasuren konnten sich sogar ausdehnen oder zusammenziehen. Manche wurden als richtige kleine Häufchen aufgetupft, um im Brennofen zu hauchdünnen Plättchen zu werden, andere als breite Streifen, die sich nach dem Brennen in dünne Striche verwandelt hatten. Kein Wunder, daß sich so viele Fälscher vergeblich mühten, es Meister Nie gleichzutun.

Wu Shibao widmete sich dem Erlernen dieser Malkunst mit Hingabe, und mit ebensolcher Hingabe widmeten sich der Meister und seine Tochter Wu Shibao – der Meister, indem er Muster für ihn skizzierte, die Wu dann unter seiner Anleitung farbig ausführen mußte, Liuniang, indem sie für Speis und Trank sorgte und für ihn wusch und nähte. An einem Tag ließ sie ihn ein neues Obergewand anprobieren, am nächsten mußte er eine von ihr geschneiderte Hose anziehen. Alle fünf Tage schickte sie ihn ins Badehaus, und zweimal im Monat mußte er sich die Schläfen rasieren lassen. Als nach einigen Tagen Shou Ming zu Besuch kam, hätte der seinen Freund beinahe nicht wiedererkannt, so sauber und gutgenährt, so ordentlich gekleidet und strotzend von Lebensfreude fand er ihn vor. Auch Meister Nie war zufrieden und gut gelaunt, war er doch dem Gefängnis entronnen, hatte einen Lehrling und obendrein einen schönen Auftrag. Was das Mädchen betrifft, so hatte sie nach den schweren Monaten der Einsamkeit nicht nur ihren Vater zurück, sondern noch einen »Älteren Bruder« dazubekommen, so daß sie nun wieder für jemand sorgen, jemand verwöhnen konnte – ganz zu schweigen von den verschämten Hoffnungen, die sie sonst noch hegen mochte. Ein welterfahrener Mann wie Shou Ming spürte natürlich schon nach ganz kurzer Zeit, welch behagliche Atmosphäre in diesem Hause herrschte. Es war offensichtlich, daß jetzt nicht schlechthin eine Person mehr zum Haushalt gehörte, sondern daß Wu Shibaos Einzug das ganze Haus buchstäblich mit neuem Leben erfüllt hatte.

Das erste Probestück, das Meister Nie seinen neuen Lehrling bemalen ließ, war ein Tellerchen, auf dem er »Wang Zhaojun reist zu den Barbaren« darstellen sollte. Shou Ming, der sah, daß Wu Shibao bereits die Umrisse der Figuren mit Tusche vorgezeichnet hatte, bemerkte zu Nie Xiaoxuan: »Na, dann ist er ja in ein paar Tagen fertig.«

»Wenn das so einfach wäre! Es handelt sich um Guyuexuan!« erwiderte Meister Nie.

»Aber die Umrisse sind doch schon zu sehen.«

»Und Sie wollen was von Antiquitäten verstehen? Von Guyuexuan haben Sie jedenfalls keine Ahnung! Lassen

Sie sich von Liuniang doch mal ihren Brennofen vorführen!«

Lächelnd führte das Mädchen Shou Ming hinter den Mitteltrakt mit dem während des Brandes eingestürzten Dach. Genau in der Mitte des schmalen Ganges, zwischen der Rückwand des Gebäudes und der Hofmauer, der inzwischen sauber ausgefegt worden war, stand ein aus Ziegeln gemauerter Ofen, nicht größer als ein großer Wasserkübel. »Was ist denn das?« fragte Shou Ming.

»Der Brennofen!« antwortete Liuniang.

Shou Ming trat näher heran und sah, daß das Ofenfutter, das mit einer Schicht festgepacktem Koks ummantelt war, aus mit Tonscherben, Werg, Graphit und Kalk vermischtem Lehm bestand. In der Mitte des Ofens befanden sich zwei übereinandergestülpte röhrenförmige Steinguttöpfe, die an der Stelle, wo sie aneinanderstießen, mit Lehm abgedichtet waren. Aus dem oberen Topf war der Boden herausgeschlagen worden, so daß ein Loch von der Größe einer Reisschüssel entstanden war, und in dieses Loch war ein eisernes Gestell mit einem darin befestigten Lehmuntersetzer eingehängt.

Shou Ming machte große Augen. »So also wird Guyuexuan gebrannt! Immer in solchen kleinen Öfchen?«

Liuniang antwortete: »Wie es bei den Fälschern ist, die unsere Ware nachmachen, weiß ich nicht, das kriege ich ja nie zu sehen. Aber in unserer Familie wird das seit jeher so gemacht. Sonst zeigen wir das niemand. Nur weil Sie doch der Freund meines Älteren Bruders sind ... – aber Sie dürfen es niemand weitersagen.«

»Kein Wunder ...«, murmelte Shou Ming.

Bei Porzellan, das bekanntlich seit jeher im Ofen gebrannt wird, geht es stets um ganze Service. So ein Tisch mit lauter zusammengehörigen Schüsseln, Töpfen, Näpfen und Tellern ist schon beeindruckend. Wer auf sich hielt, ließ sich daher ein komplettes Service von mehreren hundert Einzelteilen – vom Pflanzkübel für Lotosblumen bis zu Gewürzmenagen und Weinbecherchen – in einheitlichem Dekor von ein und derselben Firma in ein und demselben Ofen anfertigen. Fachleuten fiel es nicht schwer, festzustellen, aus welcher Manufaktur ein bestimmtes Stück Porzellan stammte, ob es sich zum Beispiel um Ru-Ware, Ge-Ware, Jun-Ware oder Ding-Ware handelte. Nur der wahre Kenner jedoch war in der Lage, zu sagen, ob die aus derselben Manufaktur stammenden Stücke auch tatsächlich in ein und demselben Ofen gebrannt worden waren. Die Guyuexuan-Ware nun war zwar noch gar nicht so lange auf dem Markt, hatte aber den Porzellanfachleuten schon viel Kopfzerbrechen bereitet. Beispielsweise gingen Stücke aus Guyuexuan-Porzellan in ihren Ausmaßen nie über etwa fünfzehn Zentimeter hinaus, und einen kompletten Satz Guyuexuan-Gefäße hatte noch niemand gesehen, nicht einmal einen Satz Opfergefäße für den Buddha-Altar – ein Räuchergefäß, zwei Leuchter, zwei Vasen oder, in der einfacheren Version, ein Räuchergefäß mit zwei Vasen –, ganz zu schweigen von regulärem Tafelgeschirr. Meistens handelte es sich um Einzelstücke, einzelne Schalen oder Becher und so weiter. Nie Xiaoxuans Satz von achtzehn Schnupftabakfläschchen war also tatsächlich etwas ganz Besonderes.

»Soll das etwa heißen«, fragte Shou Ming, »daß Meister Nies achtzehn Flaschen alle einzeln gebrannt worden sind? Achtzehn Ofenfüllungen?«

»Sagen Sie lieber achtzig! Wenn das reicht!«

»Wieso?«

»Die Guyuexuan-Farben verändern sich doch beim Brennen. Für jede einzelne Farbe wird eine ganz bestimmte Temperatur benötigt. Nehmen Sie zum Beispiel ein Blatt. Die Farben von Blattoberseite, Blattunterseite und Blattrippen müssen jeweils einzeln gebrannt werden. Da können Sie sich ausrechnen, wie oft eine Flasche mit zwölffarbigem Dekor in den Brennofen wandert.«

»So ist das also!«

»Ach, das ist noch lange nicht alles! Die kritische Temperatur für den Rohling und der Schmelzpunkt der Farbglasuren liegen ganz nahe beieinander. Für manche Farben muß die Hitze sogar größer sein als für das Brennen des Porzellans selbst. Es ist ungeheuer knifflig, das alles zu berücksichtigen, wenn am Ende ein tadellos geformtes und glasiertes Stück herauskommen soll, bei dem weder die Farben verlaufen noch irgendwelche Verformungen auftreten, weil vielleicht der Scherben zu weich war. Einen Moment lang nicht aufgepaßt – und Sie können alles wegwerfen. Sie brennen zehn Stücke, und davon sind vielleicht zwei zu gebrauchen. Wenn Sie den ganzen Ausschuß mitrechnen, können Sie sich ja vorstellen, wie oft der Ofen für eine einzige Flasche beschickt werden muß.«

»Kein Wunder, daß ein Schnupftabakfläschchen im Laden manchmal tausend Tael und mehr kostet! Ich hatte immer die Vorstellung, wer Guyuexuan herstellt, muß steinreich sein.«

»Vielleicht sind andere steinreich, wir jedenfalls haben nichts als Schulden.«

»Was Sie nicht sagen!«

»Ein Kunsthandwerker hat doch kein festes Einkommen. Es dauert Monate, ehe ein Auftrag erledigt ist, und dazu müssen Materialien und Kohle eingekauft werden, außerdem müssen wir ja auch leben. Also müssen wir uns zunächst einmal Geld borgen. Was glauben Sie, was vom Verkaufserlös noch übrigbleibt, wenn wir unsere Schulden zurückgezahlt haben? Nicht viel anders ist es mit Bestellungen. Da gibt es zwar die Anzahlung, aber wenn dann die Ware geliefert ist, sind wir kein bißchen reicher. Zumal man diese Arbeit ja auch nicht an allen dreihundertfünfundsechzig Tagen des Jahres machen kann.«

»Ja, ja, so hat jeder seine Schwierigkeiten!«

»Heutzutage läßt sich mit der Guyuexuan-Ware eigentlich überhaupt nichts mehr verdienen. Papa und ich leben normalerweise von der Innenmalerei. Nur von Zeit zu Zeit brennen wir ein paar Stücke, einmal, damit wir nicht aus der

Übung kommen (es wäre ja nicht zu verantworten, wenn am Ende dieses kostbare Erbe unserer Vorfahren verlorenginge!), zum anderen aber auch, weil es Papa und mir einfach Spaß macht. Das ist so wie die Peking-Oper für Sie und meinen Älteren Bruder – wenn Sie eine Zeitlang nicht gesungen haben, fehlt Ihnen etwas, und Sie bezahlen womöglich sogar noch Geld, um nur wieder einmal auftreten zu können. So mühselig die Arbeit auch ist, soviel Nerven sie auch kostet – die Freude, ein makelloses Stück in seiner ganzen Pracht aus dem Ofen zu nehmen, ist nicht mit Geld zu bezahlen.«

Während ihm das Mädchen so überzeugend und dazu in so wohlgesetzten Worten die Besonderheiten ihres Handwerks, von dem sie offensichtlich eine Menge verstand, auseinandersetzte, hatte sich in Shou Ming die Überzeugung noch mehr gefestigt, daß er Wu Shibao unbedingt mit ihr zusammenbringen müsse. Daher bat er Nie Xiaoxuan beim Abschied, als dieser ihn zum Tor begleitete, er möge doch noch ein paar Schritte mitkommen, und unterbreitete ihm bei dieser Gelegenheit seinen Plan. Nie sagte: »Ursprünglich war es ja so, daß ich ihn meine Kunst nur deshalb gelehrt habe, weil ich gar keine andere Möglichkeit hatte. Obwohl ich schon damals gemerkt habe, daß er nicht unbegabt ist. Sicher, er ist ein Herrensöhnchen, aber er ist lernwillig und anständig, ist keiner von diesen Taugenichtsen, die ihre Zeit mit Saufen und Fressen, Hurerei und Glücksspiel totschlagen. Es ist bloß – mit Familien von Würdenträgern waren wir in unserer Sippe noch nie verschwägert. Noch dazu ist er ja Bannermann.«

Shou Ming redete ihm zu: »Als er im Gefängnis saß, haben sie ihn aus dem Bannerregister gestrichen. Also ist er eigentlich gar kein Bannermann mehr. Und wennschon! Ich bin schließlich auch ein Bannermann, und sind wir etwa nicht gut Freund miteinander?«

»Sie dürfen mich nicht mißverstehen. Hier in unserer Gegend wohnen Mandschuren und Han-Chinesen bunt durcheinander und kommen glänzend miteinander aus. Da gibt es keinerlei Fremdheit oder dergleichen. Bloß, wer sagt mir, daß Herr Wu auf Dauer mit dem Leben eines einfachen Handwerkers zufrieden ist? Daß er nicht wieder an eine Beamtenlaufbahn denkt, wenn seine augenblickliche Pechsträhne vorbei ist?«

»Reden Sie sich da nicht selbst etwas ein? Sie wissen doch auch, daß die Bannerleute von heute nicht mit denen vor zweihundert Jahren zu vergleichen sind. Sagen Sie mir, wie viele von Ihren Nachbarn sind denn heutzutage wirklich noch Militärs? Und wenn, was haben die schon für Privilegien? Zweimal im Jahr ein bißchen Reis vom Vorjahr, dazu ganze vier Tael Silber im Monat, und auch die nur mit Verspätung und mit allen möglichen Abzügen! Nein, Sie dürfen nichts darauf geben, daß Wu Shibao immerzu mit seinem ›Dasara Hafan‹ angibt, er prahlt eben gern ein bißchen, das ist bei uns Bannerleuten eine weit verbreitete Schwäche. Übrigens war der Dasara Hafan sowieso sein Großvater – er selbst hat nie auch nur den unbedeutendsten Posten gehabt, abgesehen von jener Regimentsschreiberstelle, die ihm Prinz Duan zugewiesen hatte und für die er ja dann länger als ein Jahr im Gefängnis saß, obwohl er sie gar nicht angetreten hatte.«

Nie Xiaoxuan, der von vornherein nicht ganz abgeneigt gewesen war, warf nun endgültig seine Bedenken über Bord. Seine Zustimmung in die Form eines Kompliments für Shou Ming kleidend, sagte er: »Bei einem so beredten Fürsprecher kann man ja einfach nicht nein sagen! Aber erst muß ich mit meiner Tochter reden.«

Noch am selben Tag, als Wu Shibao einen Abendspaziergang machte, rief Nie seine Tochter zu sich und sagte zu ihr: »Weißt du, was mir im Gefängnis am meisten Sorgen gemacht hat, was ich am meisten bereut habe? Daß ich noch keinen Ehemann für dich und keinen Nachfolger für mich gefunden hatte. Nun hat der Himmel Herrn Wu gesandt, der noch dazu seine Frau verloren hat. Was meinst du, wollen wir die Wahl des Lehrlings und die Wahl des Tochtermanns miteinander verbinden, so wie es uns unsere Vorfahren gelehrt haben? Möchtest du ihn zum Mann? Du brauchst dich nicht zu genieren, wir sind ja unter uns ...«

»Das find ich ja gut! Da muß der Papa erst ins Gefängnis kommen, damit ihm was Vernünftiges einfällt! Aber nun ist es zu spät, das hättest du mich früher fragen müssen – ehe Herr Wu zu uns gezogen ist. Nun wohnt er hier, wir essen miteinander, wir arbeiten zusammen – wenn ich nun sage, ich will nicht? Kannst du da überhaupt noch einen Rückzieher machen? Und was das für ein Gerede geben würde! Hach!«

Meister Nie war um eine Antwort verlegen. Dann bemerkte er jedoch, seine Tochter hatte zwar die Stirn finster gerunzelt, ihre Mundwinkel aber zuckten. Da sagte er: »Wenn du durchaus nicht willst, reiß ich dir natürlich nicht den Kopf ab. Ich habe ja sowieso überall erzählt, er ist bloß mein Lehrling. Nun werde ich einfach sagen, es ist zu unbequem, wenn er hier wohnt, und er soll wieder in seinen Gasthof ziehen.«

»Also wenn es nach mir gegangen wäre, hätte ich nie mit ihm zusammengearbeitet. Bloß jetzt, wo er dein Lehrling ist, muß ich ja seine Sachen brennen, sonst würde er dir schließlich nichts nützen. Schaffst erst vollendete Tatsachen, und dann kommst du an und fragst mich!«

»Du hast ja recht«, sagte Meister Nie, »aber sag mal, wer hat eigentlich zuerst den Vorschlag gemacht, daß er zu uns zieht, hm?«

Während dieses vergnügte Wortgeplänkel zwischen Vater und Tochter noch im Gange war, hörten sie die Tür gehen – Wu Shibao kam zurück. Sofort verstummten die beiden. Liuniang ging in die Küche, um Wasser zum Waschen heiß zu machen, Wu Shibao ins Nordzimmer zu Meister Nie, der sich mit ihm unterhalten wollte, an Wus Einsilbigkeit und an den Tränenspuren in seinem Gesicht aber sehr bald merkte, daß etwas nicht stimmte, so daß er schließlich fragte: »Wo sind Sie denn eigentlich gewesen?«

»Hab meinen Onkel besucht«, murmelte Wu.

»Haben Sie ihm erzählt, daß Sie jetzt Lehrling bei mir sind?«

»Nein. Daß ich Schnupftabakfläschchen bemalen will, um davon zu leben, das habe ich ihm in aller Form mitgeteilt.«

»Und? Ist er dagegen?«

»Er hat gesagt, sie haben meinen Namen im Bannerregister gestrichen, die Familie Wuerya hat nichts mehr mit mir zu schaffen, meine Angelegenheiten gehen ihn nichts mehr an, ich darf mich von jetzt an nicht mehr Bannermann nennen, und einen anderen Namen muß ich mir auch suchen«, sagte Wu Shibao mit gramerfüllter Stimme und ließ den Kopf hängen.

In diesem Moment wurde der Türvorhang energisch gerafft, und es erschien Liuniang. Die Hände in die Hüften gestemmt, drohte sie Wu Shibao halb im Scherz, halb im Ernst mit dem Finger. »Also was zuviel ist, ist zuviel! Wollen Sie unbedingt Ihr Gesicht verlieren? Ihr Haus brennt ab, Ihre Frau geht zugrunde, aber der saubere Herr Onkel macht keinen Finger krumm! Und Sie kriegen es fertig, zu ihm hinzugehen und sich ins Gesicht spucken zu lassen! Und uns hinterher noch was vorzujammern! Feine Leute, diese Wus, also wirklich!«

»Komm, komm«, sagte Meister Nie, »beruhige dich! Es sind immerhin seine Verwandten. Es ist doch ganz normal, daß er sich zu den Bannerleuten hingezogen fühlt. Shibao, ich frage Sie, halten Sie es immer noch für unter Ihrer Würde, als Handwerker Ihr Brot zu verdienen und sich hier eine Existenz aufzubauen?«

»Der Himmel möge mich strafen, sollte ich jemals wieder schwankend werden!«

»Gut, dann betrachten Sie dieses Haus als Ihr Zuhause.«

Wu kniete nieder und sagte: »Meister und Lehrling sind wie Vater und Sohn. Lassen Sie mich Ihr Sohn sein!«

Liuniang mischte sich lachend ein: »Nicht so eilig! Ich habe immerhin auch was zu sagen in diesem Haus! Wollen Sie mich nicht auch fragen, ob ich einverstanden bin?«

»Sie werden mich doch nicht abweisen, Schwester?«

»Das muß ich mir noch überlegen. Erst mal sehen, wie Sie sich machen.«

XVI

Xu Huanzhang hatte zwar häufig mit den Japanern zu tun, aber der einzige, den er wirklich seinen Freund nennen konnte, war ein Oberfeldwebel der Landstreitkräfte. Als er diesen Feldwebel einmal in die »acht berüchtigten Gassen« zu einem Gelage mit Freudenmädchen eingeladen hatte, nutzte er dessen weinselige Stimmung, um ihn auszuhorchen, was für Bilder den Japanern am besten gefielen. Ob Xus Japanisch noch nicht ausreichte oder der Feldwebel sich einen Spaß machen wollte – jedenfalls holte er einen Stoß Fotografien aus der Tasche und erklärte: »Solche Bilder gefallen uns am besten!« Bei den Fotos – ein Dutzend vielleicht – handelte es sich zum einen um Aufnahmen des Feldwebels in Gesellschaft japanischer Geishas, zum anderen um Schnappschüsse, die ihn nach der Einnahme Pekings durch die vereinigte Armee der acht Mächte hoch zu Roß mit umgegürtetem Schwert vor dem Eingangstor zum Kaiserpalast, dem Himmelstempel und dem Zhengyang-Tor zeigten. Erstere waren als Dekor für feine Guyuexuan-Ware denn doch zu vulgär, aber letztere schienen genau das Richtige zu sein. Man wollte sich ja dafür bedanken, daß die Ausländer das Große Qing-Reich besiegt hatten, und für diesen Zweck gab es wohl kaum ein geeigneteres Motiv als Bilder von ausländischen Soldaten, die es sich in Peking wohl sein ließen …

Xu erbat sich also von jenem Feldwebel zwei von den Fotos – als Souvenir, wie er sagte – und brachte sie zu einem opiumsüchtigen Maler, der ihm für vier Silbertael und zehn

Gramm Opium einen achtteiligen Wandschirm malen mußte, auf dem vor dem Hintergrund des Vorderen Tors, des Eingangstors zum Kaiserpalast, des Himmelstempels, des kaiserlichen Ahnentempels und anderer Pekinger Sehenswürdigkeiten berittene japanische Offiziere in der Uniform und Bewaffnung, wie sie auf den Fotos zu sehen war, mit minuziöser Detailtreue dargestellt waren. Dieses Werk überreichte er Prinz Su mit den Worten, da die Thematik von den Japanern selbst vorgegeben und es unter allen zu erwartenden Gaben gewiß einmalig sei, würde er mit diesem Geschenk sämtliche Amtskollegen in den Schatten stellen. Prinz Su war sehr zufrieden und fragte, was er für Ausgaben gehabt habe. Xu wollte von keiner Bezahlung wissen – »Ein kleines Zeichen meiner Verehrung für Eure Exzellenz!« –, woraufhin der Prinz ihn in seinen Marstall führen ließ, wo er sich ein gutes Pferd, komplett mit Sattel und Satteldecke, aussuchen durfte.

Prinz Su übersandte die Skizzen, die jener Opiumsüchtige als Vorlagen für den Wandschirm angefertigt hatte, dem Neunten Herrn, der sie seinerseits sehr originell und dem Geschmack der Japaner entgegenkommend fand.

Xu Huanzhang bemühte sich seit einiger Zeit, auch in der Residenz des Neunten Herrn Fuß zu fassen, aber er war zu geizig gewesen, die Torwächter und den Haushofmeister mit kleinen Geschenken für sich einzunehmen, wo bei letzterer ohnehin nichts als Verachtung für diesen scheinheiligen Schurken hatte. Nun traf es sich, daß der Haushofmeister gerade zum Rapport beim Neunten Herrn war, als dieser sich so positiv über die Bildentwürfe äußerte. Er sagte: »Gnädiger Herr, diese Bilder mögen anderen vielleicht gefallen, aber Sie dürften sie eigentlich nicht schön finden!«

»Wieso?« fragte der Neunte Herr.

»Bisher hatten Sie mit Ihren achtzehn Schnupftabakfläschchen das beste Geschenk, aber nachdem Xu Huanzhang diese Bilder hier aufgetrieben hat, wird Prinz Su Sie ausstechen. Der Kerl hat Sie schlicht und einfach hereingelegt.«

Dem Neunten Herrn leuchtete das ein. Er ärgerte sich und behandelte Xu von Stund an sehr kühl.

Inzwischen war der Tag des Mittelherbstfestes gekommen. Unter Meister Nies Anleitung hatte Wu Shibao je ein Schnupftabaktellerchen und -fläschchen gefertigt. Form, Farbe und Dekor waren exquisit, so daß Nie sie zur Begutachtung in die Residenz des Neunten Herrn brachte. Der Haushofmeister, der ihn ja kannte, brachte ihn zum inneren Tor, wo der Neunte Herr gerade den Tee eingenommen hatte und nun den Gärtnern zusah, die rechts und links des gepflasterten Weges große Kübel mit duftenden Osmanthusbäumchen aufstellten. Gleichzeitig fütterte er seinen neu erworbenen Hund, einen Hund aus Deutschland, der von irgendwelchen Rothaarigen über Macao nach Peking gebracht worden war. Groß und drahtig, völlig schwarz bis auf weiße Streifen an der Unterseite des Bauches und der Innenseite der Beine, die Beine selbst wie Eisenstangen, tappte er geräuschvoll über das Ziegelpflaster. Der Neunte Herr hatte ihn gerade erst für zwei Rennpferde und ein Paar Kampfgrillen von seinem früheren Herrn, dem Prinzen Zai Zhen, eingetauscht. Ein Page mit einem zinnoberroten Lackteller voller Rinderbauchfleisch, das er mit einem Mongolendolch kleinschnitt, stand neben dem Neunten Herrn, der das Fleisch Stückchen für Stückchen in die Luft warf, damit der Hund es im Sprung auffing. Fiel gelegentlich doch ein Fleischbrocken auf die Erde, ließ das Tier ihn liegen und wandte sich bellend zu seinem Herrchen um.

Der Haushofmeister hieß Nie Xiaoxuan vor dem inneren Tor warten, während er selbst sich mit dem Fläschchen und dem Tellerchen seinem Herrn näherte. Meister Nie, der ja wußte, was hier üblich war, hatte heimlich zwei Silbertael in das Tuch gesteckt, in das er das Fläschchen eingeschlagen hatte, und der Haushofmeister hatte, scheinbar ohne das Silber beim Auswickeln zu bemerken, Tuch und Geld in die

Tasche gesteckt, ehe er durch das Tor zum Neunten Herrn ging.

Der meinte nur gutgelaunt: »Habe ich nicht gesagt, er soll sich die Entwürfe holen und ans Werk gehen?«

»Aber ohne Anzahlung kann er doch kein Material einkaufen!« gab der Haushofmeister zu bedenken.

»Gut, dann zahl ihm zweihundert Tael! Aber verschone mich in Zukunft mit solchen Lappalien!«

»Dies hier läßt er Ihnen als Zeichen seiner Ehrerbietung überreichen.«

Nun erst schaute sich der Neunte Herr die beiden Muster genauer an. Offensichtlich gefielen sie ihm, denn er rief dem vor dem Tor wartenden Nie Xiaoxuan zu: »Ich lege noch hundert drauf. Dreihundert bekommst du als Anzahlung! Zurück haben will ich aber kein Geld, sondern Porzellan! Oder wenn das Porzellan mißlingt, deine Hände! Verstanden?« Bei diesen Worten brach er in dröhnendes Gelächter aus.

Mit einer tiefen Verbeugung antwortete Nie: »Ich danke Euer Gnaden für Eure Huld. Euer Haushofmeister hat mir eben gesagt, ich soll nach Bildvorlagen arbeiten. Aber ich wage nicht zu sagen, ob ich das schaffe, ehe ich sie gesehen habe.«

»Papperlapapp! Machen mußt du es trotzdem!«

»Seien Sie unbesorgt, Meister Nie«, mischte sich der Haushofmeister jetzt ein, »unser gnädiger Herr ist doch kein Unmensch!« Dabei gab er Nie mit den Augen ein Zeichen, er möge sich verabschieden. Als sie draußen waren, flüsterte er: »Das geht schon in Ordnung. Ich habe die Entwürfe gesehen – so was malen Sie mit links!«

Vom Rechnungsführer ließ sich der Haushofmeister dreihundert Tael auszahlen, die Meister Nie mit seinem Fingerabdruck quittieren mußte. Am Tor übergab er ihm mit den Worten »Zählen Sie nach, ob es auch stimmt!« das Silber. Nie Xiaoxuan zählte: Es waren zweihundertfünfundneunzig Tael. Er stutzte nur einen Moment, dann drückte er dem anderen einen kleinen Fünf-Tael-Barren in die Hand und sagte: »Der ist zu viel! Bringen Sie ihn bitte in das Kontor zurück!«

Der Neunte Herr widmete sich nun wieder der Hundefütterung. Plötzlich kam ihm der Gedanke, auch dem Hund einen Schabernack zu spielen. Er warf das Schnupftabakfläschchen, das Nie Xiaoxuan gerade gebracht hatte, in die Luft, denn er dachte, der Hund würde es vielleicht für Fleisch halten und hineinbeißen. Der sprang zwar nach dem Fläschchen, öffnete aber nicht das Maul, so daß es auf die Steinplatten fiel und in tausend Stücke zerbrach. Der Haushofmeister, der das Klirren gehört hatte und glaubte, der Page habe etwas fallen gelassen, kam herbeigeeilt, um nachzuschauen. Der Neunte Herr brüllte vor Lachen: »Sieh dir nur dieses Vieh an! So was Gescheites! Der merkt, wenn man ihm was anderes hinwirft als Fleisch! Macht einfach nicht das Maul auf!«

Der Haushofmeister meinte darauf: »Der sieht, daß das kein Fleisch ist. Das Fläschchen hatte ja eine ganz andere Farbe.«

Sofort setzte der Neunte Herr seine Versuche mit Dingen, die etwa die gleiche Farbe wie das Fleisch hatten, fort. Ein Schnupftabakfläschchen aus Achat, einen Quarzkristall-Schnapsbecher, ein Pfeifenmundstück aus Bernstein, einen Fächeranhänger aus Rauchglas – alle möglichen Nippes, die er entweder bei sich hatte oder aus dem Salon holen ließ, mischte er unter die Fleischbrocken und warf sie Stück für Stück in die Luft. Zum Schluß hatte der Page alle Hände voll zu tun, die vielen Scherben wieder aufzufegen.

Da es noch früh am Tage war, als Nie Xiaoxuan das Haus des Neunten Herrn verließ, kaufte er im Tianqiao-Viertel, das ohnehin an seinem Wege lag, Obst und Gebäck für Opfergaben und ein paar Mondkuchen – man feierte ja das Mittelherbstfest. Was für ein Unterschied zwischen dem Fest zu Ehren der armen Seelen der Verstorbenen einen Monat zuvor und diesem Fest zu Ehren der Lebenden! Jetzt war das

Der Hase erschien an den Ständen, wo Spielzeughasen verkauft wurden, in den verschiedensten Verkleidungen.

schönste Herbstwetter, der Himmel war strahlend blau, es gab Früchte in Hülle und Fülle – »Pferdezahn«-Datteln, Klaräpfel, rote Pfläumchen, purpurfarbene Trauben, gelbe Birnen, orange Persimonen, weiße Lotoswurzeln, zartgrüne Lotoskapseln mit frischen Kernen, die Augen gingen einem über von all der Farbenpracht. Vom Nordende der Fuchang-Straße an erstreckten sich durch das ganze Tianqiao-Viertel auf einer Länge von fünf Kilometern die Verkaufsstände, jeweils etwa anderthalb Meter lang. Selbst solche renommierten Bäckereien wie »Haus des großen Kundenzulaufs« und »Haus der Osmanthus- und Orchideenblüten«, die früher solchen Kleinhandel verachtet hatten, weil sie ausschließlich auf wohlhabende Kundschaft eingestellt waren, hatten sich in den letzten Jahren wegen des in diesen unruhigen Zeiten zurückgegangenen Umsatzes dazu herabgelassen, hier einen Stand aufzumachen. In der Mitte eines solchen Ladentisches hatte man einen etwa siebzig Zentimeter hohen, überdimensionalen Mondkuchen mit Darstellungen himmlischer Mondbewohner – die Mondfee Chang'e unter dem Osmanthusbaum und der Jadehase mit dem Apothekermörser – aufgestellt, rechts und links von dem Riesenkuchen Mondkuchen unterschiedlicher Größe in Form von Pagoden übereinandergestapelt und über dem Ganzen ein rotes Tuch mit dem Firmennamen in goldenen Schriftzeichen angebracht. Diese Pracht verfehlte nicht ihre Wirkung: Die Schaulustigen standen dicht gedrängt. Am Stand gegenüber, wo bunte Bilder vom Mond und seinen Bewohnern verkauft wurden, hatte man die Herausforderung angenommen und ein mehr als drei Meter langes, überaus prächtiges und minuziös gemaltes Mondbild zwischen zwei hohen Stangen gespannt. Hier stand aber zur Abwechslung nicht Chang'e im Mittelpunkt, sondern ein auf seinem Lotossitz thronender goldgesichtiger Buddha, neben dem eine Inschrift vermerkte: »Der Herr des Mondes, Buddha, der mit seinem milden Licht die Welt erleuchtet«, während unterhalb des Lotosthrons wieder der Jadehase mit seinem Mörser zu sehen war. Man konnte also darüber rätseln, ob dieser Buddha und die Himmelsfee jeweils für eine Seite des Mondes zuständig waren oder ob sie sich vielleicht abwechselten – einer hat Dienst an geraden Tagen, der andere an ungeraden ... Im übrigen schienen sich die beiden einig in ihrem Appetit auf das Elixier der Unsterblichkeit zu sein, ließen sie doch beide den armen Hasen unermüdlich den Stößel rühren. Der Hase kam in der Mondhierarchie hinter Chang'e und dem Herrn des Mondes, stand also nicht so hoch über den gewöhnlichen Sterblichen und wurde von diesen gewissermaßen als ihresgleichen angesehen. Demzufolge erschien er auch an den Ständen, wo Spielzeughasen verkauft wurden, in den verschiedensten Verkleidungen, so daß man ihn oft nur an den langen Ohren und der Hasenscharte erkannte. Da gab es Hasen in prächtigem langem Gewand oder Hasen in Jacke und Hose, Hasen als Wanderbarbiere mit der Tragstange über der Schulter oder Hasen mit einem Tamburin in der Pfote, Hasen im fahnengeschmückten Kampfornat des Peking-Opernsängers Yang Xiaolou oder Pappmachéhasen mit einem Fadenzugmechanismus, die mit den Augen rollen und die Lippen bewegen konnten (so daß sie prompt in »Faxenmacher« umgetauft wurden), kurz, Hasen in allen Varianten. In der Nähe des Himmelsaltars verkauften Leute vom Dorf Hahnenkammblumen, grüne Sojabohnen, in Form von Lotosblüten geschnittene Wassermelonen und Rübenkraut, arrangiert wie die Blätter des Buddha geweihten Bo-Baumes.

Nie Xiaoxuan feilschte gerade mit einem Händler wegen einer Hahnenkammblume, als jemand ihm auf die Schulter schlug. Als er sich umdrehte, stand Shou Ming vor ihm, der ebenfalls seine Festtagseinkäufe machte. »Ich bin ein wenig müde«, sagte er, »gehen wir doch in ein Teehaus, gönnen wir unseren armen Beinen eine Pause!« Die beiden wandten sich nach Westen und nahmen in einem Teehaus in unmittelbarer Nähe des Himmelsaltars Platz.

Hier im Tianqiao-Viertel waren die Teehäuser wieder

Im Tianqiao-Viertel waren die Teehäuser ganz anders als in der Innenstadt.

ganz anders als in der Innenstadt. Da die niedrigen Häuser sehr klein waren, so daß nur wenige Gäste darin Platz fanden, hatte man draußen große Markisen angebracht. Darunter saßen die meisten Gäste. An der Hauswand befand sich ein länglicher Herd, auf dem vier oder fünf Kessel mit langen Tüllen aufgereiht standen und der Feuer und Rauch spuckte, sobald der Blasebalg in Aktion trat. Die Tische waren aus Bruchziegeln gemauert, die Bänke durchweg aus rohen Brettern gezimmert und so breit und lang, daß sich Kamel- und Eseltreiber, Gemüse- und Weinhändler und so weiter, die das Gros der Gäste ausmachten, zum Essen und Trinken bequem darauf hocken konnten. An diesem Tag, da besonders viele Menschen unterwegs waren, um ihre Festtagseinkäufe zu machen, waren auch die Teehäuser überfüllt. Daher setzten sich die zwei Freunde in die niedrige und dunkle Gaststube, wo es immerhin ruhiger war als draußen. Nach dem ersten Schluck Tee verzogen beide das Gesicht; auch der Jasmintee, den man hier servierte – »Sternenhimmel« hieß die Marke zwar, doch handelte es sich schlicht um zusammengekehrten Teestaub –, war schlechter als der Tee in der Stadt.

Als sie ein paar Minuten geplaudert hatten, kam Nie Xiaoxuan zur Sache. Er habe mit Liuniang geredet, und sie sei keineswegs abgeneigt. Nunmehr sei es an Wu Shibao, sich zu erklären. Zwar esse man zusammen und wohne unter einem Dach, doch über eine Heirat könne man selbstverständlich nicht direkt verhandeln. Shou Ming entgegnete, auch er habe Wu Shibao befragt. Dieser habe ursprünglich gesagt, er werde sich nach Beratung mit seinem Onkel entscheiden, inzwischen aber erklärt, er werde niemand um Erlaubnis fragen und sei nur allzugern zur Eheschließung bereit, sofern die Horoskope beider Parteien zueinander paßten. Nie Xiaoxuan nickte und dachte bei sich: Ich habe mich doch gewundert, daß Wu Shibao so plötzlich seinen Onkel besuchen mußte. Das also war der Grund! Laut sagte er: »Na, dann bitten Sie doch Wu Shibao, er soll sein Geburtshoroskop aufschreiben, und ich tue das gleiche für Liuniang. Dann kann ich beide Horoskopkarten zu Qian dem Halbunsterblichen im Gasthaus ›Zur Freudigen Ankunft‹ bringen, damit der weise Mann prüft, ob da irgend etwas Unvereinbares vorliegt. Wenn nicht, machen wir die Sache bald perfekt. Ich fürchte nämlich, es gibt unnötig Gerede, wenn die beiden noch lange unter einem Dach wohnen, ohne verheiratet zu sein: Von bösen Zungen ist schon so mancher zugrunde gerichtet worden!«

Nun erkundigte sich Shou Ming, was in der brokatbezogenen Schatulle sei, die Nie bei sich trug. Der antwortete, es seien Bildvorlagen. Befragt, um was für Bilder es sich handele, sagte Nie, er habe noch nicht nachgesehen. Daraufhin schlug Shou Ming vor, die Schatulle doch einmal aufzumachen. Nie stimmte zu und nahm die Bilder heraus. Da es jedoch im Haus zu dunkel war, gingen die beiden vor die Tür, um sie zu betrachten. Es waren minuziös ausgeführte, knallig kolorierte Darstellungen von Barbaren, an denen weder von der Zeichnung oder den Farben noch vom Arrangement her etwas Außergewöhnliches war. Als Nie Xiaoxuan aber genauer hinsah, hatte er das unbestimmte Gefühl, daß da etwas nicht stimme. Diese Barbaren mit ihren Gewehren und Schwertern, und dann dieser Hintergrund . . . Mit einemmal ging es ihm auf: Das waren ja alles Pekinger Sehenswürdigkeiten! Kein Wunder, daß die Figuren nicht dazu paßten. Shou Ming, der das auch bemerkt hatte, schüttelte nur den Kopf, ohne etwas zu sagen. Inzwischen hatten sich mehrere Schaulustige versammelt, die den beiden über die Schulter sahen. Einer von ihnen sagte: »Haben wir nicht genug ausländische Soldaten hier in Peking? Dieser Pinselkleckser sehnt sich ja geradezu nach ihnen!«

Nie fragte: »Wie meinen Sie das?«

Ein hagerer, bleicher Mann mit Oberlippenbart, der neben ihm stand, lachte bitter auf und antwortete: »Anscheinend ist es keine Schmach, sondern eine Ehre, daß die unsere Ahnentempel geschändet haben, nach diesen Bildern zu

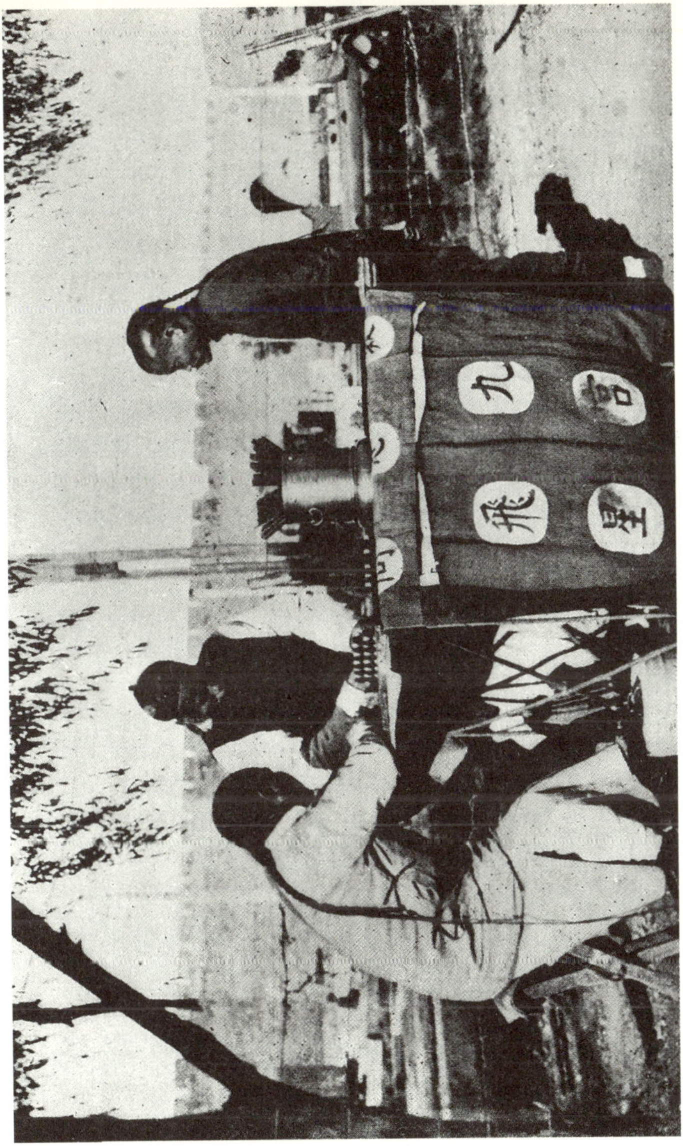

»Dann kann ich beide Horoskopkarten zu Qian dem Halbunsterblichen bringen, damit der weise Mann sie prüft.«

urteilen! Eine Schande, wenn man mich fragt! Und sich für so was auch noch von den Ausländern teuer bezahlen lassen – wenn das nicht der Gipfel der Schamlosigkeit ist!«

Die Worte des Mannes gingen Nie Xiaoxuan durch und durch. Tatsächlich, da war auf den Bildern vermerkt »Zum Andenken an das Jahr 1900«! Als er aufschaute, um jenem Mann zu antworten, sah er, daß die Menge sich fluchtartig auflöste. Shou Ming flüsterte: »Schnell weg!« und verschwand selbst auch in der Gaststube. Ehe Nie Xiaoxuan wußte, wie ihm geschah, stolzierte ein Mann in Polizeiuniform auf ihn zu und blieb vor ihm stehen. Zu jener Zeit waren diese ausländisch anmutenden Polizeiuniformen gerade erst in China aufgekommen, so daß sie den Leuten sehr auffielen. Nie Xiaoxuan lief ein kalter Schauer den Rücken hinunter. Der Polizist fragte: »Du verkaufst Bilder, was?«

Nie antwortete: »Nein, ich habe mir welche angesehen.«

»Der Mann, der eben mit dir geredet hat, gehört der zu dir? Wo ist er hin?«

»Ich kenne ihn nicht. Der hat mir nur über die Schulter geschaut. Weiß nicht mal, wie er heißt.«

Der Polizeioffizier nahm eins von den Bildern und warf einen Blick darauf. Plötzlich fragte er: »Du bist Nie Xiaoxuan?«

»Ja, und?«

In schneidendem Ton fuhr ihn der Polizist an: »Du Dreckstück! So also gehst du mit Bildern um, die der Prinz dir anvertraut! Zeigst sie auf der Straße rum! Mach bloß, daß du wegkommst, sonst brech ich dir alle Knochen!« Mit diesen Worten entfernte er sich eilig, um mit zwei seiner Leute, die in einigem Abstand gewartet hatten, die Verfolgung jenes schnurrbärtigen Aufwieglers aufzunehmen, während Nie Xiaoxuan dastand und nicht begriff, warum der Polizist ihn so wütend beschimpft hatte.

Shou Ming, der sah, daß der Polizeioffizier fort war, rief von drinnen: »Schnell, kommen Sie rein! Oder wollen Sie sich selbst ins Verderben stürzen?«

Als Nie im Haus war, fragte er, immer noch wie benommen: »Wer war denn das bloß? Woher weiß der sogar, wo die Bilder herkommen? Und warum war der so in Rage?«

Shou Ming klärte ihn auf: »Das war Xu Huanzhang!«

Es kam Nie Xiaoxuan vor, als hätte der Himmel sich plötzlich verdüstert, obwohl es doch hellichter Tag war und draußen auf der Straße reges Leben und Treiben herrschte. Als Shou Ming bemerkte, wie bleich und verstört der Freund aussah, fragte er besorgt: »Was ist mit Ihnen?«

»Nichts, nichts! Das ist bei mir immer so. Sobald ich mich aufrege, wird mir schwarz vor Augen. Geht gleich vorbei.«

Shou führte ihn zu einem Stuhl, holte eine frische Kanne Tee und hieß ihn ein paar Schalen trinken, solange er heiß sei. Langsam nahm Nies Gesicht wieder seine normale Farbe an. »Ich bringe Sie nach Hause«, erbot sich Shou, aber der andere wehrte ab: »Nein, nein, das ist nicht nötig!«

»Dann miete ich wenigstens einen Karren für Sie!«

»Bitte bemühen Sie sich nicht! Außerdem wird man in den Dingern so durchgerüttelt, daß man sich womöglich noch einen Hexenschuß holt. Nein, ich mache mich ganz gemütlich zu Fuß auf den Weg. Ist ja noch früh am Tage.«

Nachdem sich die beiden voneinander verabschiedet hatten, ging Nie am Fuße des Himmelsaltars entlang in Richtung Osten. Das Herz war ihm schwer, und er wußte sich keinen Rat. Er beschloß, noch einen Bogen zu machen, um auf andere Gedanken zu kommen. Vielleicht würde er danach klarer sehen, was zu tun war. Zufällig befand er sich in der Nähe des Goldfischteiches, und Goldfische hatte er schon immer gemocht, also riß er sich zusammen und trat näher.

Der Goldfischteich war während der Jin-Dynastie im 12. und 13. Jahrhundert Teil der kaiserlichen Gärten gewesen, hieß es. Damals erhob sich an seinem Ufer ein prächtiger Palast mit bemalten Balustraden und geschwungenem Dach. Heute aber war alles verödet und verfallen. Der Teich war durch lauter aufgeschüttete Dämme in Parzellen eingeteilt und an die Bewohner der Umgebung verkauft worden, die darin Goldfische züchteten. So wie die Blumen aus dem Dorf Caoqiao waren auch die Fische aus diesem Teich größtenteils für die Adligen und die Reichen bestimmt – für sie war ja das Beste gerade gut genug! Nur was davon eventuell übrigblieb, wurde anderweitig verkauft. Die sprichwörtliche Vorliebe der Pekinger für Blumen und Zierfische kam natürlich den Gärtnern von Caoqiao ebenso wie den Fischzüchtern vom Goldfischteich sehr zugute. Letztere hatten am Ufer des Teiches große Bottiche und Kübel mit Goldfischen aller nur denkbaren Arten aufgestellt, ein Name phantasievoller als der andere. Da gab es »Doppelreifen-«, »Vier-Schwanz-«, »Löwenkopf-«, »Pfauenfeder-«, »Dreierlei-Weiß-«, »Siebenstern-«, »Kranichperlen-« und »Silbersattel«-Goldfische und wie sie sonst noch heißen mochten. Die beiden wertvollsten Sorten waren die silbernen beziehungsweise goldenen »Seeschildkröten-Goldfische«, schneeweiß mit schwarzen Flecken und blutrot mit gelben Mustern. Daneben gab es auch Aquariumpflanzen, lebendes Fischfutter, Goldfischgläser und Aquarien – zusätzliche Farbtupfer in dem ohnehin bunten Bild.

Sonst war Nie Xiaoxuan stets so fasziniert von diesem Schauspiel gewesen, daß er sich kaum losreißen konnte, heute aber ließ ihn alles kalt. Nach einem lustlosen Blick auf zwei, drei Stände wandte er sich wieder zum Gehen. Je mehr er sich seiner Wohnung näherte, desto schleppender wurde sein Schritt, desto schwerer sein Herz.

Liuniang bereitete das Essen. Schon vorher hatte sie ein Tischchen im Hof aufgestellt und aus Silberpapier gefertigte »Silberbarren« und Girlanden an die Zweige der Dattelbäume gehängt. Südlich der Bäume hatte sie Wu Shibao zwei Bambusstangen aufpflanzen lassen, an denen Mondbilder befestigt werden sollten. Als Nie den Hof betrat, setzte er eine fröhliche Miene auf und packte seine Einkäufe aus, die Liuniang auf Tellerchen arrangierte, während er sich wusch. Dann sagte er: »Ich bin ganz erledigt, muß mich erst mal einen Moment ausruhen. Ruf mich zum Essen, wenn du mit dem Mondopfer fertig bist, ja?«

Ehe das Mädchen alles hergerichtet hatte, war es dunkel geworden. Als der Vollmond über der Ostmauer sichtbar wurde, mußte Wu Shibao die Mondbilder aufhängen. Dann sagte sie zu ihm: »Das Mondopfer ist Frauensache! Marsch, ins Zimmer mit dir! Und wehe, wenn du guckst! Da kriegst du schlimme Augen!« Danach stellte sie die Hahnenkammblume und die Teller mit Sojabohnen, Mondkuchen und Obst auf das Tischchen, holte sich noch ein Räuchergefäß aus blauweißem Porzellan von drinnen, nahm drei Räucherstäbchen zur Hand und kniete feierlich nieder. Dann zündete sie die Stäbchen an und befestigte sie im Räuchergefäß, eins nach dem anderen, wobei sie jeweils einen Wunsch flüsterte. Das hatte sie im Theater so gesehen. Ob im »Westzimmer« oder im »Mondopferpavillon«, die Opernheldinnen verbanden das Räuchern beim Mondopfer stets mit solchen Stoßgebeten. Zwar kam es den Mädchen nicht auf Originalität an, aber der Inhalt ihrer Gebete war doch jeweils ihre ureigenste Erfindung. Während in der Oper die jungen Damen beim ersten Räucherstäbchen meist um eine gerechte Regierung und ein zufriedenes Volk, um inneren und äußeren Frieden flehten, war Liuniang bescheidener in ihren Wünschen. Sie betete für die baldige Reinkarnation ihrer verstorbenen Mutter, für die erfolgreiche Erledigung des Auftrages des Neunten Herrn und einen guten Preis dafür und schließlich für Harmonie und Eintracht in der Familie (die schloß Wu Shibao ein). Als sie mit ihrem Opfer fertig war, rief sie Wu heraus, damit er ihr beim Abnehmen der Mondbilder helfe, die dann mit den Girlanden und den »Silberbarren« zusammen verbrannt wurden. Danach trugen die beiden die Opfergaben in das Nordzimmer, deckten den Tisch und riefen zuletzt Meister Nie zum Festschmaus.

Nie Xiaoxuan hatte sich nach seiner Rast etwas beruhigt, plauderte und lachte sogar während des Essens, wenn auch etwas gezwungen. Liuniang erkundigte sich, was für Bildvorlagen der Neunte Herr ihm gegeben habe. »Sie sind noch nicht fertig«, log Nie, »wir brennen erst mal ein paar Stücke nach eigenen Entwürfen. Wenn sie ihm gefallen, besteht er vielleicht gar nicht auf eigene Vorlagen.«

Wu Shibao meinte: »Dann sollten Sie mir bald Ihre Entwürfe geben.«

»›Der Meister zeigt euch nur den Weg der Tugend; ausschreiten muß allein ihn stets die Jugend!‹« zitierte Nie. »Soll ich euch denn immer stützen und gängeln? Nein, nein, jetzt bist du an der Reihe. Ich kümmere mich nicht eher darum, bis ihr die fertigen Stücke aus dem Ofen geholt habt!«

Aber Wu widersprach: »Ich fürchte, das geht nicht.«

»So wirst du es nie zu etwas bringen!« schalt Liuniang. »Wenn Papa sagt, du sollst selbständig malen, dann denkt er sich doch was dabei! Und passiert wirklich was, wird er dich schon nicht im Stich lassen. Also los, mach, was er sagt!«

Nach dieser Zurechtweisung mußte sich Wu Shibao geschlagen geben.

Gleich am nächsten Tag begann er mit Konzeption und ersten Skizzen. Da er ja von der »Ideenmalerei« herkam, entwarf er in diesem Stil eine Folge von vier Bildern, auf denen die »Vier Edlen« – Winteraprikose, Orchidee, Bambus, Chrysantheme – dargestellt waren. Die fertigen Entwürfe wollte er Meister Nie vorlegen, aber der wies ihn mit einer ungeduldigen Handbewegung ab: »Ich habe doch gesagt, ich sehe mir die Stücke an, wenn sie aus dem Ofen kommen! Also laß mich damit in Frieden!« Von da an konzentrierte sich Wu völlig auf seine Malerei und kümmerte sich nicht darum, was um ihn herum sonst noch passierte.

Aufmerksame Beobachterin, die sie war, hatte Liuniang am Abend des Mittelherbstfestes sehr wohl bemerkt, daß ihr Vater mitten in der fröhlichsten Unterhaltung mitunter wie geistesabwesend wirkte. Auch danach hatte er oft dagesessen und vor sich hin gestiert oder aber die Tür hinter sich verriegelt und sich allein in seinem Zimmer zu schaffen gemacht. Er, der früher stets zeitig zu Bett gegangen und im Morgengrauen wieder aufgestanden war, ließ jetzt oft die ganze Nacht das Licht brennen. Einmal hatte sie das Fensterpapier angeleckt, damit sie hindurchschauen konnte, und gesehen, daß er mit Rechnungen beschäftigt war. Geschäftsbuch, Bargeld, Schmucksachen – alles war vor ihm auf dem Tisch ausgebreitet, während er mit seinem Abakus hantierte und Zahlen in sein Buch eintrug. Ein andermal hatte sie beobachtet, wie der Alte über einer Brokatschatulle mit Bildern brütete. Sie entsann sich undeutlich, daß er diese Schatulle am Abend des Mittelherbstfestes mitgebracht, sie aber danach versteckt gehalten hatte.

Bei der ersten Gelegenheit berichtete sie Wu Shibao heimlich, was sie gesehen hatte. Der aber sagte: »Pfui! Du solltest dich schämen, deinem eigenen Vater nachzuspionieren! Richtig erbärmlich finde ich das! Kümmere dich doch um deine eigenen Angelegenheiten, wie es sich gehört, statt solchen absurden Hirngespinsten nachzuhängen!«

Liuniang jedoch konterte mit einem zornigen Blick auf Wu Shibao: »Womit habe ich das bloß verdient, an so einen Holzkopf zu geraten?«

Sie wollte die Bilder gern heimlich anschauen, doch der Alte gab ihr keine Gelegenheit dazu. Wenn er ausging, verschloß er jedesmal die Tür hinter sich. Aber sie lag stets auf der Lauer: Selbst der Tiger muß einmal einnicken! Und wirklich, als der Vater eines Tages die Tür nicht richtig abgeschlossen hatte, gelang es ihr, sie zu öffnen. Sie fand auch jene Brokatschatulle, zog die Bilder heraus, sah zwei davon an und brachte sie dann zu Wu Shibao.

»Sieh mal, was ich hier habe.«

Wu Shibao warf einen Blick darauf. »Bilder!«

»Das habe ich auch schon gemerkt. Aber was für Bilder!«

Am Bildrand stand jeweils eine Erklärung, was alles beim Kopieren der Vorlage zu beachten sei. »Das sind Bildvorlagen, die wir genau so abnehmen sollen; wieso sagt denn der

Meister, der Neunte Herr habe ihm keine gegeben?« wunderte sich Wu Shibao. Als er die Bilder jedoch näher betrachtete, runzelte er die Stirn.

»Nun mach nicht so ein dummes Gesicht, sondern sag mir, was du siehst!« drängte ihn das Mädchen.

»Auf diesen Bildern ist die Besetzung von Peking durch die vereinigte Armee der acht Mächte dargestellt.«

»Na endlich!« Liuniang schlug mit der Hand auf den Tisch. »Ich habe doch gewußt, daß mit Papa etwas nicht stimmt! Und du nervst mich auch noch, ich soll ihm nicht nachspionieren! Einen solchen Auftrag, pfui! Den kann man doch nicht annehmen! So was kann doch kein Chinese malen!«

Wu Shibao sagte: »Nun mal langsam! Der Meister wird sich schon etwas dabei gedacht haben. Vielleicht hat er vereinbart, daß andere Bildvorlagen verwendet werden. Hat er uns nicht gesagt, wir sollen nach eigenen Entwürfen ein paar Stücke brennen? Wenn die in Ordnung sind, könnte man vielleicht auf diese Vorlagen hier verzichten.«

Nur halb überzeugt, brachte Liuniang die Bilder dorthin zurück, wo sie sie gefunden hatte, und verschloß die Tür. Als nach einer Weile Nie Xiaoxuan zurückkam, rüttelte er zwar am Schloß, schien aber nichts Außergewöhnliches zu bemerken. Jedenfalls sagte er nichts.

Zehn Tage später waren Wu Shibaos »Vier Edle« fertig. Beifällig nickend sah Meister Nie sie sich an, wobei er sie mit den Fingern förmlich abtastete. Schließlich sagte er: »Sehr gut! Ich bin beruhigt.«

Am Abend jenes Tages erklärte er nach dem Abendessen, er sei müde und wolle gleich schlafen gehen, obwohl es noch früh am Tage war. Er zog sich in sein Zimmer zurück, lehnte jedoch die Tür nur hinter sich an und machte kein Licht. Wu Shibao, ganz erfüllt von der Freude über die ersten selbständig verfertigten gelungenen Stücke, saß ebenfalls im Dunkeln, und auch Liuniang, die sich Sorgen wegen ihres Vaters machte, hatte ihre Lampe nicht angezündet und einen Beobachtungsposten am Fenster bezogen, von wo aus sie das Nordzimmer im Blick hatte.

Die zweite Nachtwache hatte gerade begonnen, da wurde es hinter den Fenstern des Nordzimmers hell. Liuniang schlich auf leisen Sohlen hinüber und spähte durch ein Loch im Fensterpapier in den Raum. Dort stand ihr Vater mit einer nagelneuen, scharfgeschliffenen Axt in der Hand. Im nächsten Moment hatte sie mit einem Schreckensruf die Tür aufgestoßen und stürzte hinein. Der Alte, seinerseits erschrocken über ihr plötzliches Erscheinen, versuchte eilig, die Axt zu verbergen. Aber das Mädchen war schneller. Den Axtstiel mit beiden Händen umklammernd, schrie sie: »Das darfst du nicht tun, Papa!« Dann rief sie Wu Shibao zu Hilfe, den aber schon ihr erster Aufschrei alarmiert hatte und der ebenfalls vor die Tür geeilt war, als er hörte, wie Liuniang die Tür vom Nordzimmer mit dem Fuß aufgestoßen hatte und hineingestürzt war.

Bei dem Anblick, der sich ihm bot, wurden ihm die Beine weich. Mit zitternder Stimme fragte er: »W-was s-soll denn d-das b-bedeuten?«

»Ich weiß auch nicht, gegen wen Papa kämpfen will!« antwortete das Mädchen, aber Nie Xiaoxuan stampfte mit dem Fuß auf und ließ mit den Worten »Red keinen Unsinn! Als ob ich den Mut zu so was hätte!« die Axt los.

»Was hatten Sie denn dann vor?« fragte Wu Shibao.

»Ich hasse diese Hände!« Mit einem tiefen Seufzer setzte sich Meister Nie auf sein Bett.

Auch Liuniang, die Axt hinter dem Rücken verbergend, sank auf einen Stuhl. Nur Wu Shibao stand noch. Beide starrten Nie sprachlos an.

Der hatte sich wieder etwas gefaßt. »Die Bildvorlagen vom Neunten Herrn«, sagte er nun, »die habt ihr euch doch heimlich angesehen, nicht wahr?«

Die beiden nickten.

»Und? Was meint ihr«, fuhr Meister Nie fort, »können wir sie verwenden?«

Liuniang antwortete: »Ich weiß nicht, was für ein Bastard die gemalt hat. Dem müssen ja die Hunde das Herz aus dem Leib gefressen haben – ein Chinese, und gibt sich zu so was her! Das sollen wir auf unser Porzellan malen? Mama würde sich im Grabe umdrehen, wenn sie das wüßte!«

»Und was sagst du?« wandte sich Nie Xiaoxuan nun an Wu Shibao.

»Ach, ich – ich bin ein Waschlappen, ein Versager bin ich! Als die Ausländer anrückten, da war ich zu feige, ihnen mit der Waffe in der Hand entgegenzutreten. Aber mein Vaterland auf solche Art verraten, nein, das könnte ich nicht! So viel Schamgefühl habe ich denn doch!«

»Aber die Bestellung kommt vom Neunten Herrn«, gab Meister Nie zu bedenken. »Wird der sich damit abfinden, wenn wir uns weigern?«

»Unter diesen Umständen sollten wir vielleicht unseren Kram zusammenpacken und fliehen«, schlug Liuniang vor.

Doch ihr Vater entgegnete: »Ich habe mein Lebtag immer offen und ehrlich gehandelt, da werde ich mich jetzt nicht heimlich aus dem Staube machen. Außerdem haben wir ja die Anzahlung angenommen. Die Schande, wenn wir womöglich noch einen Prozeß wegen Unterschlagung an den Hals bekämen!«

»Und wenn du morgen das Geld zurückbringst?« beharrte Liuniang. »Wir haben es doch noch nicht angerührt.«

»Ich stehe beim Neunten Herrn im Wort«, sagte Meister Nie. »Die Anzahlung kann ich nicht zurückgeben. Der Neunte Herr kriegt entweder sein bestelltes Porzellan oder meine Hände!«

Jetzt war Liuniang klar, wofür die Axt bestimmt war.

»Ach, ich hasse diese Hände!« fuhr ihr Vater fort. »Mein Leben lang habe ich ihnen keine Ruhe gegönnt und bin doch auf keinen grünen Zweig gekommen. Im Gegenteil – Unglück haben sie mir gebracht! Wäre ich vielleicht letztes Jahr im Gefängnis gelandet, wenn ich die Flaschen nicht so gut bemalt hätte? Ihr sollt es ruhig wissen – an dem Tag, als der Neunte Herr mich freiließ, da hat er mir die Pistole auf die Brust gesetzt: Entweder ich verkaufe ihm meine Hand allein oder den ganzen Menschen mit Händen und allem! In jener Nacht war ich mehrmals drauf und dran, mir die Hand abzuhacken und sie ihm vor die Füße zu werfen. Aber dann habe ich es doch nicht über mich gebracht. Ich hatte einfach Angst, unser Guyuexuan stirbt aus. Wie würde ich dermaleinst vor unseren Ahnen dastehen, wenn ihre Kunst mit mir erlöschen würde! Jetzt aber, wo ich Wu Shibaos Arbeit gesehen habe, bin ich beruhigt. Andererseits, ehe wir uns zwingen lassen, so etwas zu malen, täten wir wohl wirklich besser daran, uns die Hände abzuhacken.«

Liuniang lief zu ihrem Vater, ergriff seine Hand und drückte sie ans Herz. »Du darfst mir nicht solch einen Schrecken einjagen, Papa! Beruhige dich doch, du bist ja ganz außer dir!«

»Sie sollten nicht gleich den Mut verlieren!« meinte Wu Shibao. »Man weiß doch, was man vom Neunten Herrn und seinen schlechten Scherzen zu halten hat! Wer wird denn die ernst nehmen? Gehen Sie einfach morgen mit der Anzahlung zu ihm, geben Sie ihm die ›Vier-Edlen‹-Fläschchen, die Liuniang und ich gemacht haben, und reden Sie ihm gut zu. Sagen Sie ihm, wenn er auf seiner Bestellung beharrt, dann machen wir ihm Flaschen in dieser Art, wenn nicht, dann kriegt er seine Anzahlung zurück. Es wird schon gut gehen – den Kopf abreißen wird er uns ja nicht gleich.«

Bis zur vierten Nachtwache redeten die beiden dem Meister zu, ehe er einwilligte, es zumindest einmal zu versuchen. Dann trug Liuniang zuerst die Axt in ihr Zimmer, wo sie sie in ihrer Truhe verschloß, holte Wasser, mit dem sich ihr Vater erfrischen sollte, und brachte den Alten schließlich zu Bett.

Sie selbst und Wu Shibao gingen nicht schlafen. Bis zum Morgengrauen überlegten sie hin und her, was sie tun könnten, wenn der Neunte Herr doch nicht zustimmen sollte, ohne aber zu einer befriedigenden Lösung zu kommen.

XVII

Nach kurzem unruhigem Schlaf stand Nie Xiaoxuan auf, machte rasch Morgentoilette, schlang ein paar Bissen hinunter, zählte das Silber ab, packte die Bildvorlagen und die »Vier-Edlen«-Fläschchen ein und eilte dann in die Residenz des Neunten Herrn.

Für diesen war in letzter Zeit alles nach Wunsch gegangen. Die Kaiserinwitwe hatte sich nun, da sie den von ihr eingesetzten Thronerben fallengelassen hatte, der ausländerfreundlichen Partei genähert, so daß auch der Neunte Herr wieder Gnade vor ihren Augen fand und, ehe er sich's versah, plötzlich auf allerhöchsten Befehl den Mützenknopf eines Mandarins erster Klasse überreicht bekam, was wiederum dazu führte, daß sich die Gratulanten tagelang die Türklinke in die Hand gaben. An den ersten beiden Tagen hatte sich der Neunte Herr noch über die Glückwünsche gefreut, aber am dritten Tag hatte er Befehl erlassen, niemand mehr vorzulassen, es sei denn, es handele sich um unaufschiebbare Angelegenheiten.

An jenem Morgen war auch Xu Huanzhang erschienen, hatte seine Karte abgegeben und, als sich ewig nichts tat, im Besucherzimmer Platz genommen, wo er allmählich vor lauter Langeweile immer gereizter wurde. Plötzlich sah er, wie der Haushofmeister jemand zum inneren Tor führte und dort warten ließ. Die beiden Männer flüsterten miteinander. Xu Huanzhang ging unauffällig zum Fenster, um zu lauschen, wobei er so tat, als bewundere er einen dort stehenden Chrysanthementopf. Seitdem er offiziell in den Polizeidienst übernommen worden war, hielt er es erst recht für seine Pflicht, die Geheimnisse anderer auszuspionieren.

Der Haushofmeister war gerade dabei, Nie Xiaoxuan Vorwürfe zu machen, obwohl er ihm an sich recht wohlgesinnt war, hatte Nie sich ihm gegenüber doch stets als freigebig und respektvoll erwiesen, und solchen Menschen war man schließlich gern gefällig – nicht umsonst heißt es ja: »Ist man selbst am Sitz der Macht, sind gute Werke leicht vollbracht!«

Eben sagte der Haushofmeister: »Der Neunte Herr ist seit ein paar Tagen nicht recht in Form. Ich glaube nicht, daß dies der richtige Moment für einen Besuch ist.«

»Aber die Zeit läuft mir davon!« erwiderte Nie. »Ich wage nicht, noch länger zu warten, sonst wird er erst recht böse.«

»Na schön, ich werde Sie anmelden, aber machen Sie's kurz!«

In diesem Augenblick war die Stimme des Neunten Herrn vom Innenhof her zu hören: »Was murmelst du da, Li Gui?«

»Der Guyuexuan-Meister Nie Xiaoxuan ist hier.«

»Der hat doch längst seine Anzahlung gekriegt! Was will der denn noch? Wirf ihn raus!«

»Sehr wohl!« Der Haushofmeister warf Meister Nie einen zornigen Blick zu und flüsterte: »Ich habe Ihnen gleich gesagt, Sie setzen sich in die Nesseln! Bloß schnell weg!«

Abermals ertönte von jenseits der inneren Mauer die Stimme des Neunten Herrn: »Ich bin müde, will heute niemand sehen! Halt mir alle Besucher vom Leibe!«

Nie Xiaoxuans Name hatte ihn nämlich daran erinnert, daß Xu Huanzhang, dieser widerliche Intrigant, über den er sich neulich so geärgert hatte, darauf wartete, vorgelassen zu werden, und um ihm eine Lehre zu erteilen, ließ er ihn ganz bewußt auf diese rüde Art abblitzen.

Wütend über die Abfuhr, zog sich Xu Huanzhang zurück, ohne den Bescheid des Haushofmeisters abzuwarten. Als er aus dem Tor trat, sah er Nie Xiaoxuan, der wie ein Häufchen Unglück am Ende der Gasse hockte. An ihm ließ er jetzt seine ganze Wut aus. Er wußte ja nicht, warum der Neunte Herr ihm die kalte Schulter gezeigt hatte, vermutete aber, es sei Meister Nie gewesen, der den Neunten Herrn so in Rage gebracht hatte, daß der gleich auch an ihm – Xu Huanzhang – sein Mütchen gekühlt hatte. »He! Komm mal her!« schrie er.

Meister Nie, noch ganz verzweifelt, daß der Neunte Herr

ihn nicht einmal empfangen hatte und auch der Haushofmeister den Vorschuß nicht zurücknehmen wollte, hatte über seinem fruchtlosen Grübeln, wie es nun weitergehen sollte, das »He!« überhaupt nicht auf sich bezogen, bis Xu Huanzhang vor ihm stand und ihm einen Fußtritt versetzte. »Ich habe was zu dir gesagt!«

Als Nie Xiaoxuan hochschaute und jenen Polizeioffizier erkannte, sprang er auf.

»Was hattest du beim Neunten Herrn zu suchen?«

»Es war wegen eines Auftrags. Ich soll für ihn Schnupftabakfläschchen brennen.«

»Und? Sind sie fertig?«

»Nein. Die Bildvorlagen sind unbrauchbar.«

»Wieso?«

Bisher hatte Nie Xiaoxuan geantwortet, ohne zu überlegen, bei dieser Frage aber wurde er hellwach. Er zögerte einen Moment. Dann nahm er all seinen Mut zusammen und sagte: »Weil ich ein treuer Untertan des Großen Qing-Reiches bin und so etwas nicht malen kann.«

»Du Hund!« Wutentbrannt stürzte sich Xu Huanzhang auf Meister Nie und ohrfeigte ihn. »Ich selbst habe die Bilder bestellt, und du wagst es, daran herumzumäkeln?!«

Jetzt konnte auch Nie Xiaoxuan nicht mehr an sich halten. »Sind nicht auch Sie Untertan des Qing-Reiches?« schric cr zurück.

»Sieh an, der Kerl ist ja ein Rebell!« sagte Xu Huanzhang mit einem hämischen Grinsen. »Ich habe schon neulich beobachtet, wie du mit jenem Rebellen getuschelt hast. Von allein würde so ein kümmerlicher Handwerker wie du wohl auch kaum so aufmucken. Na schön, für heute lasse ich dich laufen – aber wehe, wenn du die Sachen nicht bald lieferst! Die kleinste Verzögerung, und dein Kopf rollt! Genau wie der Kopf deines Komplizen heute rollen wird! Wollen doch mal sehen, wie lange du es noch treibst!«

Unter diesen Drohungen entfernte sich Xu Huanzhang. Vor Zorn und Erregung wie benommen, erhob sich Nie

Xiaoxuan und machte sich auf den Rückweg. Am Südende der Meishi-Straße angelangt, kam er nicht weiter, denn von der Kreuzung an war die ganze Zhushikou-Straße von einer riesigen Menschenmenge blockiert. Das Stimmengewirr in dem allgemeinen Tumult wurde von Gongs und Signalhörnern übertönt. Von den Menschen, die ihn wie Mauern umgaben, am Weitergehen gehindert, stellte er sich auf die Zehenspitzen, um zu sehen, was in der Straßenmitte vor sich ging.

Da erblickte er einen Trupp Soldaten des Chinesen-Heeres und einige Eselkarren, auf denen mehrere Männer mit auf dem Rücken gefesselten Händen und Schlingen um den Hals standen, alle mit einem Pappschild auf dem Rücken. Den erzwungenen Halt der Karren nutzten die Kellner eines gegenüberliegenden Wirtshauses, um – auf einer Bank stehend – den Gefangenen ein paar Becher Wein in die Münder zu gießen. Einer von den Verurteilten, ein stämmiger Mann, schluckte einen ganzen Becher auf einen Zug. Dann rief er mit lauter Stimme: »Ihr Bastarde! Wartet nur, in zwanzig Jahren bin ich wiedergeboren! Da werd ich's euch zeigen!«, was von der Menge mit Applaus quittiert wurde. Der Mann jedoch brach zusammen, als sei er aus nassem Ton geformt. Nie Xiaoxuan war seine Stimme bekannt vorgekommen, aber er konnte das Gesicht schon nicht mehr erkennen. Dann aber fiel sein Blick auf jenes Pappschild, und ein eisiger Schreck durchzuckte ihn, denn dort stand in blutroter Pinselschrift »Bao« geschrieben.

Unterdessen hatte ein dünner, hochgewachsener Mann mit einem Schnurrbart, der auf dem nächsten Karren stand, ebenfalls seinen Wein ausgetrunken. Nie Xiaoxuan erkannte in ihm jenen Mann, der sich damals im Tianqiao-Viertel abfällig über die Bildvorlagen geäußert hatte. Den Anflug eines Lächelns im Gesicht, rief der Mann soeben mit lauter Stimme: »Landsleute! Brüder! Nachkommen des Gelben Kaisers! Ich habe nichts gestohlen, ich habe nichts geraubt, ich habe mich nur dagegen gewandt, daß unser Vaterland verraten wird! Stück für Stück verkaufen die unser Vaterland, unser China! Die ausländischen Teufel schlagen uns Chinesen tot, sie rauben uns unser Geld, sie scheißen auf die Gräber unserer Ahnen! Sogar den kaiserlichen Sommerpalast haben sie niedergebrannt! Und zu alldem sollen wir schweigen? Ich rufe euch auf, euch alle! Rettet das Große Qing-Reich, rettet . . .«

Bei den Worten des Mannes war das Stimmengewirr verebbt und zu einem zornigen Volksgemurmel geworden. Die Verbrecher auf den anderen Karren wanden sich in ihren Fesseln und stießen wilde Verwünschungen aus, ein Offizier gab den Fuhrleuten ein Handzeichen, und dann setzte sich alles – Truppen, Eselkarren und Zuschauer – nach Westen zu in Bewegung und strömte in Richtung Caishikou-Straße.

Nie Xiaoxuan versuchte sich zu sammeln. Wohin soll ich bloß gehen? fragte er sich. Zurück nach Hause? Und was soll ich dort? Was ich erreichen wollte, habe ich nicht erreicht. Was bleibt mir denn noch übrig?

Er machte kehrt und ging zurück in Richtung Norden. Kurz vor dem Tempel der Verweilenden Wolken erblickte er eine Kalesche mit großem Gefolge, die sich ihren Weg durch die Menge bahnte: zuerst der Vorreiter, dahinter das Kutschpferd, das der Kutscher durch Ziehen und Zerren in Trab zu bringen versuchte, dann die Kutsche knapp anderthalb Meter lang, Verdeck aus grünem Filz, knallrote Kotflügel –, schließlich mehrere Lakaien zu Fuß. Nie Xiaoxuan sah sofort, dies war die Kutsche des Neunten Herrn. Er trat einen Schritt zur Seite, aber als die Kutsche fast auf gleicher Höhe mit ihm war, warf er sich blitzschnell davor auf die Knie und rief: »Neunter Herr! Erbarmen Sie sich meiner!«

Der Kutscher brachte das Pferd zum Stehen. In der Annahme, es handele sich um einen Bittsteller, der sich über erlittenes Unrecht beklagen wollte, steckte der Neunte Herr den Kopf heraus. Als er Nie erkannte, fing er an zu lachen.

»Schon wieder der Kerl! Was hast du denn diesmal wieder ausgeheckt? Na los, steh auf und rede!«

Nie Xiaoxuan machte einen Kotau, trat zur Seite, legte die dreihundert Silbertael auf die Schatulle mit den Bildvorlagen und reichte sie dem Neunten Herrn mit beiden Händen dar. »Solche Bilder kann ich Unwürdiger beim besten Willen nicht malen«, sagte er, »daher steht mir auch der Vorschuß nicht zu. Ich flehe Sie an, nehmen Sie beides gütigst zurück!«

Der Neunte Herr, der soeben etwas Wein getrunken und obendrein eine Einladung zu einer Vorstellung des berühmten Tan Jiaotian im Theater der Umfassenden Harmonie erhalten hatte, war glänzender Laune. Er begriff überhaupt nicht, worum es Nie Xiaoxuan ging, amüsierte sich nur über dessen schweißüberströmtes rotes Gesicht und atemloses Keuchen. »Du Äffchen«, sagte er, »hast dich besoffen und willst nun dein Mütchen ausgerechnet an mir kühlen! Kannst von Glück sagen, daß du es mit mir zu tun hast, jeder andere hätte dir ein paar aufs Maul gegeben! Jetzt troll dich, los! An die Arbeit! Ich hab dir ja gesagt: Wenn du die Fläschchen mit den ausländischen Soldaten nicht lieferst, kriege ich deine Hände! Den Vorschuß behältst du!« Er gab dem Kutscher ein Zeichen und ließ den Vorhang herunter, wobei er abermals amüsiert kicherte. Der Kutscher knallte mit seiner Peitsche, und die Kutsche setzte sich in Bewegung.

Nie Xiaoxuan stand einen Moment wie erstarrt da, dann stampfte er mit dem Fuß auf und rannte hinterher. »Halt!« rief er. »Hier haben Sie meine Hand!« Ehe der überraschte Leibwächter ihn daran hindern konnte, hatte sich Nie zwischen Kutschpferd und Kutsche geworfen, die Hand vor dem Wagenrad ausgestreckt ...

Der Neunte Herr hatte nicht gehört, was Nie Xiaoxuan gerufen hatte, aber das Knirschen der Räder und das heftige Schwanken der Kutsche, bei dem er sich beinahe den Schädel gestoßen hätte, hatte er natürlich bemerkt. Mit einem

Schreckensruf hatte der Kutscher das Pferd wieder zum Stehen gebracht. Von draußen war aufgeregtes Stimmengewirr zu hören.

Ohne sich die Mühe zu machen, den Vorhang abermals zu lüpfen, fragte der Neunte Herr: »Was ist denn nun wieder los?«

Da wurde der Vorhang von außen gerafft, und es erschien das schreckensbleiche Gesicht des Haushofmeisters, der mit zitternder Stimme antwortete: »Nie Xiaoxuan ist mit der Hand unter das Wagenrad geraten!«

»Was? Na, das sieht dem Dussel ähnlich!« meinte der Neunte Herr. »Laß ihn gleich zu Doktor Su bringen, der soll ihm die Hand wieder richten. Schließlich braucht er sie noch, um die Fläschchen für den Prinzen zu brennen!«

Der Haushofmeister wußte wohl, was in Nie Xiaoxuan vor sich gegangen war, und empfand insgeheim so etwas wie Bewunderung für diesen kleinen Handwerksmann. »Neunter Herr«, sagte er, »wenn Nie Xiaoxuan nie mehr Guyuexuan-Ware herstellen kann, bleiben Ihre achtzehn Fläschchen für immer Einzelstücke . . .«

Der Neunte Herr stutzte einen Moment, dann nickte er zustimmend und befahl dem Haushofmeister mit leiser Stimme: »Dann hack ihm die Hand ab, solange er noch bewußtlos ist! Dem Prinzen melden wir, er wäre im Rausch gestürzt und mit der Hand unter die Räder gekommen. Schnupftabakfläschchen könne er keine mehr machen.«

»Sehr wohl!«

»Die dreihundert Tael Anzahlung kann er behalten. Damit kann er seine Wunde kurieren lassen.«

»Sehr wohl!«

Ein kurzer Befehl des Haushofmeisters, und die Kutsche setzte sich wieder in Bewegung.

Epilog

Der Haushofmeister brachte Nie Xiaoxuan in die Klinik zur Behandlung. Der Handwurzelknochen war jedoch zerschmettert, eine Wiederherstellung der rechten Hand war praktisch ausgeschlossen. So mißachtete der Haushofmeister den Befehl des Neunten Herrn, Nie die Hand abzuhacken, ließ statt dessen den Arzt die Wunde verbinden, ihn ein Rezept für Medikamente zum Einnehmen ausstellen und brachte dann den Kranken in einem gemieteten Karren nach Hause. Die dreihundert Tael übergab er Liuniang in voller Höhe, ohne etwas für sich selbst abzuzwacken – im Gegenteil, sogar die Arztrechnung ließ er an den Rechnungsführer seines Dienstherrn schicken. Ehe er fortging, riet er Liuniang: »Seht zu, daß ihr bald eine andere Bleibe und einen anderen Broterwerb findet. Wenn Prinz Su und Xu Huanzhang von der Sache Wind bekommen, geht es euch schlecht. Und ich werde dann nichts mehr für euch tun können.«

Auch Wu Shibao hatte damit gerechnet, daß es nicht einfach sein würde, die Vereinbarung mit dem Neunten Herrn zu lösen, doch hätte er sich nie träumen lassen, daß die Sache so enden würde. Voller Entsetzen starrte er auf Nie Xiaoxuans blutgetränkten Ärmel und sein wachsbleiches Gesicht mit den halbgeschlossenen Augen. In seiner Angst lief er ständig zwischen Zimmer und Hof hin und her, keines klaren Gedankens, keines Wortes fähig. Liuniang war ebenfalls der Schreck in die Glieder gefahren, doch hatte sie ihre anfängliche Panik schnell überwunden. Ohne sich weiter um ihren Vater zu kümmern noch Wu Shibaos Kopflosigkeit zu beachten, stieß sie mit den Worten »Paß auf das Haus auf!« die Tür auf und ward nicht mehr gesehen. Erst am Abend kehrte sie mit zwei großen roten Bündeln in den Händen nach Hause zurück. Nie Xiaoxuan, der inzwischen die von Wu Shibao bereitete Reissuppe und auch ein wenig Medizin zu sich genommen hatte, fühlte sich etwas besser, da die Schmerzen ein bißchen nachgelassen hatten. Mit stockender, immer wieder versagender Stimme hatte er Wu Shibao von seiner Auseinandersetzung mit dem Neunten Herrn berichtet. Als Liuniang hereinkam, fragten die beiden sie überrascht: »Wo warst du denn? Was hast du da?«

Liuniang warf Wu Shibao eins von den Bündeln zu und sagte: »Du gehst jetzt los! Herr Shou Ming wartet im Gasthaus ›Zur Freudigen Ankunft‹ am Hade-Tor auf dich. Morgen ziehst du diese Kleidung hier an, mietest einen Karren und kommst mit Herrn Shou hierher zurück.« Ganz verdattert, wollte Wu Shibao sich eigentlich erkundigen, was das alles zu bedeuten habe, sah dann jedoch an Liuniangs Gesichtsausdruck, daß dies nicht der geeignete Moment für Fragen war. Aber schon dieses Zögern war zuviel. »Los! Was stehst du noch rum? Jetzt ist keine Zeit, Maulaffen feilzuhalten! Ich hab noch Arbeit genug, wenn du weg bist!« Ehe er es sich versah, hatte sie Wu Shibao mit seinem Bündel schon zum Hoftor hinausgeschoben.

Nun wandte sich Liuniang ihrem Vater zu. »Papa, egal, ob es dir gefällt oder nicht, heute mußt du mal machen, was ich sage. Iß erst mal tüchtig, damit du was im Magen hast. Und versuch, dich zu entspannen. Morgen brechen wir in aller Frühe auf.«

»Wohin denn?«

»Nach Sanhe, zu Shibaos Amme Liu. Sein Sohn ist doch immer noch bei ihr.«

Mit der gesunden Hand auf das Bündel zeigend, fragte Nie: »Und was ist das da?«

»Ich kann ja schließlich nicht einfach so mit Wu Shibao zusammen auf Reisen gehen. Als was würde ich denn in Sanhe dastehen! Morgen wird erst geheiratet, und dann geht die Reise los!«

»Heiraten? Verreisen? Und so was Wichtiges entscheidest du ganz allein?«

»Du bist krank, und er ist nicht viel mehr nütze als ein

Holzknüppel, nur daß er Ohren hat. Wer außer mir hätte also entscheiden sollen?«

»Aber eine Nacht ist doch viel zu kurz für die Vorbereitungen!«

»Die Hochzeitskleidung habe ich gekauft, Opfergaben, Weihrauch und Kerzen habe ich auch besorgt. Mit Shou Ming habe ich gesprochen. Er macht den Zeremonienmeister und ist Trauzeuge und Heiratsvermittler zugleich. Fuhrwerke habe ich auch gemietet. Wir nehmen mit, was wir wegkriegen, den Rest kann Shou Ming für uns verkaufen. Das Geld wird er uns schon bringen, er ist ja ein zuverlässiger Mensch.«

Nie Xiaoxuan blieb nichts anderes übrig, als sich zu fügen. Liuniang verbrachte die Nacht damit, das Gepäck fertigzumachen. Zuletzt brachte sie die Opfergaben über dem Porträt ihrer Mutter an und stellte Räuchergefäß und Kerzenleuchter auf. Im Morgengrauen des nächsten Tages erschien Shou Ming mit dem neu eingekleideten Wu Shibao in einem Pferdefuhrwerk, dem noch zwei Maultierkarren folgten. Shou Ming leitete die Hochzeitszeremonie. Die Brautleute verneigten sich vor Himmel und Erde und machten vor Nie Xiaoxuan und dem Porträt seiner verstorbenen Gattin Kotau. Zuletzt bedankte sich das frischvermählte Paar bei Shou Ming. Dann halfen die beiden Nie Xiaoxuan auf das Fuhrwerk, während sie selbst in einen der Karren stiegen. Das Gepäck wurde auf den zweiten Karren geladen, und so fuhren sie durch das Guangliang-Tor in Richtung Sanhe.

Seit jener Zeit verdiente sich Wu Shibao, der sich nun Wu Chang'an nannte, sein Brot mit dem Bemalen von Schnupftabakfläschchen. Nicht des Verdienstes wegen, sondern einzig und allein, um die Guyuexuan-Tradition nicht abreißen zu lassen, brannten er und seine Frau jedes Jahr zwei oder drei Ofenfüllungen, jedoch ohne die Stücke zu signieren. Die Bodenmarke vermerkte jeweils »Hergestellt unter der Regierung des Kaisers Qianlong«, und als Dekor benutzten sie ausschließlich traditionelle Motive.

Als dann nach über vierzig Jahren plötzlich wieder ein Stück Guyuexuan-Ware mit der Bodenmarke »Hergestellt unter der Regierung des Kaisers Guangxu« auf den Markt kam, rief das in Peking eine kleine Sensation hervor, wußten doch die Kenner, daß Guyuexuan-Ware aus der Ära des regierenden Guangxu-Kaisers äußerst selten war. Tatsächlich war das Auftauchen dieses Stücks Porzellan wiederum Ursache eines interessanten Rechtsstreits, dem nachzugehen sicherlich durchaus reizvoll wäre, obwohl andererseits nicht gesagt ist, daß etwas dabei herauskommen würde. Jedenfalls wollen wir uns hüten, leichtfertig eine Fortsetzung dieser Geschichte zu versprechen!

Am 30. Oktober 1983
nach tagelangem Fieber beendet

Na Wu

I

»Die neuen Bilder, das neue Haus – das sieht gar sehr nach Hofmarschall aus!« Der Großvater von Na Wu war Minister im Amt zur Versorgung des kaiserlichen Hofes gewesen, und deshalb konnte die Familie sich einige Jahre mit dem Erlös aus dem Verkauf seines Hauses über Wasser halten, als Na Wus Vater, Herr Fu, später das Anwesen veräußern mußte. Herrn Fu war mit kaum sieben Jahren der Titel eines »Schwerttragenden Leibwächters fünfter Klasse im Palast der Himmlischen Reinheit« verliehen worden – ihm, der sich doch nicht einmal traute zuzuschauen, wie ein Huhn geschlachtet wird! Nun, die Revolution von 1911 half ihm aus dieser Verlegenheit: Noch ehe Herr Fu das schwerttragende Alter erreicht hatte, war die Große Qing-Dynastie der mandschurischen Kaiser von China gestürzt.

Solange sein Wohlstand anhielt, gaben im Hause von Herrn Fu hochgeborene Herrensöhnchen und schmarotzende Schranzen einander die Klinke in die Hand. Von ihnen lernte er alle standesgemäßen Beschäftigungen: Taubenzucht und Reiten, Billard – so schön ausländisch! – und Papierdrachenkleben. Aber nichts ging ihm über Peking-Oper und Kunqu-Oper. Mit dem Opernstar Tao Beile hatte er auf einer Bühne gestanden, mit Pu Dong zusammen in »Das Heerlager hinter dem Perlenvorhang« gespielt. Der berühmte Erhu-Spieler Hu Datou war häufig zu Gast im Hause Fu. Er war nicht nur Herrn Fus Korrepetitor und Stimmbildner, sondern auch sein Claqueur. Wenn nämlich Herr Fu vor leeren Sitzen probte, beschlich ihn ohne anfeuernde Bravorufe leicht ein Gefühl der Einsamkeit. Oftmals hatte Hu Datou gerade das Entree gespielt und Herr Fu sein Solo angestimmt – »Der Bezirksmandarin beim Weine saß, aus der Kanne er trank, nicht aus dem Glas ...« –, da ließ Hu schon den Bogen sinken, applaudierte und rief »Bravo!«, um gleich darauf hurtig weiterzufiedeln. War Herr Fu zufällig unausgeschlafen und daher nicht bei Stimme, kamen ihm gelegentlich Zweifel, ob der Beifall aufrichtig sei. »Mir war fast so, als hätte das eben nicht so besonders geklungen – oder?«

»Mm, berühmt war's nicht. Trinken Sie einen Schluck, wahrscheinlich haben Sie eine trockene Kehle«, antwortete dann Hu Datou, ohne mit der Wimper zu zucken oder sein Spiel zu unterbrechen.

Die Gattin von Herrn Fu war früh verstorben. Er erklärte, um dem Sohn die Stiefmutter zu ersparen, wolle er nicht wieder heiraten, und das tat er dann auch nicht. Dafür schenkte er schon einmal einem Peking-Opern-Starlet ein prächtiges Kostüm oder kaufte ein Dagu-Singmädchen frei. Jedenfalls mangelte es niemals an weiblichen Logiergästen in den fünf Pavillons in seinem Garten. Einem so vielbeschäftigten Mann blieb natürlich keine Zeit, sich um den Sohn zu kümmern.

Nicht etwa, daß Na Wu die Fürsorge seines alten Herrn vermißt hätte! Er hatte seine eigenen Gefährten – San Beise, dritter Sohn eines kaiserlichen Prinzen, Er Efu, zweiter kaiserlicher Schwiegersohn, den Sohn des Großsekretärs Suo oder den Enkel des »Schützers des Thronfolgers« Yuan, alle etwa gleichaltrig und von gleich vornehmer Abstammung. Pries einer den Koch des anderen, so revanchierte sich der mit einem Loblied auf den Schneider des Freundes. Man amüsierte sich bei Hahnenkämpfen und hielt sich Rassehunde, man ging ins Theater und bewunderte Blumen. Seinen alten Herren hatte man sogar noch etwas voraus, denn man verstand sich auch auf die modernen Arten des Zeitvertreibs, als da waren: Schlittschuh laufen, tanzen, auf der Wangfujing-Straße flanieren und die Mädchen anstarren, im »Gartenhaus zum künftigen Regen« Tee trinken und einander bewirten. Den Wert des Geldes kannte man nicht.

Die Familie konnte sich einige Jahre über Wasser halten.

War man einmal knapp bei Kasse, konnte man ja immer eine Bronze oder ein Stück Porzellan, ein wertvolles Buch oder ein Bild verkaufen. Man holte einfach ein brokatbezogenes Kästchen vom Boden, tat das kostbare Stück hinein, übergab es heimlich einem der schmarotzenden Müßiggänger im Hause zum Verkaufen, und schon hatte man wieder für ein oder zwei Wochen ausgesorgt – bis eines Tages von den Liegenschaften, die Herr Fu wie Sojabohnenkäse scheibchenweise verkauft hatte, nichts mehr übrig war und auch der junge Herr Na Wu keine Antiquitäten mehr fand, die er hätte davontragen können wie das Kätzchen die Maus. Erst als die Gläubiger schließlich beim Obersten Gericht der Stadt Peking die Vertreibung auch aus dem einzig noch verbliebenen Pförtnerhäuschen erwirkt hatten, wurde ihm klar, daß er nichts besaß als seine angeborenen Fähigkeiten – und daß ihm dafür kein Pfandleiher auch nur einen Kupferling geben würde, ja daß er sich dafür nicht einmal ein altbackenes Brötchen kaufen konnte!

Herr Fu hauchte seinen Geist aus und versammelte sich zu seinen Vätern im Westlichen Himmel. Na Wu ließ er als Waise zurück.

II

Na Wus Großvater hatte als alter Mann noch eine Dienstmagd namens Ziyun als Nebenfrau geheiratet, die acht oder neun Jahre jünger war als sein Sohn. Auf dem Totenbett hatte er Herrn Fu auf die Seele gebunden, sich um sie zu kümmern. Herr Fu war dann auch keineswegs kleinlich, o nein! Er hatte Ziyun ein kleines Anwesen zugewiesen – einen ummauerten Wohnhof mit Kabusen, die ursprünglich als Pferdestall gedient hatten. Ferner hatte er ihr geraten, sich wieder zu verheiraten, und im übrigen erklärt, von nun an wolle er nichts mehr mit ihr zu tun haben.

Ziyun stammte vom Lande. Als Tochter eines Pachtbauern war sie von Natur aus fleißig und genügsam. Sie behielt den Wohnhof und tat sich nach einem Untermieter um. Da sie sich als Witwe vor Klatsch hüten mußte und nicht wagte, sich mit Leuten unbekannter Herkunft als Nachbarn einzulassen, verlangte sie lieber etwas weniger Geld und vermietete an ein kinderloses älteres Ehepaar. Herr Guo, so hieß der Mieter, praktizierte traditionelle chinesische Medizin. Seine Frau hatte die Schwindsucht, legte sich beim ersten Blätterfall ins Bett und stand nicht wieder auf.

Als Ziyun sah, daß dem alten Herrn – hin- und hergerissen zwischen der Sorge um seine Patienten und der Pflege der kranken Gattin – der Haushalt über den Kopf wuchs, übernahm sie es ohne viel Aufhebens, für die Kranke Kräuterabsude und Latwergen zu bereiten und für Ordnung und Sauberkeit im Haus zu sorgen. Frau Guo sagte ihr anfangs nur einige Dankesworte, hatte sich aber vorgenommen, sobald sie wieder aufstehen könnte, Ziyun für die erwiesenen Wohltaten zu entschädigen. Doch ihre Krankheit verschlimmerte sich von Tag zu Tag. Eines Tages ergriff die alte Dame Ziyuns Hand und sprach: »Sie als erwerbslose Witwe haben es ja wahrhaftig nicht leicht! Es ist mir richtig peinlich, daß Sie sich wie eine leibliche Schwester um mich kümmern und mich bedienen. Da wollen wir wenigstens klare Verhältnisse schaffen und vom nächsten Monat an die Miete um ein paar Yuan heraufsetzen, denn Ihnen eine Entlohnung anzubieten, wage ich nicht – solche Zuwendung läßt sich nicht mit Gold aufwiegen!«

Als Ziyun das hörte, stiegen ihr die Tränen in die Augen. Den Arm um die alte Dame gelegt, saß sie auf dem Bettrand und sagte: »Liebe Gevatterin, ich als Alleinstehende komme schon zurecht, egal, ob ich ein paar Yuan mehr oder weniger habe. Als mich der Alte Gebieter damals ins Haus genommen hatte, dauerte es nur ein paar Jahre, da war er tot. Außer ihm hat mich in meinem ganzen Leben niemand liebgehabt, und auch für mich gab es keinen Menschen, den ich hätte liebhaben können. Ehrlich gesagt, wenn ich Ihnen Ihre

Medizin bringe oder eine Tasse Tee brühe, habe ich so ein bißchen das Gefühl, mein Leben hat einen Sinn, da bin ich wenigstens nicht nur für mich allein da. Wenn Sie mich für Sie sorgen lassen, merke ich, daß Sie mich gern haben. Das ist mir viel mehr wert als Geld.«

Es vergingen zwei Jahre, da fühlte die alte Dame, daß ihr letztes Stündlein geschlagen hatte. Sie schickte Doktor Guo aus dem Zimmer und rief Ziyun an ihr Bett; dann setzte sie sich mit Mühe auf und wollte einen Kotau vor ihr – der Jüngeren – machen. Ziyun erschrak, denn für eine Höflichkeit, die einem nicht zusteht, muß man büßen! Sie bettete die Kranke wieder und sagte: »Sie wollen wohl mein Leben verkürzen!«

Frau Guo antwortete: »Ich habe Ihnen was zu sagen, da gehört sich das doch.«

Ziyun entgegnete: »Wir sind doch wie zwei Schwestern! Wozu also die Förmlichkeit?«

Nun fing die alte Dame unter Weinen und Schluchzen an zu reden. Sie und Doktor Guo seien schon seit ihrer Kindheit ein Paar. Ihr ganzes Leben lang seien sie ohne Zank und Streit miteinander ausgekommen. Jetzt, da es jeden Augenblick mit ihr zu Ende gehen könne, drücke es ihr das Herz ab, den Alten allein zurücklassen zu müssen, wo er doch zwei linke Hände habe und verhungern würde, wenn man ihm nicht die Bissen in den Mund schöbe. Kranke versorgen – das könne er, aber sich mal selbst einen Knopf annähen ... In all den Jahren habe sie keinen Menschen getroffen, der so gut und lieb wäre wie Ziyun. Wenn sie ihr den Alten anvertrauen könnte, würde sie noch im Jenseits für sie beten. Ziyun antwortete: »Schwester, machen Sie sich nur keine Sorgen wegen Doktor Guo! Sie brauchen gar nichts mehr zu sagen. Solange Sie leben und erst recht, wenn Sie einmal nicht mehr sind, will ich für Doktor Guo sorgen, das verspreche ich Ihnen. Wenn Ihnen das noch nicht reicht, wollen wir einen günstigen Tag bestimmen und ein Festmahl ausrichten. Dazu bitten wir die Nachbarn und einen Polizisten vom Revier. Alle sollen sehen, wie ich vor den Ahnen der Familie Guo einen Kotau mache und in aller Öffentlichkeit Doktor Guo als Älteren Bruder annehme.«

Als Frau Guo das hörte, empfand sie tiefe Dankbarkeit und doch auch ein wenig Bedauern, weil sie sich Ziyun eigentlich als ihre Nachfolgerin vorgestellt hatte. Ihr Mann, mit dem sie sich beriet, war jedoch voller Bewunderung und Hochachtung für Ziyun. So besuchte Ziyun am Drachenbootfest, dem fünften Tag des fünften Monats nach dem Mondkalender, mit einem Körbchen voller in Schilfblättern gekochter Klebereisklößchen Herrn Fu. Um seine Meinung zu erkunden, brachte sie das Gespräch nach umständlichen Vorreden auf ihre Absicht. Herr Fu sagte: »Seit dem Tode des Alten Gebieters hast du mit der Familie Na nichts mehr zu tun. Es ist uns egal, ob du jetzt eine nominelle Verwandtschaftsbeziehung eingehst oder dich sogar wieder verheiratest.«

Ziyun wischte sich eine Träne ab und entgegnete: »Niemals werde ich die Güte des Alten Gebieters vergessen, auch wenn Sie mich jetzt freigegeben haben.«

Anfang des sechsten Monats, bei dem Gastmahl, auf dem die nominelle Verwandtschaft besiegelt werden sollte, konnte Ziyun sich nicht an den Familiennamen ihrer Eltern erinnern. Seit vielen Jahren war sie polizeilich nur als »verehelichte Na« gemeldet. Beim Essen steckte sie dem Polizisten, den sie eingeladen hatte, heimlich etwas zu und bat ihn, ihren Meldeeintrag in »verehelichte Na geborene Guo« abzuändern und sie auf diese Weise als leibliche Schwester von Doktor Guo zu legitimieren.

Frau Guo hielt Wort. Kurz nachdem diese Angelegenheit geregelt war, trat sie ihre letzte Reise an und »ritt auf dem Kranich in den Westlichen Himmel«. Ziyun übernahm den Haushalt ganz offiziell. Nun begannen die Leute sie auch mit anderen Augen anzusehen und nannten sie achtungsvoll »Yun Nainai«, Großmutter Yun.

III

Als Großmutter Yun hörte, daß es Na Wu alles andere als gut ging, beriet sie mit ihrem »Älteren Bruder«, ob sie ihn nicht als Hausgenossen aufnehmen könnten. Sie meinte: »Du weißt doch, ›es geht nicht um den Mönch, es geht um Buddha‹! Na Wu mag dir egal sein, aber denk doch an mich! Er gehört nun mal zur Familie! Sollen denn die Nachbarn hinter meinem Rücken mit Fingern auf mich zeigen und sagen, ich wüßte nicht, was recht und billig ist?«

Doktor Guo, der stets auf den Rat dieser seiner »Jüngeren Schwester« hörte, erkundigte sich überall nach Na Wus Verbleib, fand ihn schließlich in einer Herberge in der Damochang-Straße und erklärte ihm den Grund seines Kommens. Weit entfernt davon, ihm gerührt zu danken, wie Doktor Guo eigentlich erwartet hatte, machte Na Wu ein bedenkliches Gesicht und sog grübelnd die Luft durch eine Zahnlücke ein. »Zu Ihnen ziehen könnte ich ja, aber wie wird es mit der Anrede? In unserer Familie ist es nicht üblich, die Nebenfrau des Großvaters Großmutter zu nennen.«

Doktor Guo verfärbte sich vor Wut und hätte ihm um ein Haar ein paar Maulschellen gegeben. Zornbebend ging er davon. Wieder zu Hause, mochte er die Wahrheit nicht sagen und berichtete nur, Na Wu ginge es im Moment ganz leidlich. Er wolle nicht zu ihnen ziehen, und zu nötigen brauche man ihn schließlich auch nicht.

Großmutter Yun aber gab sich damit nicht zufrieden und drang immer wieder in ihn, bis Doktor Guo nichts anderes übrigblieb, als Na Wus Antwort im Wortlaut wiederzugeben. Großmutter Yun seufzte nur: »Ja, ja, diese feinen Leute mit ihrer ewigen Etikette! Soll er mich doch nennen, wie er will! Außerdem wäre es ja nicht ihm zuliebe, sondern weil er der Enkel des Alten Gebieters ist. Na, wenn er sich einigermaßen anständig durchschlägt, braucht er ja auch nicht zu kommen.«

Aber siehe da, nach ein paar Tagen kam Na Wu von sich

aus zu Besuch. Höflich grüßend und verbindlich dienernd, nannte er Ziyun »Großmutter Yun« und Doktor Guo »Verehrter Onkel«, wie er es von den Nachbarn hörte. Zwar stimmte es mit dem Altersunterschied nicht so ganz, aber Großmutter Yun gefiel diese Anrede dennoch über die Maßen. Sie fragte Na Wu: »Als ich dich zu uns einlud, weil ich fürchtete, daß sich niemand um dich kümmert, warum bist du denn da nicht gekommen?«

Er antwortete: »Es ist mir ja so peinlich, darüber zu sprechen! Ich habe mich nämlich mit jemand auf ein Geschäft eingelassen und all meine Kleidung versetzt, um zu Kapital zu kommen. Ich habe doch geglaubt, daß ich finanziell etwas besser dastehen würde, wenn die Ware erst einmal verkauft wäre. Dann hätte ich auch eine Kleinigkeit für dich kaufen können und wäre nicht mit leeren Händen gekommen. Wer hätte gedacht, daß ich bei diesem Handel sogar noch Geld zusetzen würde!«

Großmutter Yun sagte: »Wir sind doch eine Familie! Wer wird denn da so förmlich sein! Du bist da, und damit gut. Zieh doch zu uns, hier wohnst du bequemer als bei fremden Leuten.«

War Na Wu etwa ein Mensch, der sich auf Geschäfte verstand?

Immerhin hatte er einmal einen Versuch gemacht, doch der war mißlungen. In Tianjin gab es einen Deutschen, der in China eine Menge Geld zusammengerafft hatte und vor der Heimreise ein bißchen Porzellan kaufen wollte. Er hatte sich in einigen Antiquitätenläden in Peking umgesehen, aber nichts Passendes gefunden. Na Wu, der beim Antiquitätenhändler etwas verkaufen wollte, hatte den Deutschen im Laden beobachtet, vor der Tür auf ihn gewartet und ihn dann angesprochen. Er hatte dem Ausländer erzählt, er sei der Enkel des letzten kaiserlichen Hofmarschalls und habe ein paar Porzellangegenstände zu veräußern. Man könne gern eine Zeit für eine Besichtigung vereinbaren. Jener wollte ihn zu Hause besuchen, doch Na Wu erklärte, die Angelegenheit müsse ohne Wissen der Familie und deshalb an einem dritten Ort abgewickelt werden. So kam man überein, am dritten Tag in einer Herberge in der Xiheyan-Straße in der Weststadt wieder zusammenzukommen.

Nun hatte Na Wu überhaupt kein Porzellan zu verkaufen, aber er wußte, der siebte Sohn des Großsekretärs Suo hatte in der Herberge »Zum Aufstieg« ein paar Stücke zu Hause gestohlenes Guyuexuan-Porzellan versteckt, das er längst zu Geld gemacht hätte, wenn ihn nicht die Furcht vor Entdekkung durch die Familie abgehalten hätte. Na Wu suchte also den Siebten Herrn Suo auf und erzählte ihm, er habe jetzt einen guten Käufer an der Hand, der die Sachen dann ins Ausland mitnehmen würde. Auf diese Weise würde nichts herauskommen, und obendrein würde man einen guten Preis erzielen. Wenn allerdings Herr Suo selbst in Erscheinung träte, würde das eventuell die Aufmerksamkeit der Familie erregen, deshalb solle am besten er – Na Wu – als Verkäufer auftreten. Sei dann der Handel perfekt, wolle er lediglich eine Provision von einem Drittel des Preises – keinen Kupferling mehr! – für sich behalten. Herr Suo müsse ihm freilich erst einmal ein Sümmchen vorstrecken, damit er seine versetzten Sachen auslösen und standesgemäß gekleidet auftreten könne. Auch müsse er für Na Wu in der bewußten Herberge ein Zimmer mieten, denn wenn man nicht entsprechend aufträte, würde der Ausländer womöglich nicht so viel bieten. Der junge Herr Suo war ein noch größerer Taugenichts als Na Wu; er machte alles genau so, wie sein Freund es vorgeschlagen hatte. Als Doktor Guo Na Wu aufgesucht hatte, war der gerade in der Herberge eingezogen und träumte noch den Traum vom großen Geld. Daher war er auch so wenig begeistert von des Doktors Angebot gewesen.

Der Siebte Herr Suo hielt nicht dicht. Die Sache kam dem Besitzer der »Fundgrube«, eines Antiquitätengeschäftes in einer Seitenstraße der Langfang-Allee, zu Ohren. Herr Ma Qi, so hieß der Inhaber der »Fundgrube«, wußte längst, daß der junge Suo das kostbare Porzellan gestohlen hatte, und war schon längere Zeit dahinter her, doch war das Geschäft wegen der überhöhten Preisforderungen des jungen Suo bis jetzt nicht zustande gekommen. Immerhin hatte er das Porzellan gesehen und sich vergewissert, daß es echt Guyuexuan war und aus derselben Manufaktur stammte wie einige kleine Schälchen, die sich in seinem Besitz befanden. Nun traf es sich, daß der Deutsche auch in seinen Laden kam. Heimlich beauftragte Herr Ma seinen Ersten Verkäufer, die bewußten Schälchen auf das Teetischchen im Kundensalon zu stellen. Als der Deutsche seinen Rundgang durch das Geschäft beendet hatte, bat Herr Ma ihn zu einer Schale Tee in den Salon. Dort goß er aus der Kanne Tee in eins von jenen kostbaren Schälchen, als sei das die selbstverständlichste Sache von der Welt, und reichte es dem Deutschen. Der nahm die Schale, bemerkte sofort ihre Schönheit und konnte sie gar nicht genug bewundern. Er fragte Herrn Ma: »Ich wundere mich nur, daß Sie in Ihrem Laden minderwertiges Porzellan anbieten, wo Sie doch privat Ihren Tee aus so herrlichen Schalen trinken!«

Als Ma Qi das hörte, lachte er herzlich und sagte: »Wenn sie Ihnen gefallen, verkaufe ich sie Ihnen. Sie sind billiger als all die Stücke, die Sie für schlecht halten – sie kosten nicht einmal die Hälfte.«

Der Deutsche meinte: »Sie scherzen wohl!«

Ma Qi antwortete: »Es ist mein voller Ernst!«

»Und wieso?« wollte der Deutsche wissen.

Ma Qi entgegnete: »Es sind Imitationen. Die Stücke, die Ihnen nicht gefallen haben, sind echt, aber das hier sind zeitgenössische Fälschungen. Wenn man Porzellan kauft, darf man nicht nur auf die äußere Beschaffenheit sehen. Man muß darauf achten, wie es klingt, muß den Boden betasten und den Scherben beurteilen.« Während er noch redete, hatte er ein Porzellangefäß aus dem verglasten Ladentisch geholt, das er nun dem Ausländer unter fortwährendem Reden zum Vergleich unter die Nase hielt, so daß dieser am

Ende ganz konfus war. Schließlich ließ er einen Lehrling zwei von den unbenutzten Schälchen auf dem Teetisch in Seidenpapier einwickeln, legte sie vor den Deutschen hin und sagte: »Ein Geschäft haben wir nicht miteinander gemacht, aber wir sind gute Freunde geworden. Hier, dieses Paar wertlose Falsifikate schenke ich Ihnen zum Andenken.«

Zu Hause betrachtete der Deutsche seine beiden Schälchen immer wieder, bis er sich die Merkmale der »Falsifikate« genau eingeprägt hatte. Als er nach ein paar Tagen Na Wu in dessen Herberge aufsuchte und dieser den Deckel der Porzellanschatulle öffnete, fing er sofort an zu lachen. War das nicht haargenau das nachgemachte Zeug, das er in der »Fundgrube« geschenkt bekommen hatte? Er war aber zu höflich, es Na Wu ins Gesicht zu sagen, und erkundigte sich nach dem Preis: Der war gewaltig. Hinzu kam das schäbige Zimmer, in dem Na Wu wohnte, und der sah auch nicht gerade aus wie ein Adelssprößling – kurz, er erhob sich und verließ unter wiederholtem »No, no!« den Ort des Geschehens, wobei er im stillen voller Dankbarkeit des Inhabers der »Fundgrube« gedachte, von dem ja seine Kenntnisse stammten. Dann begab er sich in eben diese »Fundgrube«, kaufte die dort in den Vitrinen feilgebotenen Falsifikate auf und kehrte mit seinen Schätzen frohgemut nach Deutschland zurück.

Der Siebte Herr Suo führte das Scheitern des Geschäfts darauf zurück, daß Na Wu nicht glaubhaft genug aufgetreten sei, und forderte lautstark die Rückzahlung des vorgestreckten Geldes. Auch die Zimmermiete weigerte er sich zu zahlen. So war es gekommen, daß Na Wu die gerade erst ausgelöste Garderobe wieder zum Pfandleiher schaffen mußte und nun doch Zuflucht bei Großmutter Yun suchte.

Es dauerte nicht lange, da erreichte Ma Qi über einen Vermittler, daß für lediglich die Hälfte des Erlöses aus den dem Deutschen verkauften Falsifikaten endlich doch die echten Stücke des jungen Suo in seinen Besitz übergingen. Ehe die Familie Suo den Verlust bemerkt und Nachforschungen angestellt hatte, waren sie längst für das Mehrfache des Ankaufpreises an den Exportkaufmann Cai in Tianjin weiterverkauft.

IV

Großmutter Yun hatte sich selbst stets als unbedeutend und minderwertig angesehen. Daher meinte sie, ungeheuer an Gesicht zu gewinnen, als Na Wu sich herabließ, bei ihr Quartier zu nehmen. Deshalb behandelte sie ihn wie ein rohes Phönixei. Na Wu hatte zwar zugegeben, daß es ihm miserabel gegangen war, vor dieser »Großmutter Nebenfrau« spielte er sich jedoch nach wie vor als Herr und Meister auf. Sicher, er redete sie ehrerbietig mit »Großmutter Yun« an, aber Ton und Haltung waren eher die des Hausherrn, der die Dienstmagd herumkommandiert. »Ein Esel, stürzt er noch so hart, im Sturze Haltung doch bewahrt«, heißt es, und so war er zwar verarmt, stellte aber doch seine Ansprüche. Arme-Leute-Essen hin, Arme-Leute-Essen her – zu groß geratene Maisbrötchen oder zu grob geschnittenes Salzgemüse brachte er einfach nicht hinunter! Und wenn es einmal Nudeln mit Bohnenmehlschwitze und Hackfleisch gab, bestand er darauf, daß aus der einen Hälfte des Hackfleisches extra für ihn ein Teller voll Sesambrötchen mit Fleischfüllung nach Rezepten aus der kaiserlichen Hofküche bereitet wurde, so wie er sie aus dem Restaurant »Fangshan« kannte. Nachdem Großmutter Yun von ihrem Ersparten seine verpfändete Garderobe ausgelöst hatte, zog er sich wieder dreimal am Tage um. Fortwährend mußte Großmutter Yun die kaum getragene Kleidung waschen und bügeln, und wehe, es war noch ein Fältchen zu sehen! Dann sagte er stirnrunzelnd: »Sieht ja aus wie gekaut! Soll ich etwa so herumlaufen?« Kurz, seit Großmutter Yun diesen erlauchten Verwandten ins Haus gebeten hatte, kam sie überhaupt nicht mehr zur Ruhe.

Doktor Guo wohnte nach wie vor im Nordzimmer. Er vermied es nach Möglichkeit, Na Wu zu sehen oder gar mit ihm zu tun zu haben, denn er war immer noch wütend auf ihn. Eines Tages aber sagte er gesprächsweise zu Na Wu: »Unsereins steht ja schon mit einem Fuß im Grabe, da kommt es nicht mehr darauf an, wie man sich durchschlägt. Aber Sie, junger Herr, Sie sind noch jung und müssen sich überlegen, wie Sie Ihren Lebensunterhalt erwerben wollen. Früher, ja, da brauchten Sie sich als Bannermann darum keine Sorgen zu machen, da wuchs Ihr Weizen sozusagen auf eisernem Halm. Aber das ist vorbei, der Halm ist geknickt und wird sich nicht mehr aufrichten! Und daß es keine fleischgefüllten Weizenfladen regnet, weiß schließlich jeder. Als Arzt verdient man sich zwar auch keine goldene Nase, aber für das bißchen Maismehl zum Sattwerden reicht es allemal. Kurz und gut, wenn Sie sich dazu bequemen wollen, dann lernen Sie bei mir die Heilkunst! Auf so großem Fuße wie bisher können Sie jedenfalls nicht mehr leben!«

Na Wu antwortete: »Mir brummt ja schon der Schädel, wenn ich die ›Gereimte Kräuterweisheit‹ oder ›Apothekers Vademecum‹ nur daliegen sehe! Gibt es nicht Leichteres? So in Richtung Hausmittelchen oder Geisterbeschwörungen? Das wäre vielleicht etwas für mich.«

Herr Guo sagte: »Geister beschwören kann ich nicht. Hausmittel kenne ich natürlich ein paar. Für welche würden Sie sich denn speziell interessieren?«

Darauf Na Wu: »Abtreiben interessiert mich! Wissen Sie, wenn ein Fräulein aus guter Familie mal Pech gehabt hat, da ist ihr in ihrer Angst vor der Schande so eine Abtreibung glatte achtzig oder hundert Yuan wert!«

Als Doktor Guo das hörte, blieb ihm vor Zorn fast die Luft weg, denn zu jener Zeit waren Geburtenkontrolle und Schwangerschaftsabbruch illegal und wurden von den Ärzten als Verbrechen betrachtet, für die man spätestens im Jenseits büßen würde. Von diesem Tage an sprach Doktor Guo kein Wort mehr mit Na Wu.

V

Na Wu wohnte noch keinen Monat bei Großmutter Yun, da begann ihm schon das zurückgezogene und ärmliche Leben in ihrem Hause unerträglich zu werden, obwohl es andererseits schön war, sich an den gedeckten Tisch zu setzen und jemand zu haben, der seine Kleidung in Ordnung hielt. Ein Glück nur, daß seine Garderobe nicht mehr beim Pfandleiher war! Da konnte er wenigstens ausgehen, Verwandte und Freunde besuchen und so seine Zeit totschlagen.

Das Schicksal meinte es gut mit ihm: Als er wieder einmal zusammen mit dem Siebten Herrn Suo im Theater einem Starlet nachstieg, lernte er den Chefredakteur der Illustrierten »Levkoje« kennen, einen gewissen Ma Sen. Ma Sen, der gesehen hatte, daß Na Wu sich im Theatermilieu auskannte und mit den »Schülern des Birnengartens« auf vertrautem Fuße stand, auch mit einem Fotoapparat umzugehen wußte, fragte ihn, ob er als Reporter für die »Levkoje« arbeiten wolle.

Diese »Levkoje« war ein Skandalblatt, das ausschließlich Theaterklatsch, Sensationsmeldungen über Schauspielerinnen oder Kampfsportler und dergleichen brachte. Die Redaktion saß in einem kleinen Laden in der Meishi-Straße. Das Personal bestand aus zwei Mitarbeitern: Ma Sen und einem stellvertretenden Chefredakteur namens Tao Zhi. Die beiden waren ein ungleiches Paar. Während Ma Sen nach westlicher Mode in Anzug und Lederschuhen steckte, bevorzugte Tao Zhi das traditionelle knöchellange Gewand aus blauem Baumwollstoff. Ma Sen ließ sich täglich zweimal rasieren und alle drei Tage frisch fönen, Tao Zhi dagegen hing das Haar bis über die Ohren, und sein Gesicht war von Bartstoppeln übersät. In ihrem Büro standen lediglich zwei kleine Tische und drei Stühle. Der ganze Fußboden war mit Stapeln von Zeitungen und Zeitschriften bedeckt. An dem Tage, als Na Wu seine Stellung antrat, luden die beiden Chefredakteure ihn in die Menkuang-Gasse zu einem Teller

Gegrilltem ein und machten ihn beim Essen mit ihren Bedingungen bekannt: Als Reporter stünden ihm weder Gehalt noch Spesen zu, und auch die Honorare seien begrenzt; dafür bekäme er aber ein Reporterabzeichen, das ihm überall Zutritt verschaffen und Verdienstmöglichkeiten eröffnen würde.

Bei diesen Worten hatte Na Wu das Gefühl, hereingelegt worden zu sein. Aber da er einmal zugesagt hatte, konnte er nicht gut einen Rückzieher machen und beschloß, es immerhin einmal zu probieren. Nach zwei Monaten, als er die Bekanntschaft einiger Berufskollegen gemacht hatte, ging ihm auf, daß das ja ein durchaus chancenreiches Metier war. Schrieb man eine überschwengliche Kritik, so zahlten nicht nur die Schauspieler, die man gelobt hatte, sondern auch deren Mäzene. Brachte man beim Bummel durch die Stadt in Erfahrung, daß in der Niujiaokeng-Straße Häuser leerstanden oder daß auf der Speisekarte des Restaurants »Hof zum Üppigen Glanz« ein neumodisches Gericht auftauchte, so konnte man eine Nachricht »Spuk in der Niujiaokeng-Straße – Häuser stehen leer« oder eine Korrespondenz »Üppiger Glanz, aber Maden im Essen« schreiben und diese dann dem betreffenden Grundstücksmakler oder Restaurantinhaber zur Kenntnis geben, nicht ohne hinzuzufügen, daß das Manuskript schon vor einigen Tagen bei der Redaktion eingegangen sei, man es aber bisher habe zurückhalten können. Schließlich sei man sich unter Freunden einen kleinen Hinweis vorab schuldig. Man müsse doch prüfen, ob die Sache wirklich an die große Glocke gehängt oder nicht doch besser unter Brüdern geregelt werden sollte. Und alle, alle zahlten für so ein Manuskript, der Restaurantinhaber, um sich Ärger zu ersparen, der Makler aus Angst, daß niemand die Häuser mieten würde. Na Wu lachte sich ins Fäustchen und freute sich über seine neuerliche Glückssträhne.

Die »Levkoje« druckte einen Liebesroman in Fortsetzungen, und zwar »Das sittsame Mägdelein« von einem gerade in Mode gekommenen Schriftsteller, der sich »Meister der Klause des berauschten Schläfers« nannte. Als man bei Fortsetzung 16 angelangt war, blieb plötzlich aus unerfindlichen Gründen der Nachschub vom Klausner aus. Zufällig befand sich Na Wu gerade in der Redaktion. Tao Zhi beauftragte ihn, den Meister der Klause des berauschten Schläfers mit dem Honorar aufzusuchen und ihm die nächste Fortsetzung abzuverlangen. Die Klause des berauschten Schläfers, sagte er zu Na Wu, befinde sich in der Straße Hinter dem Lianhuahe 10.

VI

Dieser Lianhuahe, Lotosgraben, lag auf der Rückseite der Shitou-Gasse und war ein enges Gäßchen, in dem nur vier oder fünf Familien wohnten. Das Haus Nr. 10 war ein zweistöckiger Ziegelbau alten Stils mit einem kleinen Innenhof, von dessen einer Ecke aus eine wacklige Stiege, eine bessere Hühnerleiter, ins Obergeschoß führte. In beiden Stockwerken waren im Karree lauter einzelne Räume angeordnet, vor deren Türen jeweils Kanonenöfchen, Wasserkruken, Besen und Schaufel standen. Als Na Wu sich noch im Hof umschaute, kamen zwei Personen die Treppe herunter, eine Frau mit onduliertem Haar und nachgezogenen Augenbrauen in einem seitlich geschlitzten Etuikleid aus buntgemustertem Brokat mit halblangen Ärmeln, an den Füßen bestickte Seidenschuhe, und ein Mann mittleren Alters in grauen Hosen, langem grauem Baumwollgewand, schwarzen Stoffschuhen und mit einem steifen Hut. Als die beiden Na Wu erblickten, wechselten sie einen Blick und blieben stehen. Der Mann fragte: »Zu wem möchten Sie denn?«

Na Wu sagte: »Hier soll ein Schriftsteller wohnen . . .«

»Ach so!« Der Mann deutete mit einer Grimasse nach unten, dann forderte er, anscheinend etwas enttäuscht, die Frau mit kurzem Kopfnicken zum Weitergehen auf, und fort waren sie. Na Wu bückte sich und schaute hinter die Treppe: Tatsächlich, da war ein Verschlag, an dessen Tür ein Schild aus Birnenholz mit der geschnitzten Inschrift »Klause des berauschten Schläfers« prangte.

Die Wohnung war in einen äußeren und einen inneren Raum unterteilt. Wie es im inneren Raum aussah, war in der Dunkelheit nicht auszumachen. Im äußeren Raum standen ein Schreibtisch aus Indisch-Eisenholz mit Perlmutt-Intarsien, der zu dieser Wohnung überhaupt nicht passen wollte, zwei Stühle aus rohem Holz aus der Produktion des Staatsgefängnisses Nr. 1 und eine Liege. Der Schreibtisch war übersät mit Büchern und Zeitschriften, Papierstapeln, Zigarettenschachteln, Aschbechern, Tusche-Reibsteinen und Pinselgefäßen. Na Wu hörte Schritte, und dann erschien in der Tür des finsteren Hinterraumes ein langer, dünner Mann mit grauweißem Gesicht und Schnurrbart, der fragte: »Zu wem möchten Sie denn?«

»Entschuldigen Sie, wohnt hier der Meister der Klause des berauschten Schläfers?«

»Meine Wenigkeit! Aber nehmen Sie doch Platz! Darf ich fragen, in welcher Angelegenheit . . .?«

»Ich komme von der Redaktion. Der Chefredakteur hat mich beauftragt, ein Manuskript abzuholen.«

»Oh! So setzen Sie sich doch! Ich habe neuerdings derart viel um die Ohren, daß ich gar nicht mehr weiß, wo mir der Kopf steht. Habe Ihre Angelegenheit glatt vergessen!«

»Ach herrje! Wir warten doch nur noch auf Ihr Manuskript, um in Druck zu gehen!«

»Das kommt schon noch zurecht. Ruhen Sie sich hier etwas aus, und ich schreibe es schnell. Bis wohin ging doch gleich die letzte Fortsetzung?«

»Was?« Na Wu wurde ganz rot, hatte er doch die Romanfortsetzungen gar nicht gelesen.

Der Klausner lachte. »Macht nichts! Wenn Sie sich nicht erinnern – ich habe ja hier mein Rechnungsbuch.« Er setzte sich an den Schreibtisch, zog aus einem Stapel Papiere ein

Kontobuch hervor, blätterte darin und fragte: »Sie drucken doch ›Zweimal flog die Schwalbe‹, nicht wahr?«

Na Wu antwortete: »Nein, wir sind die ›Levkoje‹. Wir bringen ›Das sittsame Mägdelein‹.«

»Ah ja, ›Das sittsame Mägdelein‹.« Der Klausner ging sein Buch bis zur letzten Seite durch, warf es dann beiseite und zog ein anderes hervor, in dem er wiederum zu blättern begann. »Wo zum Kuckuck ist bloß dieses ›Sittsame Mägdelein‹ hingeraten ... Ach, da haben wir es ja!« Er warf auch dieses Buch hin, suchte aus einer Schublade ein dickes, in festes Schreibpapier eingebundenes Manuskriptheft hervor, schlug es an der Stelle auf, wo eine Zigarettenschachtel Marke »Goldenes Gewehr« als Buchzeichen eingeschoben war, und sagte lachend: »Da haben Sie aber Glück! Ich brauche es nicht einmal neu zu schreiben, brauche bloß ein Stückchen abzuschreiben und fertig!« Flugs hatte er ein Blatt kariertes Manuskriptpapier vor sich liegen, griff zum Pinsel und schrieb emsig drauflos. Na Wu, der seine Instruktionen hatte, verbarg in der Hand einen zusammengerollten Ein-Yuan-Schein. Als er aus dem Augenwinkel sah, daß der Klausner das Manuskript fertig kopiert hatte, es faltete und in einen Umschlag steckte, legte er den Geldschein auf den Tisch. Der Klausner hatte den Schein wohl bemerkt, rührte ihn aber nicht an. Er drehte sich um und rief in Richtung des hinteren Raumes: »Wir haben Besuch! Brüh doch mal Tee!«

Aus dem Zimmer kam eine Frau in den Fünfzigern mit rundem Gesicht und zu beiden Seiten hochfrisiertem Haar. Sie knickste vor Na Wu und sagte: »Einen recht schönen guten Tag, der Herr! Aber schauen Sie sich nur ja nicht um, man muß sich ja schämen, wie es hier aussieht!« Sprach's, ergriff eine Kanne, nahm im Vorbeigehen den Geldschein vom Tisch und verkündete: »Ich hole nur schnell Wasser für den Tee!«

Na Wu sagte: »Mir ist aufgefallen, daß beinahe jedes Blatt einen Roman von Ihnen bringt. Wie viele schreiben Sie eigentlich gleichzeitig?«

Eine Frau in den Fünfzigern nahm den Geldschein und verkündete: »Ich hole nur schnell Wasser für den Tee.«

»Sieben oder acht.«

»Und die geben Sie dort ab, wenn sie fertig sind, ja?«

»Aber nein! Immer nur eine Fortsetzung und immer gleich das Honorar bar auf die Hand!«

»Aber ich habe doch eben selbst gesehen, daß ›Das sittsame Mägdelein‹ fix und fertig vorliegt.«

»Ach so, ja, das ist Ware aus zweiter Hand.«

»Ware aus zweiter Hand?«

Da erklärte ihm der Klausner, manchmal schreibe jemand einen Roman, den er aber bei keiner Zeitung unterbringen könne, weil er sich noch keinen Namen gemacht habe, oder jemand schreibe nur zum Zeitvertreib und sei gar nicht darauf aus, es publik zu machen, während wieder ein anderer vielleicht dringend Geld brauche und daher nicht warten könne, daß sein Manuskript fortsetzungsweise abgedruckt werde. Sie alle würden ihre Manuskripte verkaufen, und er, der Klausner, würde sie en gros aufkaufen, um sie dann en detail mit Gewinn wieder loszuschlagen.

Na Wu staunte. »Das heißt also, man kann berühmt werden, ohne selbst etwas dafür zu tun, vorausgesetzt, man hat das Geld, Manuskripte zu kaufen?«

Der Klausner antwortete: »Selbstverständlich! Das hat es übrigens schon immer gegeben. In der Ming-Zeit lebte ein gewisser Wang, der sein Leben lang ein Theaterstück nach dem anderen herausbrachte – und nicht ein Wort stammte von ihm selbst.«

Bei diesen Worten malte sich ein glückliches Grinsen auf Na Wus Antlitz. Wie zum Scherz, in Wahrheit aber ganz im Ernst, sagte er: »Da werde ich mir also morgen auch zwei Manuskripte besorgen und mal probieren, wie es sich so lebt als berühmter Mann.«

Der Klausner entgegnete, ohne mit der Wimper zu zukken: »Ja, wenn man wie Sie bei der Zeitung arbeitet, wird man immer ein wenig über die Schulter angesehen und kommt nicht recht voran, wenn man nicht ein bißchen prominent ist oder sich was einfallen läßt, um sich einen Namen zu machen. Andererseits – wer Manuskripte kauft, muß sie auch lesen, und nicht nur das, er muß sie kopieren. Na, Übung macht den Meister! Nach ein paar Tagen haben Sie den Bogen raus und können langsam selbst schreiben. Romane zu schreiben ist nicht schwerer, als mit dem Finger ein Loch in das Fensterpapier zu bohren – ein Stoß, und Sie sind durch!«

So ging es noch ein Weilchen hin und her, bis am Ende der Klausner Na Wu eine eben erst erworbene Räuberpistole – »Der fischförmige Wurfspieß« – für hundert Silber-Yuan anbot. Na Wu, der sowieso gerade ein von Gan Ziqian gefälschtes Bild zum Pfandleiher schaffen wollte, war Feuer und Flamme.

Kaum war das von Gan verabredungsgemäß spendierte Essen im Restaurant »Zum wohlfeilen Mahl« vorbei, eilte er mit den eben erhaltenen dreihundert Yuan, seinem Anteil an dem Geld, das der Bilderhändler Han für das Bild gezahlt hatte, geradewegs zur Klause des berauschten Schläfers zurück und sagte zum Klausner: »Das Geld wäre da! Nun müßte ich die Ware vielleicht einmal besichtigen, wie?«

Der Klausner antwortete: »Man merkt, daß Sie ein Laie sind. Ein Manuskript kauft man doch nicht wie eine Gurke, die man dreht und wendet und von der man am Ende gar noch einen Happen kostet! Wenn Sie sich nun den Inhalt einprägen, den Roman aber nicht kaufen und selbst ein Buch mit gleichem Inhalt schreiben, wie würde ich dann dastehen? Nein, nein, Sie müssen die Katze schon im Sack kaufen! So etwas nimmt man auf Treu und Glauben.«

Na Wu wog das Geld unschlüssig in der Hand. Da schlug der Klausner mit der flachen Hand auf den Tisch und sagte: »Also schön, weil Sie es sind!« Mit diesen Worten ging er ins hintere Zimmer und fischte unter dem Bett einen alten Schuhkarton heraus, aus dem er ein Bündel rotliniertes Manuskriptpapier hervorsuchte. Damit ging er vor die Tür und klopfte den Staub ab. Dann gab er es Na Wu mit den Worten: »Schauen Sie sich erst einmal das Inhaltsverzeichnis an!«

Nach dem Inhaltsverzeichnis zu urteilen, bot der Roman Spannung und Abwechslung, doch als er ihn in der Hand wog und sah, wie dünn er war, meinte Na Wu: »Wie soll man hieraus hundert Fortsetzungen machen? Ich bezahle hundert Yuan, und nach dreißig Fortsetzungen ist Schluß . . .«

Der Klausner entgegnete: »Ich sage ja, Sie sind noch jung. Ruhm und Reichtum gehören zusammen – aber sie kommen nicht gleichzeitig. Sie wollen sich doch erst mal einen Namen machen, nicht wahr? Dieser Roman ist gut geschrieben, der macht Sie mit einem Schlag berühmt, dafür bürge ich Ihnen. Und wenn Sie berühmt sind, dann geht's ans Geldverdienen.«

Na Wu gab ihm das Geld und zog mit dem Manuskript von dannen. Ohne sich die Mühe zu machen, es selbst zu lesen, übergab er es der Redaktion und bat, es in Fortsetzungen zu veröffentlichen. Ma Sen nahm das Manuskript in Empfang und legte es erst einmal zur Seite. Es verging etwa ein Monat, ohne daß Na Wu etwas hörte. Jedesmal, wenn er nachfragte, antwortete Ma Sen: »Ich habe es noch nicht aus. Liest sich aber gut.« Von Veröffentlichung war jedoch keine Rede.

Da wandte sich Na Wu an Tao Zhi, ob der ihm das vielleicht erklären könnte. Tao Zhi fragte ihn lächelnd: »Hat der Mann, von dem Sie das Manuskript gekauft haben, Ihnen denn nichts über die Regeln der Veröffentlichung gesagt?«

Na Wu erwiderte: »Wieso? Was der Meister der Klause des berauschten Schläfers uns liefert, drucken wir doch auch ohne irgendwelche Regeln ab, die Fortsetzung zu einem Yuan.«

Der stellvertretende Chefredakteur lachte. »Der Meister der Klause des berauschten Schläfers ist doch nicht irgendwer! Das ist so, wie wenn Ma Lianliang in der Peking-Oper auftritt. Da applaudieren die Fans schon, ehe er überhaupt einen Ton gesungen hat. Sie aber sind so was wie ein Amateurdarsteller: Wenn der auftritt, verdient er nichts dabei, sondern muß selbst etwas springen lassen. Er muß selbst das Theater mieten, selbst für das Bühnenbild aufkommen, selbst die anderen Darsteller engagieren und zu guter Letzt noch Leute zum Essen einladen und Karten verschenken, damit nur ja jemand kommt und Beifall klatscht. Ein professioneller Darsteller tritt auf, weil er seinen Lebensunterhalt damit verdient, ein Amateur dagegen, weil er bekannt werden will – eben aus Spaß an der Freude! Klar, wenn er gut genug ist, kann er allemal selbst ein Profi werden, aber erst muß er etwas investieren, um sich eine gute Ausgangsposition zu schaffen.«

Also opferte Na Wu weitere hundert Yuan, bat Tao Zhi, ihm bei der Gästeliste behilflich zu sein, und lud zu einem Essen im Restaurant »Haus der Bankette« ein. Nun endlich erschien »Der fischförmige Wurfspieß«, und zwar unter dem Pseudonym Meister des Hauses der Lüfte. Von jenem Tag an titulierten ihn manche seiner Freunde »Schriftsteller« und beglückwünschten ihn, wo er doch »mit einem Schlage berühmt« geworden sei und es so hervorragend verstehe, den alten Namen seines Geschlechtes mit neuem Ruhm zu bedecken. Na Wu wehrte bescheiden ab, doch ihm war heiß und taumelig vor lauter Freude, als hätte er eine halbe Flasche Schnaps Marke »Glühendes Messer« intus. Er sprach sogar mit veränderter Stimme und bewegte sich gleichsam schwebenden Schrittes. Die zweihundert Silber-Yuan, so meinte er, seien wirklich gut angelegt. Zwar flog die Sache mit dem gefälschten Bild leider auf, so daß er gezwungen war, abermals einen Anzug zu verkaufen, um das Loch wieder zu stopfen, doch beflügelt von dem Gedanken an seinen unaufhaltsamen Aufstieg zu Ruhm und Ehre, ging er über solche Lappalien spielend hinweg.

Als sieben oder acht Fortsetzungen des Romans erschienen waren, gab es eine kleine Komplikation. Sei es, daß Tao Zhis Gästeliste unvollständig oder seine Bewirtung allzu kümmerlich gewesen war, sei es, daß irgend jemand ihm Steine in den Weg legen wollte – jedenfalls erschienen in einigen Blättchen Besprechungen über den »Fischförmigen Wurfspieß«, die sarkastische Seitenhiebe und auch regelrechte Beschimpfungen enthielten. In einer hieß es, der Roman sei gestohlen, in einer anderen, es handele sich um ein Plagiat, in einer dritten, dies sei »wirres Gewäsch, das einen völlig konfus macht«. Ein Rezensent hatte überdies folgendes ermittelt: »Der Meister des Hauses der Lüfte ist ein Nachkomme eines gewissen Ministers im Amt zur Versorgung des kaiserlichen Hofes. Seinen Vorfahren sind von einem gewissen Boxmeister der Acht-Trigramm-Bruderschaft Wohltaten erwiesen worden, daher wird in dem Roman die mit dieser konkurrierende Sinn-und-Form-Bruderschaft herabgesetzt und ein Loblied auf die Acht-Trigramm-Bruderschaft gesungen ...« und so weiter und so fort.

Na Wu war darüber doch etwas beunruhigt. Er lief zum Meister der Klause des berauschten Schläfers und fragte ihn: »Dieses Manuskript, das ich von Ihnen habe – wie kommt es, daß das so viel böses Blut macht? Wird da irgendein Tabu verletzt?«

Der Klausner, der das Manuskript seinerzeit für zehn Yuan von einem Opiumsüchtigen gekauft und es selbst gar nicht gelesen hatte, hob die verschränkten Hände zur bekannten Geste des Glückwunsches und sagte: »Habe ich Ihnen nicht gleich gesagt, Sie würden über Nacht berühmt? Lassen Sie sich gratulieren! Sobald jemand an Ihnen herumnörgelt, heißt das, Sie haben es schon fast geschafft. Ich selbst habe seinerzeit jemand dafür bezahlt, daß er mich in der Presse beschimpfte. Denken Sie doch einmal nach: Wenn nur der Roman gedruckt wird, erscheint Ihr Name jeden dritten Tag in der Zeitung, nicht wahr? Wenn aber jemand sich dazu äußert – egal, ob kritisch oder lobend –, dann wird Ihr Name immer wieder genannt und prägt sich so den Leuten ein. Außerdem – Sie wissen doch, wo viel Licht, da viel Schatten, und wo geschimpft wird, da wird auch gelobt. Ihre Kritiker und Ihre Verteidiger kriegen sich in die Haare, und Sie sind der lachende Dritte. Was Besseres kann Ihnen doch gar nicht passieren!«

Na Wu fand das plausibel, und seine ursprüngliche Besorgnis verwandelte sich in eitel Freude. Die aber währte nicht lange, denn als er ein paar Tage später in die Redaktion kam, überreichte Ma Sen ihm einen Brief mit den Worten: »Ein Brief für Sie, Herr Na. Hören Sie, wir haben immer gut zusammen gearbeitet, da werden Sie uns beide ja wohl nicht in Schwierigkeiten bringen! Lassen Sie uns die ›Levkoje‹, damit wir unser Leben fristen können!« Er sprach so ungewohnt feierlich, daß Na Wu glaubte, er scherze. Doch als er den Brief las, wurde ihm klar, daß er in der Tinte saß, und zwar ganz tief! Da standen in dicker schwarzer Tuscheschrift auf einem Bogen feinsten rotlinierten Kalligraphiepapiers die folgenden Zeilen:

An den Meister des Hauses der Lüfte, Herrn Na, mit der Bitte um Kenntnisnahme. Hiermit werden Sie aufgefordert, am 6. des Monats um 15 Uhr im »Opiumrestaurant Stätte des Glücks und des langen Lebens« in der Dashilar-Straße zum Tee und zur Entgegennahme von Instruktionen zu erscheinen. Nichtbefolgen dieser Aufforderung hätte entsprechende Maßnahmen zur Folge. Dies ist kein Scherz. Möge niemand sagen, er sei nicht gewarnt worden! Unterschrift: *Wu Cunzhong.*

Na Wu fragte Ma Sen: »Wu Cunzhong, der Name kommt mir bekannt vor. Was machte der doch gleich?«

Ma Sen schob ihm wortlos eine Zeitung hinüber, in der eine Notiz mit roter Tinte angestrichen war: »Wu Cunzhong lehnt aus Alters- und Krankheitsgründen Berufung zum Leibwächter beim Kreisvorsteher X ab.« In dem Artikel hieß es, Wu Cunzhong sei Mitglied der Sinn-und-Form-Bruderschaft, habe in den Jahren vor der Revolution von 1911 in der Kaiserlichen Faustkämpfergarde gedient, sei dann nach der Revolution auf den Straßen des Pekinger Tianqiao-Viertels als Schaukämpfer aufgetreten, beschäftige sich aber seit

Beginn des Antijapanischen Krieges im Juli 1937 mit der Herstellung von Strohseilen. Kürzlich habe ihm ein Kreisvorsteher eine stattliche Besoldung geboten, um ihn als Leibwächter zu engagieren, er jedoch habe entschieden abgelehnt. Als Na Wu zu Ende gelesen hatte, fügte Ma Sen noch hinzu: »Sie haben doch von dem Russischen Herkules gehört, der vor ein paar Jahren im Sun-Yatsen-Park mit der Herausforderung auftrat, wer ihn besiegen könne, dem würde er seine zehn Goldmedaillen überlassen?«

Na Wu sagte: »War das nicht der, den Li Cunyi aus dem Ring geschleudert hat und der sich dabei ein Bein brach?«

»Genau!« erwiderte Ma Sen. »Wu Cunzhong und dieser Li Cunyi waren Schüler bei demselben Meister.«

Als Na Wu dies hörte, brach ihm der Angstschweiß aus. Den Tränen nahe, stammelte er: »Wenn der mich zu fassen kriegt, macht der doch Kleinholz aus mir!«

Ma Sen sagte vorwurfsvoll: »Das kommt davon, wenn einem das Veröffentlichen von Romanen nicht genügt und man sich partout in die Angelegenheiten rivalisierender Kampfsport-Gemeinschaften einmischt!«

»Ach du großer Buddha!« rief Na Wu. »Wie sollte ich denn das ahnen? Das Manuskript habe ich doch bloß gekauft!«

Tao Zhi tat er richtig leid. Er tröstete ihn: »Nun regen Sie sich man nicht auf. Solche Leute sind meistens keine Unmenschen und reißen einem nicht gleich den Kopf ab. Machen Sie nur recht viele Kotaus, und reden Sie nicht soviel. Wenn der sieht, daß Sie klein beigeben, wird er Ihnen schon nichts tun.«

Ma Sen sagte: »Hingehen müssen Sie auf jeden Fall, sonst kommt er womöglich noch hierher und schlägt alles kurz und klein. Und wer käme dann für den Schaden auf!«

Von Stund an konnte Na Wu drei Tage lang weder richtig essen noch richtig schlafen.

VII

Am 6. des Monats, ausgerechnet einem glutheißen Tag, an dem die Blätter an den Bäumen welkten und der Asphalt schmolz, schleppte sich Na Wu in die Dashilar-Straße, bog von der Qianshi-Gasse in ein Seitengäßchen ein, gelangte zu einem Tor, über dem eine große weiße Porzellanlampe mit der Aufschrift »Opiumrestaurant Stätte des Glücks und des langen Lebens« hing, und ging hinein. Unmittelbar hinter der Tür stieß er auf eine finstere und feuchte Treppe. Er stieg hinauf und sah, daß oben nach beiden Seiten zahlreiche mit weißen Vorhängen verhängte Türen abgingen. Als er einen Vorhang lüpfte, erblickte er einen dicken Mann mittleren Alters, der – einen schilfgeflochtenen Fächer schwenkend – dort saß und den Zugang versperrte. Der Mann fragte: »Sie möchten Opium?«

»Ich suche einen Herrn Wu Cunzhong . . .«

»Dort drüben. Séparée Nr. 2.«

Na Wu schlug wieder einen Vorhang zurück und kam in ein anderes Zimmer, einen länglichen Raum, der der Länge nach durch zwei Holzgitter unterteilt war. In diesen Trenngittern befanden sich je vier kleine Türen, vor denen Halbgardinen hingen, jede trug eine aufgedruckte Nummer. Er fand die Tür Nr. 2 und fragte mit leiser Stimme: »Herr Wu?«

Drinnen rührte sich nichts. Da kam eine Serviererin mit einem Tablett voller blitzblank geputzter Rauchutensilien vorbei, die ihm bestätigend zunickte. Na Wu nickte dankbar zurück, hob den Vorhang und ging hinein. Der Raum war sehr klein und enthielt nichts als eine Liege und einen Stuhl, machte aber einen sauberen und gepflegten Eindruck. An der Wand hingen Kalligraphie-Rollbilder, auf der Liegestatt waren bastgeflochtene Matten ausgebreitet, und darauf lagerte ein alter Mann in weißem Kattunanzug mit langem Bart, das Gesicht zur Decke gewandt und die Augen halb geschlossen, so daß man nicht wußte, ob er schlief oder wachte.

Na Wu flüsterte: »Herr Wu, Sie haben mich zu sich befohlen.«

Der Alte lag ganz still, nicht einmal seine Lider bewegten sich, so daß sich Na Wu nach kurzem Zögern wieder zurückzog. Da stand er nun vor der Tür und wußte nicht, wie er sich verhalten sollte, als jene Serviererin abermals vorbeikam. Schnell holte er einen Ein-Yuan-Schein hervor, steckte ihn dem Mädchen in die Schürzentasche und sagte: »Herr Wu schläft fest. Kann ich mich nicht inzwischen irgendwo etwas ausruhen? Wenn er erwacht, könnten Sie mich vielleicht rufen?« Das Mädchen lachte nur, zeigte mit dem Finger auf die Tür von Nr. 2, machte eine auffordernde Handbewegung, gab Na Wu einen Stups – und weg war sie!

Nun betrat er zum zweitenmal das Séparée Nr. 2, stand mucksmäuschenstill vor der Pritsche und wartete, daß Wu Cunzhong die Augen aufschlüge. Er war schon vom Weg erhitzt, und nun diese Opiumhöhle, zu deren Regeln es gehörte, daß keine Fenster geöffnet und keine Ventilatoren installiert werden durften! Ihm rannen die Schweißperlen nur so über Gesicht und Körper, als krabbelten lauter kleine Käferchen über ihn hin. Es kam ihm vor, als hätte er eine feurige Kugel in sich, so aufgeregt war er. Jedoch war er bemüht, sich nichts anmerken zu lassen. So stand er geschlagene fünf Minuten, und der Alte machte keine Miene, die Augen zu öffnen. Da fiel er in plötzlichem Entschluß vor der Pritsche in die Knie. »Herr Wu! Ehrwürdiger Herr Wu! Großmächtiger Herr Wu! Verzeihen Sie mir doch meine Schuld! Ich bin ja so ein Trottel! Nichts verstehe ich, rede immer nur dumm daher. Eine Persönlichkeit wie Sie wird sich doch mit einem Nichtswürdigen, wie ich es bin, nicht aufhalten. Bei jemand wie mir verlohnt es sich doch gar nicht, zornig zu werden. Ich ...«

Der Alte versuchte, ein ernstes Gesicht zu bewahren, doch dann platzte er laut heraus. Er richtete sich etwas auf, um eine Begrüßung anzudeuten, und sagte: »So stehen Sie doch auf! Lassen Sie das doch!«

»Ich bitte Sie vielmals um Entschuldigung!« Na Wu machte noch einen Kotau, ehe er sich erhob.

Der alte Herr Wu meinte lächelnd: »Sie haben so anschaulich und überzeugend geschrieben, daß ich glatt geglaubt habe, Sie sind selbst vom Fach.«

Na Wu antwortete: »Ich – ich bin gar nichts! Ich bin wie eine Fliege auf der Suppenkelle, schlage mich gerade so durch.«

Darauf Herr Wu: »Aber trotzdem muß man sich doch erst einmal erkundigen, was Sache ist, ehe man zum Pinsel greift und Lob und Tadel verteilt.«

»Ach, Herr Wu«, fiel Na Wu ein, »ich muß Ihnen gestehen, diesen Roman habe ich doch gar nicht selbst verfaßt! Den habe ich doch nur von jemand anders gekauft, weil ich auf diese Art berühmt werden wollte. Konnte ich denn ahnen, daß ich Sie damit so erzürnen würde?«

Da lachte der alte Herr erst recht laut los. Angesichts der Zerknirschung Na Wus war sein Zorn längst verraucht. Freundlich sprach er zu ihm: »Nehmen Sie Platz! Rauchen Sie?«

Na Wu setzte sich. Wu Cunzhong stellte ihm ein paar beiläufige Fragen. Als er ihn nach seiner Herkunft fragte und erfuhr, daß er Nachfahre des Ministers im Amt zur Versorgung des kaiserlichen Hofes war, mußte er unwillkürlich seufzen.

»Wie das Schicksal so spielt! Als ich einmal von einer dienstlichen Reise in die Mongolei zurückkehrte und Ihrem Großvater Geschenke überbrachte, die mir der Mongolenfürst für ihn mitgegeben hatte, wurde ich von Ihrem Großvater in seiner Residenz auf das herrlichste bewirtet. Den inneren Hof habe ich natürlich nicht zu Gesicht bekommen, aber schon beim Anblick des äußeren Hofes und der ganzen Pracht dort gingen mir die Augen über. Damals schon dachte ich bei mir: Das kann doch nicht gut gehen, das ist einfach zu viel! Man sagt ja immer: ›Der Yamen-Palast, der besteht, doch des Mandarins Gold, das vergeht!‹ Wer so das

Geld mit vollen Händen ausgibt, steht eines Tages ohne einen Kupferling da. Selbst eine Goldmine ist schließlich einmal erschöpft. Und die Kinder und Enkel, die wissen dann nicht, wie schwer es ist, den eigenen Lebensunterhalt zu verdienen. Was soll aus denen einmal werden? Ja, ja ... Und Sie – Sie schwindeln sich jetzt so durch, was?«

Na Wu nickte mit rotem Kopf.

Wu Cunzhong fuhr fort: »Aber Sie sind ja noch jung, und Sie können lesen und schreiben. Noch ist es nicht zu spät, sich eine Existenz aufzubauen. Wie heißt es doch? ›Wer selbst was kann, ist besser dran als jemand, der nur erben kann!‹ Wie wär's denn, wenn Sie von Ihrem hohen Roß heruntersteigen und sich bequemen würden, durch eigene Arbeit Ihr Brot zu verdienen? Da brauchten Sie sich vor keinem zu verstecken. Und besser, als sich so herumzutreiben, wär's doch allemal, oder?«

»Sie haben ja so recht! Mein Vater ist früh verstorben, und niemand hat sich um meine Erziehung gekümmert. Vielen Dank für Ihre väterliche Ermahnung!«

Wu Cunzhong, der merkte, daß Na Wu es bei aller liebedienerischen Zungenfertigkeit doch irgendwie auch ein bißchen ernst meinte mit seinem Dank, fuhr fort: »Ich wohne unten am Altar des Göttlichen Landmanns. Habe auf eine Maschine gespart und mache nun Strohseile. Wenn es woanders nicht klappt, kommen Sie doch zu mir. Wo Sie ja auch lesen und schreiben können. Mir fehlt zufällig gerade ein Mann.«

Na Wu dachte bei sich: Da machst du dir denn doch ein falsches Bild von meinen Fähigkeiten – ich bin immer noch von adligem Geblüt! Da werde ich doch nicht als Kuli bei dir schuften – und wenn es mir noch so elend geht! Andererseits wagte er nicht, den alten Wu merken zu lassen, daß er auf sein Gewerbe herabschaute, und beeilte sich zu versichern: »Im Moment komme ich ganz gut allein durch. Aber ich werde bestimmt noch auf Ihr freundliches Angebot zurückkommen.«

Wu Cunzhong sah, daß Na Wu nicht wollte, und ließ es dabei bewenden. Er sagte ihm nur noch, die Sache mit dem Roman sei erledigt. Ursprünglich waren einige seiner Freunde aus der Bruderschaft so entrüstet gewesen, daß sie allen Ernstes in die Redaktion der »Levkoje« ziehen und dort alles kurz und klein schlagen wollten. Er war es gewesen, der dann die Sache in die Hand genommen und beschlossen hatte, zunächst einmal mit diesem Meister des Hauses der Lüfte zu reden, ehe etwas unternommen wurde. Wenn er nun bestimmte, daß die Angelegenheit beigelegt sei, würde auch kein anderer Na Wu mehr belästigen.

Mit überschwenglichen Dankesworten und einigen weiteren Verbeugungen wollte dieser sich verabschieden, aber Wu Cunzhong hielt ihn zurück. »Warum so eilig? Da ich Sie nun einmal herbestellt habe, sollen Sie auch nicht umsonst gekommen sein. Unsere alten chinesischen Kampfsportarten geraten immer mehr in Verfall. Kein Wunder – wenn es mit dem ganzen Staat bergab geht, liegt eben alles darnieder! Dennoch gibt es in allen Kampfsport-Sparten noch das eine oder andere Talent. Sie könnten doch ein bißchen Propaganda für uns Kampfsportler machen, das gibt vielleicht wieder ein wenig Auftrieb. Ich bin ein alter Mann und bringe nicht mehr viel zustande. Ich werde Ihnen aber einen kleinen Trick vorführen, nur so zum Spaß. – Lao San!«

Nebenan antwortete jemand mit Donnerstimme: »Hier!«

»Zündet die Lampen an!«

Wu Cunzhong erhob sich von seiner Lagerstatt, zog sich die Schuhe an, band seine Schärpe fester und trat aus der Tür von Nr. 2. Na Wu folgte ihm. Im Korridor hatten sich inzwischen vier oder fünf Männer aufgestellt; zwei von den jüngeren holten einen Tisch, und das Serviermädchen half beim Anzünden von drei Opiumlampen, die daraufgestellt wurden.

Als diese stämmigen Kerle Na Wu erblickten, warfen sie einander Blicke zu und verzogen den Mund zu einem verächtlichen Lächeln. Na Wu war etwas bänglich zumute, aber Wu Cunzhong versicherte ihm: »Sie brauchen keine Angst zu haben. Das sind alles meine Schüler. Ursprünglich hatten wir nämlich geglaubt, Sie wären selbst ein mit allen Wassern gewaschener Kämpfer, und hatten uns auf Handgreiflichkeiten eingestellt. Aber jetzt ist ja alles in Ordnung, nichts geht über Eintracht und Frieden! Laßt uns alle miteinander Freundschaft schließen!«

Während dieser Worte hatten sich noch ein paar weitere Zuschauer eingefunden, die den Korridor vollends ausfüllten.

Die besagten Opiumlampen, sogenannte Taigu-Lampen, kamen aus der Provinz Shanxi. Sie hatten etwa den Umfang eines Teeglases und bestanden aus einem Messingbecher als Unterteil und einem darauf befestigten Schirm aus anderthalb Zentimeter dickem Glas, der auf dem Unterteil saß wie ein kleines Maisbrötchen ohne Spitze. Normalerweise mußte man sich darüberbeugen und in die kleine runde Öffnung hineinblasen, um die Flamme auszupusten. Als die Serviererin die Lampen angezündet hatte, stellte einer der Schüler sie hintereinander in einer schnurgeraden Reihe auf. Wu Cunzhong selbst kontrollierte die Aufstellung der Lampen und nahm noch einige kleine Korrekturen vor. Dann trat er fünf Schritte zurück, stellte sich breitbeinig mit leicht abgewinkelten Knien in Positur und holte so tief Luft, daß sich sein Bauch unterhalb der Schärpe wie eine Schüssel nach innen wölbte. Er bewegte den Oberkörper ganz leicht hin und her, sammelte sich und stieß endlich die Luft in einem gewaltigen Strom aus. Gleichzeitig in allen drei Lampen flakkerten die Flämmchen und verlöschten dann eines nach dem anderen. Die Zuschauer auf beiden Seiten riefen wie aus einem Munde: »Bravo!«

Wu Cunzhong nahm den Beifall mit der üblichen Dankesgeste – die rechte Hand um die vor der Brust erhobene und zur Faust geballte linke Hand gelegt – entgegen und sagte: »Das war doch gar nichts! Der Mensch wird eben alt und ist zu nichts mehr nütze. Man macht sich bloß zum Gespött der Leute.«

Na Wu zitterten die Beine, und er war in kalten Schweiß gebadet. Mit vieler Mühe fand er eine Dreiradrikscha, die ihn in die Redaktion zurückbrachte. Er berichtete den beiden Chefs über sein Abenteuer, worauf die ihn wie aus einem Munde beglückwünschten und ihn nach dem überstandenen Schrecken zu einem Imbiß und Umtrunk in den »Hof zum Üppigen Glanz« einluden. Während des Essens gab Ma Sen Na Wu das Manuskript des »Fischförmigen Wurfspießes« zurück – es sei nicht opportun, die Veröffentlichung fortzusetzen. Gleichzeitig äußerte er, Na Wu sei ja nun eine prominente Persönlichkeit, die »Levkoje« aber ein so kleiner Baum, daß ein goldener Phönix unmöglich auf ihm nisten könne – kurz, er bitte um Rückgabe jenes emaillierten Reporterabzeichens.

VIII

Seit Na Wu als Reporter tätig war, hatte er in der Südstadt ein eigenes Zimmer gemietet und keinen Umgang mit Ziyun mehr gehabt. Jetzt aber, da abzusehen war, daß er die Miete nicht mehr bezahlen konnte, und er auch nicht wußte, wovon er seine Mahlzeiten finanzieren sollte, war er dreist genug, mit einer Schachtel »Achterlei Törtchen« bewaffnet, Großmutter Yun nach mehreren Monaten erstmals wieder zu besuchen. Wie groß aber war sein Erstaunen, als er dort eine völlig veränderte Situation vorfand! Der alte Arzt war an einer akuten Krankheit gestorben. Das ganze Anwesen sah irgendwie trostlos aus. Großmutter Yun wusch für fremde Leute. Als sie von ihrem Waschzuber aufblickte und Na Wu hereinkommen sah, begann sie sofort zu weinen. Schluchzend sagte sie: »Ich habe so schlecht für dich gesorgt! Hab dir Essen vorgesetzt, das du nicht magst! Hab dich richtig weggegrault! Aber du, du bist auch zu unbarmherzig! Es mag uns noch so schlecht gehen – wir gehören doch zu einer Familie! Wer ist denn von der Familie Na noch übriggeblieben? Ja, als das Geld noch im Kasten klimperte, da riß der Strom der Wagen und Sänften am großen Tor überhaupt nicht ab. Aber wenn es erst einmal anfängt, bergab zu gehen, da will keiner mehr etwas von unsereinem wissen. Wenn wir beide nicht zusammenhalten, ja, wer sollte es denn sonst?«

Bei diesen Worten war auch Na Wu ganz traurig geworden. Mit leiser Stimme sagte er: »Ach, Großmutter!«

Doch nun fing die alte Frau erst recht an zu weinen. »Ach, du brichst mir noch das Herz! Ich bin so einsam und verlassen! Hab doch ein bißchen Mitleid, geh nicht wieder weg! Ich wasche und nähe für die Leute, davon können allemal zwei leben. Wenn du mal heiratest, kann ich euch bedienen. Und wenn dann Kinder da sind, um die kümmere ich mich schon, wenn ihr euch nicht an meiner niedrigen Herkunft stoßt. Und anreden könnt ihr mich, wie ihr wollt.«

Na Wu willigte ein zu bleiben, worauf Ziyun vor Freude fast außer sich geriet. Immer wieder versicherte sie ihm: »Du brauchst dich um nichts zu kümmern! Wenn du lesen willst, lies! Wenn du dich amüsieren willst, tu's! Solange du nicht weggehst, bin ich froh und zufrieden. Setz dich nur hin, ich gehe und mache dein Zimmer sauber.«

Ziyun machte das Zimmer, in dem der alte Arzt gewohnt hatte, für Na Wu zurecht. Dann rief sie ihn, er solle es sich anschauen, und wenn er noch etwas daran auszusetzen hätte, würde sie es schon auch noch in Ordnung bringen. Na Wu sah sich um: Im Zimmer befanden sich nur ein Bett, ein Tisch und ein Stuhl. Aber sauber war es. In dem kleinen Flur vor der Kammer standen außerdem noch zwei Regale aus Ormosia-Holz voller Bücher mit altertümlicher Fadenheftung. Na Wu blätterte in einigen und stellte fest, daß es sich – abgesehen von einigen medizinischen Fachbüchern wie »Das Buch von der Seele und den Nervenzentren« oder

»Die fiebrigen Erkrankungen« – lediglich um ein paar Bände einer kommentierten Ausgabe der klassischen Vier Bücher – »Die große Lehre«, »Die Doktrin der Mitte«, »Die Gespräche des Konfuzius« und »Menzius« – sowie eine Auswahl von Gedichten aus der Tang-Zeit handelte. Ziyun erklärte ihm: »Alles andere mußte ich zur Deckung der Begräbniskosten verkaufen. Nur die beiden Regale da, die sollte ich nicht verkaufen, haben seine Schüler gesagt, und wenn doch, würden sie sie kaufen, damit nicht womöglich der Altwarenhändler sie für einen Pappenstiel kriegt. Das hat mich überhaupt erst auf den Gedanken gebracht, daß am Ende was Wertvolles dabei ist. Und da habe ich gesagt, ich warte, bis du da bist, ehe ich mich entscheide. Du kannst jetzt sagen, ob sie verkauft werden sollen oder nicht. Suche dir aus, welche du behalten möchtest, die anderen schenken wir den Schülern, würde ich sagen. Als es mit dem Alten zu Ende ging, haben die sich nämlich ganz rührend gekümmert. Ich kann mich ja sonst nicht erkenntlich zeigen, und so würden sie wenigstens den guten Willen sehen.«

Na Wu entschied großzügig: »Sollen sie die Bücher haben! Nur die Regale sollen sie mir dalassen.«

Von jenem Tage an lächelte Ziyun manchmal wieder ein bißchen. Sie nahm sich Na Wus Garderobe vor, wusch und stärkte, flickte Kragen und nähte Knöpfe an, bis alles wieder schön ordentlich und sauber war. Wenn sie etwas Geld erübrigen konnte, gab sie es ihm und sagte, er solle sich dafür am Bücherkarren an der Ecke ein paar Romane leihen, damit er etwas zu lesen habe. Na Wu lieh sich ein paar Bände der Räuberpistole »Die zwölf Schatzwächter«. Beim Lesen fiel ihm wieder ein, wie ihm der Meister der Klause des berauschten Schläfers das Manuskript verkauft hatte, und er fand, so leichten Kaufes sollte ihm der saubere Herr nicht davonkommen. Noch am selben Tage gab er vor, einen Freund besuchen zu wollen, und forderte Fahrgeld von Großmutter Yun. Ziyun gab ihm die zwei Yuan, die sie gerade eingenommen hatte, mit den Worten: »So ist es recht,

Er ging zunächst zu einem Garkoch Ecke Dongsi-Straße.

geh aus und amüsiere dich ein bißchen! Sonst fällt dir bloß die Decke auf den Kopf, und du wirst gar noch krank. Aber denke daran, laß dich nicht wieder mit diesem Gesocks ein, du weißt schon! Wir sind schließlich nicht irgendwer!«

Na Wu hatte das Gefühl, daß ihm von der einfachen Kost, die er jetzt Tag für Tag vorgesetzt bekam, die Därme vertrockneten. Deshalb ging er zunächst zu einem Garkoch Ecke Dongsi-Straße, wo er sich an einer Schüssel Kuttelflecke labte, und aß dann am Tempel des Erhabenen Glücks noch eine Portion Hammelblutwurst in Brühe. Danach erst fuhr er mit der Straßenbahn zur Zhushikou-Straße. An der Klause des berauschten Schläfers angekommen, schlug er den Türvorhang zurück; da kam ihm schon der Klausner mit schlappenden Pantoffeln entgegen, schüttelte ihm die Hand und sagte: »So eine Überraschung! Sie sind sicher jetzt ein reicher Mann, wie? Ich habe mich überall nach Ihrem Verbleib erkundigt, aber niemand wußte etwas!«

Na Wu antwortete: »Ein reicher Mann! Mit Ihrem ›Fischförmigen Wurfspieß‹, was? Um ein Haar hätte mir Wu Cunzhong das Rückgrat gebrochen!«

Darauf der Klausner: »Das haben Sie sich aber selbst zuzuschreiben. Wie kann man ein gekauftes Manuskript aus der Hand geben, ohne auch nur ein Zeichen daran zu ändern! Statt Sinn-und-Form-Bruderschaft und Acht-Trigramm-Bruderschaft hätten Sie bloß Adlersee-Loge und Schwert-Bruderschaft oder dergleichen einzusetzen brauchen. Aber lassen wir doch das Vergangene ruhen! Jetzt wartet ja ein hübsches Sümmchen auf Sie.«

Na Wu sagte: »Machen Sie sich nicht auch noch lustig über mich!«

Doch der Klausner meinte: »Ob Sie es glauben oder nicht ... Aber nehmen Sie erst einmal Platz, ich bin gleich wieder da!« Der Klausner nötigte Na Wu, sich hinzusetzen, goß ihm Tee ein und ging zur Tür hinaus, dem Klang der Schritte nach die Treppe hinauf. Ein Weilchen später komplimentierte er einen Mann mit den Worten zur Tür herein:

»Sie wollten doch schon immer den jungen Herrn Na kennenlernen, nicht wahr? Heute trifft es sich endlich, daß er meine bescheidene Hütte mit seiner Anwesenheit beehrt. Darf ich vorstellen: Herr Direktor Jia Fenglou.«

Na Wu erkannte in ihm den Herrn mittleren Alters, der ihm beim erstenmal die Wohnung des Klausners gezeigt hatte. Schnell erhob er sich, verneigte sich und sagte: »Wir sind einander doch schon begegnet!«

»Aber ja! Ich war gleich auf den ersten Blick beeindruckt von Ihrer Persönlichkeit und wußte, das ist kein Dutzendmensch. Sie verzeihen, aber ich muß Ihnen gestehen, ich habe mich irgendwie sofort zu Ihnen hingezogen gefühlt. Daß ich heute von Angesicht zu Angesicht vor ihnen stehe und mit Ihnen rede! Da weiß man doch, daß man nicht umsonst gelebt hat!«

»Ich bitte Sie, das ist doch wirklich zu viel der Ehre!«

»O nein, ich meine das ganz ernst! Ich habe mich doch dann nach Ihnen erkundigt – Sie sind von edlem Geblüt, der Sohn des Hauses Na! Ich hätte mich rechts und links ohrfeigen mögen: Wie konnte ich Unwürdiger auch nur einen Moment mit dem Gedanken spielen, die Verbindung zu einem so hochgeborenen Herrn suchen zu wollen!«

Der Klausner warf ein: »Herr Na ist ja so ein liebenswürdiger und umgänglicher Mensch! Und immer so leutselig!«

»Nicht wahr! Mein lieber Nachbar hier hat mir immer schon erzählt, Sie sitzen nicht auf dem hohen Roß, Sie nicht! Ich habe daraufhin gesagt, wenn Sie wiederkämen, müßten Sie mir unbedingt die Ehre erweisen, Ihren Fuß unter mein bescheidenes Dach zu setzen, damit wir uns richtig kennenlernen.«

Na Wu entgegnete: »Zu freundlich von Ihnen! Doch ich selbst habe keinerlei Verdienste aufzuweisen – ein schwacher Abglanz vom Ruhme meiner Vorfahren! Aber wollen Sie nicht Platz nehmen?«

Jia Fenglou sagte lachend zum Klausner: »Eigentlich wollte ich ja Sie beide zu mir heraufbitten.«

Der Klausner erklärte Na Wu: »Eben, als ich Direktor Jia sagte, Sie wären da, hat er nämlich sofort jemand ins Restaurant geschickt und ein Mahl bestellt. Da können wir schlecht ablehnen. Gehen wir?«

Na Wu wehrte ab: »Gleich bei der ersten Begegnung – schickt sich das denn? Aber wie wäre es, wenn Sie als meine Gäste mit ins ›Haus zur Sonne‹ kämen?«

»Sie wollen mir also nicht die Ehre erweisen?« fragte Jia Fenglou. »Auch meine Schwester ist begierig, Sie kennenzulernen. Soll ich sie vielleicht rufen, damit sie Sie überredet?«

Der Klausner zog Na Wu einfach am Arm, und so – halb gezogen, halb geschoben – ging er mit den beiden Herren die Treppe hinauf.

Jia Fenglou bewohnte vier Zimmer im Obergeschoß, von denen je eins ihm und seiner Pflegeschwester als Wohnraum diente, während die beiden anderen Empfangsräume waren. In das eine davon komplimentierte er nun Na Wu. An den Wänden des Zimmers hingen gerahmte Fotos von Fräulein Jia Fengkui, einige zeigten sie in verschiedenen Bühnenkostümen; Zeitungsausschnitte mit Lobeshymnen auf die Künstlerin waren hinter die Rahmen geklemmt. Auf einer Anrichte lag eine mit leuchtend roten Quasten verzierte achteckige Trommel, und seitlich davon hing eine dreisaitige Sanxian. Ein rotlackierter Schreibtisch war mit geblümtem Wachstuch bedeckt, und darauf lagen ein paar Hefte der Illustrierten »Das große Wort« und »Die Bunte«, Literatur über den Sprechgesang mit Trommelbegleitung aus dem Verlag »Halle der kostbaren Literatur« und diverse Rollenbücher. Ein »Columbia«-Grammophon mit gewaltigem Schalltrichter prangte auf einem Beistelltischchen. Jetzt erst ging Na Wu auf, daß es sich bei den Geschwistern Jia um Künstler handelte.

Nachdem man Platz genommen hatte, sagte der Klausner: »Ich weiß ja, Herr Na, Sie interessieren sich am meisten für Peking-Oper und Pingju-Oper, so daß Sie noch nicht viel mit Geschichtenerzählern und Balladensängern zu tun gehabt haben. Aber wenn Sie mal Zeit haben, hören Sie sich ruhig einmal Fräulein Fengkui an, wenn sie Balladen singt und sich dabei selbst auf der Sanxian begleitet. All die schönen alten Lieder, noch dazu im klassischen Stil des großen Rong! Ein Genuß – und nicht nur in musikalischer Hinsicht!«

Darauf Na Wu, halb aus seinem Sessel erhoben und mit angedeuteter Verneigung: »Vielen Dank für Ihren freundlichen Hinweis! Ich werde ihn unbedingt befolgen.«

Jia Fenglou sagte: »Sie meinen doch nicht im Ernst, daß Herr Na seine Zeit verschwenden wird, uns zu beehren! Was meine Schwester zu bieten hat, ist ja nun wirklich nichts für so verwöhnte Ohren!«

»Nun hören Sie aber auf!« fiel da der Klausner mit todernster Miene ein. »Fräulein Fengkui ist nicht nur eine begnadete Künstlerin, sondern außerdem auch noch die Liebenswürdigkeit in Person. Ich sage immer, Fräulein Fengkui ist ein seltener Glücksfall für jeden Freund der Bühnenkunst.«

Na Wu dachte bei sich: Wenn du bloß mit dem Gequatsche aufhören würdest! Sängerinnen nachsteigen, das war Papas Spezialität. Ich könnte es sowieso nicht, selbst wenn ich es wollte.

In diesem Moment öffnete sich der Türvorhang, und es erschien Jia Fengkui.

Sie war heute ohne Make-up, nur ihre Lippen waren ganz leicht geschminkt, so daß sie bedeutend jünger wirkte als bei der ersten Begegnung. Sie konnte kaum älter als siebzehn oder achtzehn Jahre sein. Bekleidet war sie mit einem seitlich geschlitzten Etuikleid aus Seidengeorgette mit halblangen Ärmeln, dazu trug sie gestickte weiße Seidenpantöffelchen. Das Haar war locker hinter die Ohren frisiert und mit großen perlweißen Zierspangen zusammengehalten. An der Schläfe prangte eine weiße Orchidee. Lächelnd, die Hände an den Hüften leicht anliegend, deutete sie – weder herausfordernd noch unterwürfig – eine Verneigung vor Na Wu an und sagte: »Sie müssen mir verzeihen, daß ich Sie nicht eher begrüßt habe. Wollen Sie sich bitte nach nebenan bemühen? Es ist angerichtet.«

Jia Fenglou führte Na Wu ins Nebenzimmer, wo auf einem Tisch Tellerchen mit allerlei pikanten Häppchen und je ein Porzellankännchen mit Schnaps und heißem Huadiao-Reiswein bereitstanden.

Während die Becher kreisten, ging es weiter mit den Schmeicheleien für Na Wu, der vollends aufgetaut war, nachdem er einige Gläschen intus hatte, und nun begann, Fräulein Jia mit frivolen Geschichtchen zu unterhalten. Sie aber ging weder darauf ein, noch spielte sie die Prüde. Es hatte den Anschein, als sei sie eine Außenstehende, die wohl einmal an einer passenden Stelle ein Lächeln aufsetzte, ansonsten aber abwesend vor sich hin blickte und ihren eigenen Gedanken nachhing.

Nach dem Essen bat Jia Fenglou seine Gäste wieder in den ersten Salon. Der Klausner schützte einen dringenden Redaktionstermin vor und verzog sich. Fengkui entschuldigte sich, sie wolle den Eßtisch abräumen. Auch Na Wu wollte sich verabschieden, doch Jia Fenglou hielt ihn mit den Worten zurück: »Ich habe noch ein Anliegen an Sie. Wir sind ja noch gar nicht zur Sache gekommen, und Sie wollen schon gehen!«

Da blieb Na Wu nichts anderes übrig, als sich wieder zu setzen.

Nachdem Herr Jia ihm eine Tasse Tee aufgenötigt hatte, sagte er zu ihm: »Ich weiß nämlich von einem hübschen Sümmchen, das nur darauf wartet, eingestrichen zu werden. Allerdings fehlt mir ein Helfer, und da habe ich an Sie gedacht!«

»Worum geht es denn?«

»Es gibt da in letzter Zeit so einen jungen Herrn, so einen Neureichen, der mit seinem Geld meinem Schwesterchen nachstellt. Als ob die so eine wäre! Sie ist Künstlerin!«

»Wer wüßte das nicht!«

»Andererseits – Kunst geht nach Brot! Man muß die Herren in Schach halten, aber spendabel sollen sie schon sein. Das sind doch alles Spekulanten, man weiß doch, woher die ihr Geld haben. Sollen die etwa ungerupft bleiben?«

»Das stimmt schon. Aber wie soll man es anstellen, daß sie an die Dame nicht herankommen und trotzdem bereit sind, etwas springen zu lassen?«

»Dazu braucht man einen zweiten Mäzen, der ebenfalls hinter meiner Schwester her ist, und zwar so sehr, daß er bereit ist, mit seinem Geld den anderen zu überbieten. Dem bewußten Herrn kommt es nämlich sowohl auf meine Schwester als auch auf sein eigenes Gesicht an – er wird sich nicht scheuen, dafür sein letztes Geld herzugeben. Wenn er dann alles ausgegeben und seinen Gegner immer noch nicht aus dem Feld geschlagen hat, wird er sich mit eingekniffenem Schwanz davonstehlen.«

»Ich verstehe! Sie wollen also, daß ich mit ihm um die Wette Geld auf Ihre Schwester setze?«

»Genau!«

Na Wu lachte auf und sagte in scherzhaftem Ton: »Alles schön und gut! Und ich bin Ihrem Fräulein Schwester auch durchaus geneigt. Aber leider – bin ich etwas knapp bei Kasse.«

Jia Fenglou entgegnete: »Aber ich bitte Sie! Wir sind doch Freunde! Werde ich Sie etwa um einen Gefallen bitten und Sie dabei auch noch ruinieren? Im Gegenteil! Wenn alles glatt geht, will ich mich schon erkenntlich zeigen.«

Erst jetzt begann die Sache Na Wu ernsthaft zu interessieren. »Erklären Sie mir doch mal genauer, wie das Ganze funktionieren soll! Nicht etwa, weil ich auf eine Gratifikation hoffe. Für meine Freunde lasse ich mich vierteilen, wenn's drauf ankommt.«

»Ich danke Ihnen für diese Worte. Damit ist die Sache schon halb gelaufen. Von morgen an kommen Sie jeden Tag in das ›Balladen-Teehaus‹ im Tianqiao-Viertel und hören sich das Programm an. Sie sind natürlich Gast des Hauses. Man wird Ihnen eine Schale Obst vorsetzen und eine heiße Kompresse zur Erfrischung bringen. Wenn dann meine Schwester auftritt und Sie hören, daß jemand ihr einen Programmwunsch zuruft, tun Sie das gleiche. Immer, wenn der andere sich eine Nummer wünscht, bestellen auch Sie eine, und wenn der zehn Yuan spendiert, dann geben Sie mindestens fünfzehn oder meinetwegen auch zwanzig.«

»Aber man muß doch wohl nicht gleich bezahlen?«

»Doch, natürlich! Aber Sie brauchen keine Angst zu haben, wenn es soweit ist, werde ich jemand schicken, der Ihnen heimlich das Geld zusteckt. Sie zahlen immer so viel, wie ich Ihnen schicke. Behalten Sie nichts für sich zurück, und passen Sie auf, daß der Kellner nichts für sich selbst abzweigt! Nach getaner Arbeit setzen wir zwei uns dann zu einem kleinen Imbiß in einem Séparée im Restaurant ›Zu den zwei Freunden‹ zusammen, natürlich auf meine Kosten! Wir werden dann unter Brüdern abrechnen, denn Abrechnung muß sein, und Ihre Gratifikation, die bekommen Sie auf Heller und Pfennig ausbezahlt.«

Na Wu sagte eifrig: »Also schön! Hoffen wir, daß alles gut geht!«

»Bloß . . .«, murmelte Herr Jia und fuhr dann mit gesenkter Stimme fort: »Sie wissen Bescheid, und ich weiß Bescheid. Aber niemand anders darf davon Wind kriegen. Und noch was: Ihre Kluft!«

»Was heißt Kluft?«

»Sie müssen sich anders anziehen. Jeder, der Sie jetzt sieht, weiß sofort, Sie sind ein junger Herr aus gutem Hause. Der mag zwar freigebig sein, aber so gut gepolstert ist er nun auch wieder nicht, daß er den anderen überbieten könnte, denn auf dem Geld sitzt ja der alte Herr. Gibt er allzuviel aus, wird man vielleicht sogar Verdacht schöpfen. Also, Sie müssen so auftreten, als ob Sie Ihr eigener Herr mit eigenem Beruf und unabhängigem Einkommen wären.«

»Abgemacht!« sagte Na Wu lachend. »Als armer Schlukker aufzutreten würde mir schwerfallen, aber als Geldsack – das liegt mir sehr!«

»Sonst hätte ich ja auch nicht gleich bei unserer ersten Begegnung gemerkt, daß Sie nicht irgendwer sind.«

Beim Abschied drückte Jia Fenglou Na Wu ein in rotes Geschenkpapier gewickeltes Päckchen in die Hand. »Wenn Sie in das Teehaus gehen, brauchen Sie Trinkgeld. Das ist für Ihre Auslagen.« Na Wu zierte sich ein bißchen, aber Jia Fenglou sagte: »Freunde sind Freunde, und Geschäft ist Geschäft! Sie können sich doch nicht für mich in Unkosten stürzen!«

IX

Als Na Wu nach Hause kam, log er Großmutter Yun vor, ein Freund würde Hochzeit machen und hätte ihn gebeten, ein paar Tage lang bei den Vorbereitungen zu helfen. Sie sagte: »Zu Hause ist man auf die Eltern angewiesen, in der Fremde auf die Freunde. Also ist es gut, wenn man auch mal etwas für seine Freunde tut.«

Na Wu fuhr fort: »Aber in diesem Aufzug kann ich mich nicht blicken lassen. Ich wollte dich bitten, mir mit ein paar Yuan auszuhelfen, dann könnte ich mich beim Kostümverleih ein bißchen herausstaffieren.«

»Die Sachen aus dem Kostümverleih sitzen doch überhaupt nicht«, antwortete Großmutter Yun. »Und wenn du sie zurückgibst und es ist irgendwo ein kleiner Riß darin, ziehen sie dir gleich das Fell über die Ohren. Ich habe hier noch ein paar Sachen vom Alten Gebieter, alles guter Stoff. Die werde ich für dich ändern. Du wirst sehen, alle werden dich bewundern.«

Mit diesen Worten nahm Großmutter Yun ihm Maß. Dann kramte sie aus der Kampferholztruhe einige lange Obergewänder und Mandarinjacken aus mit Batatensaft imprägnierter Jacquardseide, Hangzhou-Seide und Georgette hervor und ließ Na Wu wählen, welche ihm gefielen. Schließlich machte sie sich ans Werk und nähte beim Schein der Petroleumlampe die ganze Nacht hindurch, während Na Wu friedlich schlummerte.

Als er am nächsten Morgen erwachte, lagen die neuen Sachen schön gebügelt und ordentlich zusammengelegt auf seinem Stuhl. Freudig erregt sprang er aus dem Bett und probierte sie an. Sie paßten nicht nur wie angegossen, sondern waren auch ganz modisch. Großmutter Yun hatte nämlich in letzter Zeit ihren Lebensunterhalt mit Näharbeiten verdient und war deshalb über die Kleidermode bestens informiert. Als Na Wu in seinem neuen Staat zu ihr hinüberging, um ihr zu danken, war sie schon einkaufen gegangen. Na Wu drehte und wendete sich vor dem Spiegel – tatsächlich, er sah aus wie der Juniorchef eines florierenden Unternehmens! Schade nur, daß ihm ein passender Hut fehlte und er auch kein Geld hatte, sich einen zu kaufen. Nun, er würde sich das Haar schneiden, es schön pomadisieren und sich vielleicht ein wenig fülligere Locken fönen lassen – so würde das Fehlen des Hutes sicher gar nicht auffallen.

Das »Balladen-Teehaus« lag im Südwesten des Sanjiao-Marktes im Tianqiao-Viertel, nicht weit vom Zentrum dieses Viertels entfernt. War man dort hingelangt, vorbei an den Buden der Straßenkomödianten, den Imbißständen mit ihren niedrigen Holzbänken unter großen Zeltplanen und dem Ringerzelt, in dem Bao Sandai eine Fahnenstange auf dem Kopf balancierte, dann kam einem die Gegend vergleichsweise fast ein bißchen menschenleer vor, obwohl auch hier zu beiden Seiten der Straße dichtgedrängt Buden und Stände waren: Fußpfleger, Warzenentferner, Affendresseure, Briefschreiber, Horoskopsteller, Traumdeuter, Heilkünstler, Kostümfotografen. Vor einem Salbenladen stand ein Kessel mit Salbe, in dem ein Lehrling mit zwei stößelähnlichen Geräten herumrührte, wobei er seine Ware anpries: »Heilt Ihren Tripper, hilft gegen alles!« Am westlichen Ende der Straße angekommen, stieß man auf eine roh verputzte Wand aus Sorghum-Stroh, an der ein kleines, leuchtend rotes Holzschild mit der Aufschrift »Balladen-Teehaus« prangte. An der Tür, vor der ein halblanger Vorhang hing, stand ein Mann in offenem weißem Hemd und mit Strohhut, ein flaches Weidenkörbchen in der Hand; er klingelte mit den darin befindlichen Münzen und rief dazu lauthals: »Na, wer hat noch Appetit auf Süßes? Wer hat Appetit auf Süßes?« Na Wu dachte bei sich: Nanu, ist das etwa jetzt ein Restaurant? Aber der Mann fuhr schon fort zu rufen: »Genießen Sie die süße Stimme von Jia Fengkui! So hell, so rein, so schmeichelnd süß! Zuckermelonen und Honigseim, Eßkastanien aus Liangxiang – nichts ist so süß wie diese Stimme, nicht mal Kandiszucker . . .«

Die verputzte Mauer war über und über mit roten Zetteln beklebt, lauter Künstlernamen – von »Perlenfäßchen« bis zu »Weißer Jasmin«; einige Namen waren aus Goldpapier ausgeschnitten und auf die Mauer geklebt, darunter der Name von Jia Fengkui.

Als Na Wu den Vorhang beiseite ziehen und eintreten wollte, versperrte ihm der Mann mit dem Korb mit dem Arm den Weg und fragte: »Ihr werter Name?«

»Ich heiße Na. Aber seit wann muß man sich ausweisen, wenn man ein Teehaus aufsucht?«

Ohne Na Wus feine Ironie zu beachten, hob der Mann den Türvorhang hoch und rief mit lauter Stimme: »Herr Na Wu!«

Von drinnen tönte es wie ein Echo zurück: »Herr Na Wu!« – »Oh, Herr Na! Bitte sehr!« – »Darf ich bitten?« Zwei, drei Kellner eilten herbei, begrüßten ihn ehrerbietig und führten ihn dann zu einem Tisch etwas links von der Mitte des Raumes, auf dem schon weiße und schwarze Melonenkerne zum Knabbern und ein Teller mit ein paar Melonenscheiben bereitstanden. Ein Kellner brachte das Teegeschirr, und ihm folgte ein anderer, der Na Wu eine parfümierte heiße Kompresse reichte. Als Na Wu die Hand danach ausstreckte, fühlte er plötzlich etwas Weiches, Gerolltes im Handteller. Er wischte sich das Gesicht und senkte dabei den Blick: Es war ein Zwanzig-Yuan-Schein, eingerollt in einen Zettel mit den Worten »In Gewitter und Sturm kehrt das Boot zurück«.

Jetzt erst hatte Na Wu Muße, Teehaus und Bühne genauer zu betrachten.

Das Etablissement war nicht groß, im Gastraum standen nur sieben oder acht Tische, die meisten mit Obsttellern darauf. Die hinteren Tische waren unbesetzt, während an den vorderen jeweils drei oder vier Gäste saßen. An einem anderen Tisch, ihm schräg gegenüber, seitlich von der Bühne, saß ebenfalls nur ein einzelner Gast. Der Mann war wohl noch ein paar Jahre jünger als Na Wu. Er trug einen Anzug europäischen Schnitts und Lederschuhe und hatte eine scharlachrote Krawatte mit goldgestickten Drachen umgebunden. In den Seitengängen und in den hinteren Reihen standen nur schmale Bänke, keine Tische. Die Bänke aber waren dicht besetzt, allerdings nur bis kurz vor Schluß einer Nummer – dann drängten alle überstürzt nach draußen; doch sobald der Mann mit dem Sammelkorb vorbei war, kehrten sie ebenso eilig wieder auf ihre Plätze zurück.

Die Bühne war ein richtiges Nudelbrett. An der Wand, die sie nach hinten zu begrenzte, hingen ein paar von Verehrern gestiftete Seidentücher mit Aufschriften wie »Gesang und Tanz – des Lebens Glanz« oder »Keine Wolke mehr zieht, hört sie dies schöne Lied!«. Unter diesen Tüchern waren im Halbkreis etwa ein Dutzend Stühle aufgestellt, auf denen unterschiedlich zurechtgemachte, stark geschminkte weibliche Wesen saßen. Auch wenn an der Rampe gerade jemand auftrat, hörten die hinten Sitzenden nicht auf, einzelnen Zuschauern zuzunicken und ihnen lächelnd zuzuwinken.

Im Moment bot gerade eine vollschlanke Künstlerin das Lied vom Schwarzen Esel dar, eine Meihua-Dagu-Ballade mit Trommelbegleitung. Als sie geendet hatte, legte sie ihre Sandelholzklapper nieder und verbeugte sich, den Kopf nekkisch zur Seite geneigt. Im Saal begann man zu klatschen, während einige Servierer mit vorgestreckten Körbchen in die Seitengänge und nach hinten stürmten und dazu schrien: »Bezahlen! Bezahlen! Man dankt!« Links von der Vorbühne war ein schmales Anschlagbrett aufgestellt, wie man es auch an der Tür von Apotheken findet, und darauf war ein Block weißer Zettel mit den Namen der Künstlerinnen angebracht, der der gerade auftretenden jeweils zuoberst. Mitten in dem Lärm ging ein Bühnenarbeiter hinüber und schlug das nächste Blatt auf, woraufhin nunmehr die drei Zeichen des Namens Jia Fengkui zum Vorschein kamen. Kaum war der Name sichtbar, rief jener junge Mann im westlichen Anzug »Bravo!« und winkte einem Kellner, der sofort herbeieilte und mit gebeugtem Rücken den Anweisungen lauschte, die der junge Mann ihm gab. Mit einer ihm übergebenen Banknote schlängelte sich der Kellner sodann durch das Gewimmel bis zur Bühne, ergriff dort ein viereckiges Tablett und verkündete, das Tablett mit dem Geld vorweisend, mit lauter Stimme von der Bühne herab: »Herr Yan wünscht sich ›Die belauschte Schneiderin‹ und spendet zehn Silber-Yuan!« Woraufhin die auf der Bühne sitzenden Mädchen und die im Gastraum hin und her eilenden Kellner sofort und wie aus einem Munde »Man dankt!« riefen.

Jia Fengkui erhob sich von ihrem Stuhl und trippelte graziös zur Bühnenmitte, von wo aus sie sich lächelnd vor jenem jungen Mann verneigte.

Heute trug sie ein anderes Kostüm, ein lindgrünes Blüschen mit weiten Ärmeln und dazu passende weite Hosen, die Manschetten, Knopfleisten und Hosensäume jeweils mit einer doppelreihigen zentimeterbreiten Stickerei abgepaspelt. Hinter den Ohren hatte sie Haarteile einfrisiert, die in einen dicken, glänzenden Zopf mit roten Bändern und Troddeln an Wurzel und Spitze ausliefen. Dazu trug sie ein Paar lange Ohrgehänge mit jadebesetzten Blumen aus Perlen. Na Wu dachte, es sei wirklich kein Wunder, daß er sie eben, als er sich setzte, nicht erkannt hatte.

Noch ganz in Gedanken verloren, erhielt er plötzlich einen leichten Rippenstoß. Als er sich umdrehte, sah er, daß es der Kellner war, der ihm die Kompresse gebracht hatte. »Herr Na!« sagte dieser mit einer vielsagenden Grimasse in Richtung auf jene Zwanzig-Yuan-Note.

Hastig nickte Na Wu und gab dem Kellner den Geldschein so zusammengerollt, wie er ihn erhalten hatte. Spornstreichs eilte der nach vorn, nahm das Tablett und verkündete dann von der Bühne: »Herr Direktor Na wählt das Couplet ›In Gewitter und Sturm kehrt das Boot zurück‹ und spendet zwanzig Silber-Yuan!«

Wieder das gleiche Geschrei vor und auf der Bühne. Jia Fengkui trat an die Rampe, verneigte sich lächelnd zu Na Wu hin und sprach in gemessenen Worten: »Herr Direktor, wir danken Ihnen vielmals!«

Alles begann zu wispern, und aller Augen waren plötzlich auf Na Wu gerichtet. Jener junge Mann im westlichen Anzug war aufgestanden und fixierte Na Wu mit grimmigen Blicken. Erst als auf der Bühne die Musik einsetzte, nahm er wieder Platz. Von einem Moment zum nächsten fühlte sich Na Wu in die goldenen Zeiten zurückversetzt, da seine Familie noch etwas galt. Mit seinem wiedergewonnenen Selbstvertrauen hatte sich unwillkürlich seine ganze Haltung verändert. Stolz erhobenen Hauptes saß er da, und jene gewisse Bemühtheit, mit der er kurz nach der Ankunft in dem Teehaus seine Rolle gespielt hatte, war wie weggeblasen. Kurz, er war in seinem Element!

Von da an wanderte jene Zwanzig-Yuan-Banknote wie beim Bäumchen-Bäumchen-wechsle-dich!-Spiel immer wieder hin und her: Ein ums andere Mal trug sie der Kellner auf dem Tablett auf die Bühne, um sie gleich darauf mit einer heißen Kompresse wieder zu Na Wu zurückzubringen und sie ihm verstohlen zuzustecken. Schließlich hatte jener Herr Yan offenbar alles Geld, das er bei sich trug, ausgegeben, so daß er voller Wut auf den Tisch schlug und hinausging, begleitet vom Chor der Kellner mit ihrem »Auf Wiedersehen, Herr Yan!«. Beim Hinausgehen drehte sich Herr Yan noch einmal um, musterte Na Wu von oben bis unten und sagte mit erhobener Stimme: »Reservieren Sie mir morgen drei Vordertische! Ein paar Freunde wollen mit mir zusammen Fräulein Jia anhören.«

Diese Worte waren Balsam für Na Wus Seele, wie ein Glas eisgekühlte Pflaumenlimonade an einem glutheißen Sommertag. All die Monate lang hatte man immer nur ihm übel mitgespielt, heute endlich kostete auch er einmal das süße Gefühl aus, jemand hereinzulegen. Selbst der immer noch an ihm fressende Ärger mit Bilder-Han seinerzeit war wie weggeblasen. Leider hatte nach dem Abgang seines Widersachers der Kellner den Zwanzig-Yuan-Schein kassiert und nicht wiedergebracht. Dabei war seine Begierde, den feinen Mann zu markieren, noch keineswegs befriedigt. Lustlos hörte er sich zwei weitere Balladen an, die ihn aber völlig kalt ließen. Da richtete ihm der Kellner aus, Jia Fenglou erwarte ihn im Restaurant »Zu den zwei Freunden«. Na Wu ließ ein paar Münzen als Trinkgeld auf dem Tisch zurück und schickte sich an, zu gehen, während der Kellner das Geld einsteckte und dazu rief: »Direktor Na begibt sich nach Hause!« Begleitet von den vielstimmigen Abschiedsgrüßen, verließ Na Wu das Lokal.

Jia Fenglou erwartete ihn am Eingang des Restaurants. Beim Hinaufgehen sagte er zu ihm: »Sie haben das eben im Blut! Wer nicht selbst ein Phönixkind oder Drachenenkel ist, der lernt nie, so aufzutreten. Sie haben uns wirklich sehr geholfen!«

Es war zwar nur ein Imbiß in Aussicht gestellt worden, doch ein üppig gedeckter Tisch erwartete Na Wu. Beim Auseinandergehen steckte Jia Fenglou ihm abermals ein rotes Päckchen zu. Als er es in der Rikscha aufmachte, war darin eben jener Zwanzig-Yuan-Schein, den er so oft benutzt hatte. Da nach Na Wus Rechnung sein Widerpart an diesem Abend mindestens einhundertfünfzig Yuan spendiert haben mußte, erschien ihm sein Gewinnanteil denn doch allzu gering. Andererseits sagte er sich, er als der junge Herr des Hauses Na würde sich bloß etwas vergeben, wenn er mit solchem Gesocks wie diesem Jia Fenglou zu feilschen anfinge. Sei's drum! Schließlich war es ja schon ein Spaß, als Mäzen aufzutreten und dabei noch Geld zu verdienen. Unterwegs kam er am Fruchthaus »Kabinett des weitreichenden Vertrauens« vorbei, stieg aus und kaufte zwei Packungen Backpflaumensirup. Zu Hause wartete Großmutter Yun schon am Tor auf ihn. Als sie ins Wohnzimmer gingen, gab er ihr den Sirup mit den Worten: »Hier, das habe ich dir mitgebracht.«

Großmutter Yun strahlte über das ganze Gesicht, fragte ihn aber sofort: »Wovon hast du denn das bezahlt?«

»Hab beim Spiel gewonnen.«

»In Zukunft darfst du aber nicht mehr Karten spielen. Gewinnen ist ja gut und schön, aber verlieren können wir uns nicht leisten. Wer Spielschulden hat, macht sich zum Gespött der Leute. Na, komm, ruh dich jetzt aus und freu dich, daß es etwas kühler geworden ist. Die Mücken habe ich schon vertrieben, die Moskitonetze sind heruntergelassen. Du bist sicher ganz geschafft nach einem so heißen Tag.«

X

Fast vierzehn Tage lang war Na Wu täglich ins »Balladen-Teehaus« gegangen, und der junge Herr Yan hatte über tausend Yuan ausgegeben. Eines Tages kam er mit einer großen Ledermappe herein und bestellte nach und nach ein reichliches Dutzend Lieder. Darüber wurde es sehr spät. Die Polizei hatte ein Ausgehverbot verhängt, dem zufolge es verboten war, nach Mitternacht noch unterwegs zu sein. Der Wirt und Jia Fenglou kamen persönlich und erklärten den beiden Herren die Situation. Sie möchten sie doch am nächsten Tag wieder beehren. Na Wu gab durch eine huldvolle Kopfbewegung sein Einverständnis kund, doch Herr Yan wollte nichts von Aufbruch wissen. »Ihr wollt wohl plötzlich nichts mehr verdienen? Hier habe ich noch einen ganzen Haufen Geld, das nur darauf wartet, ausgegeben zu werden.«

Inzwischen war ein allgemeines Durcheinander entstanden. Auch die Künstlerinnen verließen hastig die Bühne. Fengkui tauchte plötzlich hinter Na Wu auf, zog ihn am Ärmel und flüsterte: »Es wird was passieren! Schnell weg!« Da erst erwachte Na Wu aus seinen Träumen und schlich sich eilig hinaus.

Als er draußen war, merkte er, daß es schon sehr spät sein mußte. Die Buden zu beiden Seiten der Straße hatten längst zugemacht, und auch die Straßenbahn fuhr nicht mehr. Im Tianqiao-Viertel war es finster und menschenleer. Na Wu war etwas unheimlich zumute. Er räusperte sich und stimmte halblaut ein Couplet an, um sich Mut zu machen: »War einst ein Herr Wu in Shandong, sehr vornehm, doch leider nicht groß. Des Abends die Bettbesteigung gelang mit der Leiter ihm bloß . . .«

»Will der Herr mitfahren?« Eine Dreiradrikscha für zwei Personen war plötzlich neben ihm aufgetaucht. Darin saß ein Mann in grauem Anzug, schnarchend, mit schlaftrunken baumelndem Kopf. Der Rikschafahrer sagte zu Na Wu: »In die Oststadt! Es kann noch einer mitfahren. Ich mach's auch billiger, weil's meine letzte Fuhre für heute ist.«

Na Wu wollte schon einsteigen, fragte aber doch lieber erst: »Was heißt denn billiger?«

»Ein Yuan bis zur Dongdan-Kreuzung!«

»Das nennst du auch noch billiger?«

»Sehen Sie sich doch um! Da können Sie zwei Yuan bieten, eine Rikscha werden Sie nicht finden. Und in dieser Gegend allein zu Fuß? Also das rate ich Ihnen nicht. Mal abgesehen von den Kerlen in den dunklen Gassen – wenn Sie auf die Streife stoßen, müssen Sie nicht glauben, die lassen Sie mit 'ner Verwarnung für einen Yuan laufen!«

Während dieser Worte war der Rikschafahrer, der völlig

unbeteiligt dreinschaute, nicht etwa stehengeblieben, sondern war schon an Na Wu vorbei, als dieser ihm hinterherrief: »Wer sagt denn, daß ich nicht will! Halt doch mal an!«

Da erst hielt der Rikschafahrer, stupste den Schlafenden sachte an und sagte: »Rutschen Sie bitte mal etwas? Da will noch jemand mit.«

»Hä? Wieso will jemand mit?« brummelte der schlaftrunkene Mann. »Wieviel sollen denn hier noch reinpassen?«

»Nur noch einer! Das ist doch eine Zweier-Rikscha, haben Sie denn das nicht gemerkt?« erwiderte der Rikschamann und stieß und zerrte den Schläfer auf eine Seite des Doppelsitzes. Dann half er Na Wu, sich bequem hinzusetzen, und ab ging es! Als sie aus der Dongxi-Gasse kamen, hätten sie nach Norden abbiegen müssen, doch der Rikschamann lenkte nach Süden.

»Moment mal!« rief Na Wu. »In die Oststadt will ich. Wo fährst du denn hin?«

»Schön stillsitzen!« sagte der eben noch so schläfrige Fahrgast und packte Na Wus Hand, während er zugleich einen blinkenden Dolch hervorholte und gegen Na Wus Bauch drückte. »Ein Wort, und ich stoße zu!«

»Ach herrje! Sie . . .«

»Maul halten!«

Na Wu gehorchte, aber er zitterte so sehr, daß die Bretter des Rikschasitzes lauter klapperten, als wenn er gesprochen hätte. Der Mann mit dem Dolch zwickte ihn in den Oberschenkel und sagte: »So ein Jammerlappen! Schade um das schöne Essen, das sie fünfundzwanzig Jahre lang an dich verfüttert haben!«

Nachdem die Rikscha um zahlreiche Ecken gebogen war, mal nach links, mal nach rechts, wendete sie ein paarmal und gelangte endlich in ein Waldstück am Fuß einer großen Mauer. Dort war es menschenleer. Der Rikschafahrer hielt an, und der Mann mit dem Dolch zerrte Na Wu am Arm aus der Rikscha, indem er zu ihm sagte: »So, mein Freundchen, und jetzt rückst du mir hübsch dein Geld und deine Uhr heraus!«

Na Wu stammelte: »Eine Uhr, die habe ich, sie geht aber nicht. Aber wenn Sie sie haben wollen, nehmen Sie sie bitte. Geld habe ich nicht viel bei mir, nur zwei Yuan Fahrgeld.«

»Mein lieber Herr!« fiel der Rikschafahrer ein. »Als ob man ohne Geld Schauspielerinnen nachsteigen kann! Ich habe Sie schon ein paar Tage beobachtet.«

Der mit dem Dolch sagte: »Quatsch nicht soviel! Durchsuchen!«

Die Durchsuchung, so gründlich sie war, förderte tatsächlich nur zwei Yuan und eine alte Taschenuhr zutage, die nicht einmal mehr zur Ersatzteilgewinnung einen Käufer gefunden hätte. Wütend gab der Mann mit dem Dolch Na Wu zwei schallende Ohrfeigen und befahl ihm mit schneidender Stimme: »Ausziehen, aber schnell!«

Na Wu mußte sich völlig ausziehen, bis er schließlich mit hängenden Schultern und am ganzen Leibe zitternd in Unterhosen dastand. Er klapperte mit den Zähnen, aber nicht mehr nur vor Angst, sondern vor Kälte.

Der Rikschafahrer sagte: »Die Schuhe!«

Darauf Na Wu: »Lassen Sie mir wenigstens die Schuhe! Wie soll ich denn sonst laufen?«

Der Mann mit dem Dolch sagte: »Wieso laufen? Vielleicht zur Polizei, was? Los, zieh sie aus!«

Na Wu bückte sich und wollte die Schuhe ausziehen, da spürte er plötzlich einen Schlag auf den Hinterkopf und verlor das Bewußtsein. Als er wieder zu sich kam, stellte er fest, daß er die Schuhe immerhin noch anhatte. Aber es war noch nicht hell, und wohin sollte er sich wenden, nackt und bloß wie er war? Es blieb ihm nichts anderes übrig, als aufzustehen und ein paar Freiübungen zu machen, damit er nicht erfror, denn die Kälte kroch ihm bis ans Herz.

Endlich näherten sich Schritte. Irgend jemand übte ein Peking-Opern-Rezitativ: »Oh, Hoheit! Sie sind nun fünfzehn Jahre im Lande . . .«, sang jemand, der da vorüberging, der Stimme nach eine Frau. Na Wu versteckte sich schnell wieder hinter seinem Baum. Es mochte eine weitere Stunde vergangen sein, bis der Himmel allmählich heller zu werden begann. Ein Mann mit gebeugtem Haupt und gekrümmtem Rücken kam langsam von hinten an ihm vorbei. Na Wu rief: »Herr!«

Der Mann blieb stehen, schaute herüber und näherte sich ihm. Na Wu hatte scharfe Augen: Der Mann war noch sechs oder sieben Schritte entfernt, da sah er, daß es niemand anders war als Hu Datou, der Erhu-Spieler.

»Meister Hu!« rief Na Wu und stimmte ein lautes Wehgeschrei an.

»Was haben Sie denn? Herr Na? Warum haben Sie so lange keine Reportage mehr über unser Theater gemacht? Und ausgerechnet hier machen Sie Ihre Freiübungen! Warum weinen Sie denn? Ist etwas mit Großmutter Yun passiert?«

»Ach wo! Räuber haben mich bis aufs Hemd ausgezogen.«

»Ach, was Sie nicht sagen!« Hu Datou zog eilig sein langes Übergewand aus und legte es Na Wu um die Schultern, doch trug er nun selbst nur noch ein ärmelloses Unterhemd. Ein Blick auf Na Wu, ein weiterer auf sich selbst ... »Nein, so geht das nicht! So können weder Sie noch ich sich sehen lassen. Wir machen das anders: Sie warten hier, während ich bei Bekannten in der Nähe ein paar Sachen leihe. Aber gehen Sie nicht weg! Sonst laufen Sie womöglich einer Polizeistreife über den Weg und müssen obendrein noch wegen Erregung öffentlichen Ärgernisses einen Fünfziger Strafe zahlen.«

»Wo sind wir denn hier? In dieser Einöde Polizei?«

»Herrje, wo haben Sie denn Ihre Augen? Das ist doch der Altar des Göttlichen Landmanns!«

Hu Datou ließ sich sein Übergewand zurückgeben. Und als er wieder ordentlich und adrett angezogen war, ging er los. Na Wu versuchte, seinen Standort zu bestimmen – verdammt! Es war ja ganz in der Nähe des »Balladen-Teehauses«, nur eine Straße weiter! Und er entsann sich, gleich um die Ecke hatte er die rote Lampe eines Polizeireviers gesehen. Inzwischen war es vollends hell geworden. Immer mehr Leute kamen vorüber, die auf der Straße ihre Stimmübungen machten (dies war ja das Gaukler-Viertel von Peking), immer mehr Spaziergänger – Na Wu verbarg sich unter seinem Baum und wagte nicht, sich zu rühren, als wäre nicht er das Opfer eines Überfalls gewesen, sondern hätte selbst gerade jemand die Geldkatze gestohlen.

XI

Es verging ein Weilchen, da kam Hu Datou mit Wu Cunzhong, der schon aus großer Entfernung zu hören war: »Wo ist er denn? Wo steckt er bloß?« Na Wu erhob sich. Wu Cunzhong sah genauer hin und – brach in dröhnendes Gelächter aus. Er strich sich den Bart und sagte: »Ich denke, wer mag das sein? Und dabei ist es der Meister des Hauses der Lüfte! Wieso kommen Sie ausgerechnet hierher, um frische Luft zu schnappen? Schnell, ziehen Sie sich was an! Sonst werden Sie am Ende gar noch zum Meister des Hauses der Erkältungen!«

Na Wu nahm das Kleiderbündel entgegen, das ihm Wu Cunzhong hinhielt. Von außen war nur grobes blaues Tuch zu sehen, so daß er beim bloßen Anblick des Bündels ein bedenkliches Gesicht machte. Als er es öffnete und sah, daß es sich um einen verwaschenen Anzug aus blauem Drillich handelte, dessen Kragen noch dazu regelrecht speckig war, seufzte er erst recht. Wu Cunzhong erläuterte: »Das ist mein Ausgehanzug. Sie können ihn ruhig anziehen. Ob er sauber ist, weiß ich zwar nicht, aber Läuse sind jedenfalls nicht drin.«

Als Na Wu fertig angezogen war, lud Wu Cunzhong ihn

und Hu Datou zu einem Imbiß in seiner Wohnung ein. Na Wu fragte: »Sie beide kannten sich wohl schon?«

Hu Datou antwortete: »Ich gehe täglich hier am Altar des Göttlichen Landmanns spazieren und habe schon oft zugesehen, wie Herr Wu Seile dreht. Wenn wir einander begegnet sind, haben wir uns zugenickt. Gesprochen hatten wir aber vorher noch nie miteinander.«

Wu Cunzhongs Haus lag etwas westlich vom Gelände des Altars des Göttlichen Landmanns, in einiger Entfernung von der Normaluhr. Am Tor ein freier Platz, darauf mehrere Haufen von Strohbündeln und zwischen den Haufen zwei Gruppen von Kampfsportlern beim Training. Die eine Gruppe bildeten halbwüchsige Kinder, die unter Anleitung eines jungen Mannes Faustkampf trainierten. Der junge Mann hatte einen Rohrstock in der Hand und kommandierte lautstark: »Springen! Hauen! Achtung Stoßen! Seitwärts!« Die andere Gruppe bestand aus zwei Mädchen, die sich ohne Lehrer im Schwertkampf übten und dazu selbst die entsprechenden Anweisungen skandierten: »Unsterbliche weisen den Weg dir! Nach Fischen geht angeln der Opa! . . .« Im Vorbeigehen gab ihnen Wu Cunzhong Hinweise: »Xiao Xing, das Schwert waagerecht halten! Und Kopf hoch!« Und zu den Faustkämpfern gewandt: »Was soll denn das für ein Hieb sein? Sieht ja wie eine Flakkanone aus! Auf die Nasenspitze müßt ihr zielen!« Nach beiden Seiten redend, führte er seine Gäste in einen Gang, in dessen Toröffnung eine fußbetriebene Seilermaschine stand, daneben lagen auf der Erde viele Rollen gerade fertig gewordene Strohseile, dicke und dünne. Durch die Seilerbahn gelangten die drei in ein kleines Nordzimmer mit einem niedrigen Tisch und einigen Hockern direkt gegenüber der Tür. Auf dem Tisch standen Teller mit Topinambur und eingesalzenem Lauch sowie ein Dutzend Maispfannkuchen. Während Wu Cunzhong seine Gäste aufforderte, Platz zu nehmen, brachte seine Frau noch eine dünne Hirsesuppe herein, in der kein einziges Hirsekorn zu sehen war. »Nichts Besonderes! Alles nur vegetarisch!« sagte Wu Cunzhong. »Mal eine Abwechslung für Sie, Herr Na!«

Na Wu war zwar Pekinger und hatte jahrzehntelang in der Hauptstadt gewohnt, aber daß es hier noch solch einen Ort, solche Menschen, ein solches Leben gab – nein, das hätte er nie vermutet! Diese Leute waren weder überheblich noch unterwürfig, weder reich noch arm. Nie wäre es ihnen eingefallen, sich feine Kleider beim Kostümverleih auszuleihen, um den großen Mann zu markieren, und ebenso fern lag es ihnen, den Habenichts zu spielen, damit nur ja niemand auf den Gedanken käme, sie anzuborgen. Na Wu sprach es zwar nicht aus, aber bei sich dachte er doch, es müsse wohl ganz schön sein, so zu leben. Er fragte: »Und ein Hobby haben Sie doch auch, Herr Wu?«

Wu Cunzhong entgegnete: »Sie meinen wohl Opiumrauchen? Ach wo – ich doch nicht! Neulich brauchte ich nur einen passenden Raum für die bewußte Angelegenheit, und so ein Lokal ist schön unauffällig. Was denken Sie – das Geld, das mir ein Tag in der Seilerei einbringt, würde nicht mal für zwei Opiumkügelchen reichen! Und die Familie, sollte die etwa von Licht und Luft leben? Da wäre ich am Ende auch Meister eines Hauses der Lüfte!«

Na Wu stimmte in sein Gelächter ein. Nach ein paar Löffeln Hirsesuppe waren seine Lebensgeister wieder erwacht, und auch die Maiskuchen schmeckten vorzüglich. Scherzend sagte er: »Also Ihre Körnerkost ist wirklich delikat! Ich werde morgen tatsächlich als Seilerlehrling bei Ihnen anfangen.«

»Oh, das halten Sie nicht aus! So fein und weiß wie Sie sind, dauert es keinen Tag, und Sie haben keine Haut mehr auf dem Handteller. Sehen Sie sich mal meine Hand an!«

Wu Cunzhong hielt Na Wu eine Pranke vors Gesicht, so groß wie ein schilfgeflochtener Fächer. Na Wu befühlte sie und stellte mit einem Ausruf des Erstaunens fest, wie derb und dick sie war, voller Schwielen und härter als das Blech, mit dem man Wasserkannen flickt.

Hu Datou wollte von ihm wissen, wie er unter die Räuber

gefallen sei. Da es Na Wu peinlich war, zu gestehen, daß er als Helfershelfer der Geschwister Jia die Leute hereingelegt hatte, erzählte er nur das Ende der Geschichte – wie die Balladendarbietungen erst spät zu Ende gegangen seien und so weiter und so fort. Hu fragte, wo Na Wu denn überhaupt gewesen sei, und als er erfuhr, im »Balladen-Teehaus«, meinte er kopfschüttelnd: »Balladengesang mit Trommelbegleitung – da geht man entweder in den ›Basar der Östlichen Ruhe‹ in der Oststadt oder ins ›Haus der Unterhaltung‹ an der Xidan-Kreuzung in der Weststadt. Waren Sie wirklich in diesem ›Balladen-Teehaus‹?«

»Es war ja bloß zum Zeitvertreib!« antwortete Na Wu. »Und Ballade bleibt Ballade, wo immer sie gesungen wird, oder?«

Hu Datou entgegnete: »O nein, da gibt es gewaltige Unterschiede! Wer tritt denn schon im ›Balladen-Teehaus‹ auf? Das sind doch bessere Straßensängerinnen. Manche sind kleine Mädchen, frisch aus der Anfängergruppe. Wenn sie nicht sogar von ihren Eltern verkauft wurden und dort von ihren Käufern unters Volk gebracht werden. Sie können von Glück sagen, daß Sie nur ein bißchen Kleidung eingebüßt haben.«

Bei diesen Worten konnte Na Wu nur mit Mühe sein Erstaunen verhehlen – er hatte ja keine Ahnung gehabt, was hinter dieser Sache alles steckte! In diesem Moment fiel Wu Cunzhong lachend ein: »Ja, Ihre Kleidung – wenn das stimmt, was Sie uns erzählt haben, dann könnte man sie vielleicht sogar wieder zurückkriegen!«

Freudig überrascht fragte ihn Na Wu: »Und darf ich fragen, wie?«

»Das weiß ich auch noch nicht«, erwiderte Wu Cunzhong, »aber es gibt da Mittel und Wege! Die von der Langfingergilde hier im Tianqiao-Viertel, die haben alle ihre Verbindungen zur Polizei. Wenn die was geraubt oder gestohlen haben, egal, ob Geld oder Sachen, dann darf das innerhalb von zehn Tagen nirgends auftauchen, falls doch vom Revier jemand danach sucht. Das ist bei denen Gesetz. Aber wenn die zehn Tage um sind, da wird verkauft oder geteilt. Und für die Behörde fällt meist auch was dabei ab.«

»Also dann werde ich sofort Anzeige erstatten.«

»Wenn Sie Anzeige erstatten, ist das Diebesgut noch am selben Tag verschwunden. Die Sachen werden doch nicht zurückgehalten, damit jemand Anzeige erstatten kann. Im Gegenteil, sobald eine Anzeige vorliegt, kann man gar nichts mehr machen.«

»Was soll denn aber nun geschehen?«

»Ich weiß es auch nicht, aber man könnte ja jemand bitten, sich mal umzuhören. Doch wie gesagt – es muß Raub oder Diebstahl sein. Wenn es um persönliche Rache oder Machtkämpfe geht oder sonst was dahintersteckt, können die vom Polizeirevier nichts machen. Deshalb habe ich Sie ja eben gefragt, ob Ihre Geschichte stimmt.«

Na Wu wurde knallrot und sagte eilig: »Doch, doch, sie stimmt! Aber die Sachen sind es gar nicht wert, daß ich Sie deswegen behellige. Ich kaufe mir einfach neue. Bitte bemühen Sie sich nicht weiter!«

Wu Cunzhong lachte nur und sagte nichts mehr.

Nach dem Frühstück wollte Hu Datou Na Wu nach Hause begleiten. Doch der dachte bei sich, in diesem Kulianzug könne er sich unmöglich in der Stadt und unter Menschen sehen lassen, so daß er sagte: »Aber ich kann doch nicht in Herrn Wus Anzug davongehen! Wenn er ihn nun braucht? Könnten Sie nicht so freundlich sein, von Großmutter Yun ein paar Sachen für mich zu holen? Ich kann ja hier warten.«

Wu Cunzhong, der Na Wus geheime Gedanken nicht erriet, fiel ihm ins Wort: »Nein, nein, gehen Sie ruhig! Sie können die Sachen bei Gelegenheit vorbeibringen, das eilt gar nicht. Ich brauche sie im Moment nicht.«

Hu Datou dagegen war sich über Na Wus Motive im klaren. Es ärgerte ihn, daß dieser auch jetzt noch den Schein wahren wollte, und deshalb sagte er: »Offen gestanden wollte ich Sie nach Hause bringen, weil ich sowieso denselben Weg habe. Ich muß nämlich in den Klub der Peking-Opern-Amateure, habe da eine Stunde zu geben. Und nachmittags und abends sind Vorstellungen im Theater. Also habe ich gar keine Zeit, Sie hier wieder abzuholen. Wenn man vom Theater lebt wie ich, ist Zeit bares Geld. Einen halben Tag frei machen, das kann ich mir gar nicht leisten.«

So blieb Na Wu nichts anderes übrig, als sich mit Hu Datou zusammen zu verabschieden. Als sie aus dem Haus traten, lief die Seilermaschine bereits. Alles war voller Staub und Strohfusseln, so daß einem die Augen tränten. Der Bursche, der beim Faustkampftraining die Kommandos gegeben hatte, stand mit bloßem Oberkörper an der Maschine und betätigte das Fußpedal und schob Stroh nach. Die beiden Schwertfechterinnen hatten sich jetzt Handtücher um den Kopf gebunden und wickelten, auf dem Boden hockend, Seile auf. Na Wu sah das alles und hatte das bestimmte Gefühl, für diese Arbeit nicht geschaffen zu sein. Mit schnellen Schritten ging er zum Hoftor, wobei er zu Herrn Wu sagte, er brauche ihn doch nicht zu begleiten. Als Wu Cunzhong Na Wu zum Abschied die Hand schüttelte, sagte er zu ihm: »Ich habe Ihren Großvater gekannt und bin auch ein paar Jährchen älter als Sie, da möchte ich das Vorrecht des Alters einmal nutzen und Ihnen einen Rat geben.«

»Aber bitte, bitte!«

»Meiner Meinung nach hat es auch sein Gutes, daß es mit Ihrer Familie bergab gegangen ist. Als das Mandschurenheer seinerzeit aus dem Nordosten Chinas nach Süden vorstieß, da hatten wir nur die Acht-Banner-Divisionen und vielleicht zehntausend Pferde. Daß wir dann Herren über das ganze Reich wurden, beruhte einzig auf unserem eisernen Siegeswillen. In den darauffolgenden dreihundert Jahren aber lebten wir Mandschuren wie die Made im Speck, da ist uns dieser Unternehmungsgeist ganz und gar abhanden gekommen, und so war es nur recht und billig, daß die Große Qing-Dynastie unterging. Aber wenn es mit der Familie bergab geht, da ist dann Schluß mit Prunk und Verschwendung und diesem ganzen weltfremden Drohnenleben, wo die Leute ihre vier Gliedmaßen nicht gebrauchen und die fünf Getreidearten nicht voneinander unterscheiden können. Da haben wir die Chance, einen neuen Anfang zu machen und wieder zu nützlichen Menschen zu werden. Sicher, das wird am Anfang schwerfallen, aber auch wenn es noch so schwerfällt, wir dürfen nicht in den Sumpf von Lug und Trug geraten. Vor allem dürfen wir nicht den Japanern hinten reinkriechen. Ich habe gehört, seit die Japaner Kaiser Xuantong aus der Versenkung geholt und in Nordostchina als Marionettenherrscher eingesetzt haben, sind manche Pekinger Adligen und Angehörigen der kaiserlichen Familie zu ihm gestoßen. Lassen Sie sich warnen! Wenn Hunderttausende aufrechte Chinesen gegen die Japaner kämpfen, kann da das Mandschu-Reich von Japans Gnaden Bestand haben? Verbauen Sie sich um Himmels willen nicht Ihre Zukunft!«

Na Wu versicherte ihm: »In diesem Punkt kann ich Sie beruhigen. Mit Politik habe ich überhaupt nichts im Sinn! Würde mich nie trauen, da mitzumischen!«

Während Wu Cunzhongs Ermahnungen war Na Wu abwechselnd blaß und rot geworden. Je mehr er über das Gehörte nachdachte, desto unbehaglicher wurde ihm zumute. Er war sich plötzlich bewußt, daß nicht er mit Jia Fenglou zusammen andere übers Ohr gehauen hatte, wie es seine Absicht gewesen war, sondern daß am Ende er selbst hereingelegt worden war. Es fehlte ihm also nicht nur die Fähigkeit, etwas Ordentliches zu leisten, sondern er versagte sogar bei Gaunereien. Unwillkürlich stieß er einen tiefen Seufzer aus.

Hu Datou, der das mißverstand, meinte: »Herr Wu hat schon recht mit seinen Ermahnungen. Sie sollten sich das zu Herzen nehmen. Wenn Sie mich fragen – Sie müssen sich einen richtigen Beruf suchen! Sie können doch nicht ewig so weitermachen, planlos und ziellos wie eine Fliege ohne Kopf! Bei der Zeitung ist ja auch Schluß, wie ich neulich gehört habe. Wobei ich das nur gut finde. Denn diese Schreiberlinge, die leben von uns Künstlern wie die Blutegel, und am Ende beschimpfen sie uns auch noch. Im Theater gibt es niemand, der sie nicht verflucht.«

Na Wu sagte: »Aber selbst wenn ich einen neuen Anfang machen wollte, was könnte ich denn tun?«

»Alles mögliche!« antwortete Hu Datou. »Sie müssen sich nur einen Ruck geben und sich nicht zu schade sein fürs Arbeiten.«

Na Wu überlegte einen Moment. Dann: »Wie wäre es, wenn Sie mir Unterricht in Operngesang geben würden?«

Hu Datou mußte lachen. »Ach, Herr Na, Sie machen mir Spaß! Wie sagt man doch: ›Es ist leicht, Berge zu versetzen und Flüsse umzuleiten, doch es ist schwer, den Charakter eines Menschen zu ändern!‹ Meinen Sie im Ernst, die Schauspielerei würde Ihnen schmecken? Die Ausbildung an der Opernschule, das sind acht Jahre Zuchthaus! Und wenn man da rauskommt, dann ist man noch lange nicht fertig mit der Lehre, zumal wenn man schon so alt ist wie Sie. Sicher, ich könnte Ihnen aus alter Freundschaft mit Ihrer Familie ein paar Stücke beibringen, aber glauben Sie, davon könnten Sie leben?«

Na Wu entgegnete: »Ich will das ja gar nicht berufsmäßig machen, noch strebe ich nach Ruhm und Ehre. Mir würde es völlig reichen, wenn ich ein paar Stücke beherrsche, damit ich im Amateurklub mitmachen und mir ein bißchen Fahrgeld verdienen oder auch mal im richtigen Theater aushelfen kann und dafür eine Kleinigkeit zugesteckt bekomme. Als Kind habe ich von meinem Vater ein paar Szenen gelernt. Haben Sie damals nicht selbst gesagt, ich hätte Talent?«

Hu Datou sah ein, daß dieser Na Wu einfach außerstande war, dem Gedanken an einen anständigen Broterwerb auch nur nahezutreten, und gab es auf, ihm Ratschläge zu erteilen.

Großmutter Yun, die gemerkt hatte, daß Na Wu um Mitternacht noch nicht zu Hause war, hatte vor Aufregung die ganze Nacht nicht schlafen können. Kaum war sie frühmorgens aufgestanden, hatte sie Räucherstäbchen angezündet, gebetet und Gelübde abgelegt und Buddha angefleht, er möge doch Na Wu beschützen, auf daß ihm nur ja nichts passiere und sie selbst im Jenseits ihrem verstorbenen Gatten, dem Alten Gebieter, mit gutem Gewissen gegenübertreten könne. Als sie dann sah, in was für einem Aufzug Na Wu heimkehrte – weder städtisch noch ländlich gekleidet, in einem Drillichanzug, der um ihn herumschlotterte, dafür aber mit blankgeputzten neuen Lederschuhen an den Füßen –, wußte sie nicht, ob sie weinen oder lachen sollte. Der Bericht über sein Mißgeschick löste einen Strom von Ermahnungen aus. Mit bebender Stimme flehte Großmutter Yun Na Wu an, schön zu Hause zu bleiben und sich ja nicht wieder irgendwelchen Gefahren auszusetzen. Sie brachte ihm Kleider zum Wechseln. Dann wusch sie Wu Cunzhongs Anzug, faltete ihn ordentlich zusammen, steckte auch stillschweigend zwei Yuan in die Hosentasche und legte ihn bereit, falls Wu Cunzhong käme, ihn zu holen. Nach zwei Tagen erschien aber Hu Datou und sagte, er habe in der Oststadt im Klub der Peking-Opern-Amateure ein paar Stunden zu geben und könne auf dem Rückweg die Sachen bei Wu Cunzhong vorbeibringen.

Großmutter Yun redete ihm zu: »Nun machen wir Ihnen schon wieder solche Umstände! Tun Sie mir wenigstens die Liebe und essen Sie einen Happen mit uns, sonst habe ich ein gar zu schlechtes Gewissen!«

Hu Datou ließ sich nicht lange nötigen, denn er kannte diese »Großmutter Nebenfrau« noch von damals, als er im Hause von Na Wus Großvater verkehrt hatte. Beim Tee fing Na Wu abermals davon an, daß er bei ihm Unterricht nehmen wolle, aber Hu Datou druckste herum und vermied es, sich festzulegen. Nach einem Weilchen, als Na Wu hinausgegangen war, um etwas zum Essen einzukaufen, fragte Großmutter Yun: »Worum ging es eigentlich eben?«

Nur wer Geld hatte, konnte sich die aufwendigen Theaterkostüme und -requisiten für die Peking-Oper beschaffen.

Da berichtete ihr Hu Datou, daß Na Wu sich von ihm zum Darsteller ausbilden lassen wolle. »Doch Sie wissen ja selbst, in zehn Jahren kann man vielleicht jemand so weit bringen, daß er bei der Kaiserlichen Prüfung als Bester besteht, aber man wird nicht unbedingt einen guten Schauspieler oder Sänger aus ihm machen. Und dann in seinem Alter! Das wird ihm alles viel zu mühselig sein. Meinen Sie nicht auch, daß das bloß wieder so einer von seinen verrückten Einfällen ist?«

Aber Großmutter Yun entgegnete: »Herr Hu, unterrichten Sie ihn! Tun Sie es mir zuliebe! Mir geht es ja gar nicht darum, daß er Geld verdient. Ich möchte doch nur, daß er sich nicht herumtreibt, daß er mit etwas Anständigem beschäftigt ist und keine Zeit mehr hat, Dummheiten anzustellen. Sie würden sich verdient machen, wenn Sie das fertigbrächten!«

Hu Datou ließ sich ihre Worte durch den Kopf gehen, und als Na Wu zurückkam, sagte er zu ihm: »Na schön, dann lernen Sie Peking-Oper bei mir! Aber erstens werden Sie im Amateurklub mit den anderen zusammen unterrichtet, also kein Einzelunterricht. Und zweitens dürfen Sie nicht hingehen und den Leuten erzählen, daß Sie mein Schüler sind.«

Na Wu antwortete: »Ganz wie Sie wünschen! Nur in dem Klub kostet es doch Geld, und da habe ich ein kleines Pro blem!«

»Darum machen Sie sich mal keine Sorgen«, erwiderte Hu Datou. »Wenn ich Sie mitbringe, brauchen Sie keine Gebühren zu bezahlen.«

Von diesem Tage an studierte Na Wu Peking-Oper.

XII

Der Amateurklub war nach arm und reich geteilt, und unter den Peking-Opern-Liebhabern gab es solche erster, zweiter und dritter Klasse. Zur ersten Klasse gehörte man, wenn man Zeit, Geld und Einfluß hatte: Nur wer Zeit hatte, konnte üben und das Handwerk der Peking-Oper von der elementaren Mattenübung aufwärts erlernen; nur wer Geld hatte, konnte sich einen Lehrer leisten, Stunden bei einem prominenten Darsteller nehmen und sich die aufwendigen Theaterkostüme und -requisiten beschaffen; und nur wer Einfluß hatte, konnte sich seine Claque organisieren und dafür sorgen, daß all die großen und kleinen Zeitungen Fotos und Artikel über einen brachten. Opernamateure zweiter Klasse hatten nur Geld und Zeit. Auch sie hatten die Möglichkeit, prominent zu werden, denn sie konnten ein Theater und Kulissen mieten und sich, wenn sie etwa Dan-Partien – also Frauenrollen – verkörpern wollten, für Geld bei einem berühmten Lehrer ausbilden lassen und schließlich Stars wie Jiang Miaoxiang oder Yan Juming verpflichten, mit ihnen gemeinsam aufzutreten. Amateure dritter Klasse besaßen weder Geld noch Einfluß, hatten dafür aber eine gute Stimme und ein durch unermüdliches Üben erworbenes darstellerisches Können aufzuweisen, durch das sie sich bei Opernfreunden – egal, ob Berufskünstler oder Laien – Anerkennung verschafften und von dem sie einigermaßen leben konnten. Zu welcher Klasse mochte Na Wu gehören? Zu gar keiner! Er kam lediglich als Freund von Hu Datou zur Unterhaltung in den Opernklub. Das ging zwei Jahre so, und in dieser Zeit lernte er einige Partien in Stücken, die an den Darsteller keine allzu großen Anforderungen stellen, wie etwa »Zwei Besuche im Palast«, »Der Wenzhao-Paß« oder »Die sprechende schwarze Schüssel«. Auf der Bühne stand er allerdings kein einziges Mal, denn wenn schon jemand sein Geld für geliehene Kostüme und Requisiten ausgab und ein Theater mietete, sah er keine Veranlassung, ausgerechnet Na Wu zu einem Auftritt zu verhelfen.

Bis zur Kapitulation der Japaner hatte Großmutter Yun mit Waschen und Nähen noch so viel verdient, daß sie beide sich notdürftig ernähren konnten. Als dann aber die Guomindang wieder am Ruder war, herrschten Korruption und Diebstahl, Spekulation und Schieberei, und die zahllosen Steuern und Abgaben lasteten so schwer auf den Menschen, daß niemand es sich mehr leisten konnte, sich neue Kleidung anfertigen oder die schmutzige Wäsche außer Haus waschen zu lassen. Da blieb Großmutter Yun nichts anderes übrig, als Na Wu zu bitten, mit in ihr Zimmer zu ziehen, damit das Nordzimmer ausgeräumt und mit einem Schild als »zu vermieten« angeboten werden konnte. Zu jener Zeit war jedoch auch das Zimmervermieten sehr schwierig, denn die Befreiungsarmee errang einen Sieg nach dem anderen, so daß sich die Leute, die als Mieter in Frage gekommen wären, vor allem Beamte, scharenweise in Richtung Süden absetzten und viele Häuser leer zurückließen, während die einfachen Leute genug zu tun hatten, sich über Wasser zu halten. Angesichts der täglich, ja stündlich steigenden Preise wären sie kaum auf den Gedanken gekommen, auch noch die Wohnung zu wechseln. Kurz, Großmutter Yun verdiente mit ihrer eben erst aufgenommenen Tätigkeit als Zimmervermieterin so wenig, daß es nicht einmal fürs tägliche Essen reichte.

Wenn Na Wu auch keine Gelegenheit hatte aufzutreten, so mußte er doch zusehen, daß er irgendwie satt wurde. Zu jener Zeit gab es nicht nur Liebhaber der Peking-Oper, die selbst im Theater auftraten, sondern auch solche, die zum Beispiel als eine Art Impresario Opernaufführungen bei reichen Privatleuten organisierten und eigens dafür Laiendarsteller verpflichteten. Durch Vermittlung solcher Agenten wurde Na Wu zunächst für Opernkonzerte in Teehäusern, später auch für Rundfunksendungen engagiert. Im Teehaus sprangen dabei lediglich kümmerliche Spesen heraus, während man beim Rundfunk zwar nicht einmal Spesen bekam, dafür aber für Werbetexte bezahlt wurde. Trugen zum Beispiel drei Sänger das Stück »Zwei Besuche im Palast« vor, brachte jeder darin seinen Werbespruch unter. Das sah dann etwa so aus, daß unmittelbar nach den letzten Versen von Yang Pos Arie – »Hab stets in Furcht und Angst gelebt, mich unwert zu erweisen, zehn Jahre lang nur hart gestrebt und neun verbracht auf Reisen. Achtmal war ich im Prüfungssaal, schrieb sieben Memoranden, doch nicht vorbei ist meine Qual. Hätt ich nur erst bestanden!« – der Sänger des Xu Yanzhao mit den Worten fortfuhr: »Bei Regelschmerzen, Anämie hilft ›Prima-Pflaster‹ wie noch nie!«, während Yang Po seinerseits auf Xu Yanzhaos gesungene Versicherung »Verbürgt hab ich mich alter Mann, daß niemand was passieren kann« mit der atemberaubenden Mitteilung reagierte: »Nichts ist trauriger, als wenn unser kleiner Liebling die Muttermilch entbehrt – sie fließt reichlich mit Mütter-Elixier Marke ›Langes Leben‹!«

Die Tätigkeit beim Rundfunk hatte den unschätzbaren Vorteil, daß die Namen der Mitwirkenden stets angesagt wurden. Nachdem Na Wu ein paarmal im Funk gesungen hatte, war sein Name den Hörern vertraut. Das Bodenpersonal des Nanyuan-Flugplatzes wollte eine Laien-Operntruppe bilden und brauchte dafür einen Korrepetitor. Weil keiner von den regulären Künstlern etwas mit dem Militär zu tun haben wollte, wandte man sich schließlich an den Rundfunk, ob sich vielleicht unter den Konzertsängern jemand fände. Kost und Logis sowie monatlich zwei Sack Mehl wurden zugesagt. Na Wu dachte, das sei immerhin einträglicher als die Zungenfron beim Funk, und folgte der Einladung nach Nanyuan. Dort angekommen, mußte er feststellen, daß das zugesagte Logis sich als ein Strohsack und zwei Militärdecken auf dem Fußboden des Billardzimmers entpuppte, während die Kost aus zwei gedämpften Hefeklößen und einem Napf Kohlsuppe bestand, die man sich zur Essenszeit in der Kantine abholte. Am liebsten wäre er wieder umgekehrt, doch fürchtete er, die Herren Soldaten dadurch so zu verärgern, daß er am Ende noch eine Tracht Prügel abbekäme. Also biß er die Zähne zusammen und blieb. Der Job hatte ja durchaus auch sein Gutes: Die Soldaten waren schlichte Gemüter und machten genau das, was man ihnen beibrachte – kein Gedanke an Widerspruch oder Nörgelei! Als Na Wu einen Monat dort war – die Einstudierung von »Zwei Besuche im Palast« war noch nicht abgeschlossen –, hatte die Befreiungsarmee den Belagerungsring um Peking geschlossen. Von beiden Seiten her wurde aus allen Rohren geschossen. Na Wu dachte sich, wenn er jetzt nicht schleunigst fortginge, würde ihn die Guomindang am Ende gar noch als Soldat dienstverpflichten – eine schlimme Vorstellung! – oder zum Gräbenschippen abkommandieren, was er genausowenig ertragen hätte.

Er bot also seine ganze Beredsamkeit auf, um beim Kommandanten seine zwei Sack Mehl lockerzumachen. Dann verließ er den Flugplatz und quartierte sich fürs erste in einer Fuhrmannsabsteige ein, denn er mußte ja irgendwie die zwei Sack Mehl in die Stadt transportieren. Zuerst dachte er, er könne sie einem Kutscher mitgeben, aber es gab schon keine Fuhren in die Stadt mehr. Dann wollte er eine Fahrradrikscha mieten, doch der Rikschafahrer verlangte einen Sack Mehl als Fuhrlohn, und davor scheute er zurück. Als er sich endlich doch dazu durchgerungen hatte, war die Straße nicht mehr passierbar. Jetzt erging es ihm also wie Wu Zixu, dem Helden der Oper »Der Wenzhao-Paß«. Dem fiel auch kein Ausweg ein, so daß er vor lauter Sorge über Nacht schlohweiße Haare kriegte, was sich aber als seine Rettung erweisen sollte, denn so konnte er am nächsten Morgen unerkannt die feindliche Postenkette passieren. Nach zwei Tagen fruchtlosen Wartens in der Herberge hatte Na Wu zwar keine weißen Haare, dafür aber eine schwere Erkältung. Obendrein bekam er noch die Ruhr. Der Wirt, ein gutmütiger Mann, kurierte Na Wu mit allerlei Hausmittelchen, ließ ihn aufgelöste Asche von Weihrauchstäbchen trinken, verbrannte Opfergeld und veranstaltete Teufelsaustreibungen. Dennoch dauerte es über einen Monat, ehe Na Wu – zum Skelett abgemagert – wieder aufstehen konnte. Einer von den beiden Säcken Mehl war inzwischen aufgezehrt, den anderen überließ er dem Wirt als Zimmermiete. Der Wirt röstete ihm noch zwei Mehlfladen und brachte ihn auf den Weg zur Stadt. Trotz der kurzen Entfernung brauchte er geschlagene drei Tage, ehe er am Yongding-Tor ankam.

Zu Hause angelangt, fand er das Tor von innen verriegelt. Nach mehrmaligem Klopfen antwortete eine weibliche Stimme: »Wer ist da?«

Na Wu kam die Stimme bekannt vor, doch schien sie nicht Großmutter Yun zu gehören. Er schaute zum Türschild – die Nummer stimmte. Also sagte er: »Ich bin es!«

»Zu wem wollen Sie?«

»Ich bin hier zu Hause!«

Knarrend öffnete sich die Tür, und es erschien eine junge Frau. Als die beiden sich so gegenüberstanden, entfuhr ihnen gleichzeitig ein Ausruf des Erstaunens. Ehe Na Wu sich besonnen hatte, woher er sie kannte, hatte die Frau die Torflügel wieder zugedrückt, aber Na Wu drückte von der anderen Seite mit aller Kraft dagegen und stolperte in den Hausflur hinein. Die Frau schloß hastig das Tor, legte den Riegel vor und fiel dann vor ihm auf die Knie.

»Herr Na, ich habe Ihnen doch nichts getan, bitte lassen Sie mich am Leben! Damals, das war alles Jia Fenglou! Mich hatten sie nur zum Geldverdienen gekauft, ich bin gar nicht gefragt worden!«

»Nicht doch, Fräulein Fengkui, ich will Ihnen ja überhaupt nichts tun! Wie kommen Sie denn darauf? Wie sind Sie eigentlich hierhergekommen?«

In diesem Augenblick kam Großmutter Yun dazu. Sie stand einen Moment starr vor der Szene, die sich da vor ihren Augen abspielte, half zunächst Fengkui, dann Na Wu auf, nahm beide mit ins Haus und fragte jetzt erst, was denn eigentlich los sei. Na Wu sagte: »Um ein Haar wäre ich dort draußen gestorben! Nun bin ich gerade unter Lebensgefahr zu Hause angelangt, und da werde ausgerechnet ich gefragt, was los ist!«

Endlich war Fengkui überzeugt, daß Na Wu wirklich in dieses Haus gehörte und nicht gekommen war, sie zu holen. Reuig und zerknirscht gestand sie, wer sie wirklich war und daß sie damals, als sie das Zimmer von Großmutter Yun mietete, nicht die Wahrheit gesagt hatte. Schon als Kind sei sie an die Familie Jia verkauft worden, für die sie mittlerweile schon zwei Häuser verdient habe. Jetzt, wo sich der Belagerungsring um die Stadt so fest geschlossen habe, sei an weitere Auftritte als Sängerin nicht zu denken, so daß die Familie Jia sie an ein Bordell in der Shitou-Gasse weiterverkaufen wollte. Der Meister der Klause des berauschten Schläfers in der Wohnung unter ihr habe ihr heimlich eine Warnung zukommen lassen, und so sei sie in einem unbewachten Moment fortgelaufen. Eine Zeitlang sei sie bei einer Adoptivschwester untergekommen, ehe sie schließlich dieses Zimmer hier gefunden habe. Als sie mit ihrem Geständnis fertig war, kniete sie nieder und machte vor Großmutter Yun einen Kotau. »Ich habe Ihnen die volle Wahrheit gesagt. Sie müssen jetzt entscheiden, ob Sie mich retten oder mich den Jias ausliefern und sich ein Dankgeschenk verdienen wollen. Ich bin kein undankbarer Mensch, und wenn Sie mich aufnehmen, will ich es Ihnen ewig danken. Kann ich Ihnen Ihre Güte in diesem Leben nicht vergelten, so will ich im Jenseits Ihre unwürdige Dienerin sein.«

Großmutter Yun seufzte, half Fengkui auf und erwiderte: »Auch ich bin schon als kleines Kind verkauft worden. Hätte ich Ihnen etwas Böses zufügen wollen, dann hätte ich Sie ja längst verjagen können. Glauben Sie denn, ich habe keine Augen im Kopf? Nie haben Sie Besuch von zu Hause, nie verkehren Sie mit Freunden und Bekannten. Immer sind Sie allein, und wenn es klopft, pressen Sie vor Schreck die Hand aufs Herz. Und statt selbst einzukaufen, bitten Sie mich Tag für Tag, Ihnen etwas mitzubringen. Ja, ich hatte schon lange das Gefühl, Sie verbergen mir etwas. Ich habe Sie nur nichts gefragt, weil ich gemerkt habe, wie Sie immerzu heimlich weinten, und weil wir einander ja schließlich noch nicht lange kannten. Sie wissen, ich habe keinen Sohn und keine Tochter. Seien Sie also meine Tochter! Mir geht es nicht um diese Welt – für das Jenseits will ich vorsorgen und Gutes tun!«

Da fiel Fengkui ihr mit einem glücklichen »Mutter!« um den Hals, und beide brachen in Tränen aus. Na Wu gab zu bedenken: »Mutter und Tochter – alles schön und gut. Aber daß sich Fengkui immerzu versteckt, das darf nicht so weitergehen. In Papier kann man doch kein Feuer einwikkeln.«

Großmutter Yun antwortete: »Hast du nicht gemerkt, was jetzt vor sich geht? Bald wird alles ganz anders. Sobald die anderen in die Stadt kommen, werden sich jene schlechten Menschen selbst verstecken müssen. Glaubst du, daß sie es noch wagen werden, Jagd auf Menschen zu machen oder sonst was Böses zu tun?«

Na Wu war unterwegs auf mehrere Straßenkontrollposten der Befreiungsarmee gestoßen und kannte die Lage. Er nickte und sagte: »Das stimmt allerdings. Die haben eine schlagkräftige Truppe, und die Menschen behandeln sie auch gut. Es sieht tatsächlich so aus, als würde alles anders werden.«

Nun fragte Großmutter Yun, woher sich Fengkui und Na Wu kannten. Fengkui wollte nicht mit der Sprache heraus, aber da wurde Großmutter Yun böse. »Bin ich nun deine Mutter oder nicht?!«

Fengkui murmelte: »Der junge Herr hat mich bloß auf der Bühne gesehen . . .«

Aber Großmutter Yun gab sich damit nicht zufrieden. »Unsinn! Dann wärst du nicht gleich vor Schreck vor ihm auf die Knie gefallen!«

Da mußte Fengkui Farbe bekennen. Etwas abgemildert,

aber im großen und ganzen wahrheitsgetreu berichtete sie über Na Wus Eskapaden. Großmutter Yun wurde abwechselnd rot und blaß beim Zuhören. Sie sagte kein einziges Wort, sondern hielt nur ihren Blick starr auf Na Wu gerichtet. Der stand daneben, rang die Hände und trat verlegen von einem Fuß auf den anderen. Dann gab er sich selbst eine ganz leichte Ohrfeige und sagte: »Aber mich haben sie schließlich genauso aufs Kreuz gelegt! Oder?«

Auch Fengkui wollte ein gutes Wort für Na Wu einlegen. »Herr Na wußte ja gar nicht, worum es im einzelnen ging. Das hatte alles Jia Fenglou ausgeheckt.«

Großmutter Yun machte, die Hände vor der Brust gefaltet, eine Verneigung zur Tür hin. »Ach, Alter Gebieter, öffnen Sie Ihre Augen! Sehen Sie bloß, was in diesem Hause Na vorgeht!«

Fengkui zeigte sich sehr anständig. Sie übergab den Schmuck, den sie heimlich mitgenommen hatte, Na Wu zum Verkauf. Von dem Erlös konnten die drei sich einigermaßen über Wasser halten. Ungefähr einen Monat später kam die friedliche Befreiung Pekings. Großmutter Yun und Fengkui atmeten auf, nur Na Wu machte immer noch ein sorgenvolles Gesicht. Fengkui fragte ihn: »Daß die Leute mit Geld und Macht und all diese Schurken und Verbrecher vor der Achten Marscharmee Angst haben und die Kommunisten fürchten, ist klar. Aber Sie – wovor fürchten Sie sich denn?«

»Du kommst nicht vors Haus und siehst nicht die Bekanntmachungen«, antwortete Na Wu. »Da steht drin, daß die Achte Marscharmee in den Städten anders verfährt als auf dem Lande. Die Geldleute brauchen sich keine Sorgen zu machen, ich aber – ich bin mit meiner Weisheit am Ende! Seit die Achte Marscharmee einmarschiert ist, wird aufgeräumt mit Müßiggängern wie mir. Es wird mir wohl nichts anderes übrigbleiben, als arbeiten zu gehen.«

Fengkui entgegnete: »Sie sind ja auch noch jung genug, etwas zu lernen! Rikschafahrer und Kloakenreiniger, so was wird schließlich auch gebraucht. Wobei Sie ja gebildet sind und lesen und schreiben können, da wird man Sie kaum Kloaken reinigen lassen.«

»Das ist schon richtig. Ich befürchte nur, es wird mich überhaupt niemand haben wollen.«

XIII

Nach ein paar Tagen erschien der Abschnittsbevollmächtigte und gab bekannt, daß sich alle Militär- und Zivilbeamten der Guomindang in der Hauptstadt auf die Seite der Volksmacht gestellt hätten. Wer sich bisher zu Hause versteckt gehalten habe, könne sich auf den Meldestellen registrieren lassen; den Arbeitsfähigen werde dann eine Arbeit zugeteilt, und wer aus dem Militärdienst entlassen werden wolle, erhalte zwei Sack Weißmehl und ein Entlassungsgeld. Na Wu hatte in der Stadt beobachtet, daß sich die Soldaten der Achten Marscharmee und die kommunistischen Funktionäre in ihren grauen Uniformen stets äußerst korrekt verhielten. Also bat er Großmutter Yun, die kaputte Uniformjacke zu waschen, die er sich vom Flugplatz mitgebracht hatte und die er nun anstelle eines richtigen Jacketts trug. Er zog sie über seine Wattejacke und fuhr mit der Straßenbahn zur Meldestelle Nanyuan, vor deren Tor sich eine lange Warteschlange gebildet hatte – Alte und Junge, Blinde und Lahme, alle angetan mit alten Uniformen. Na Wu stellte sich hinten an. Es dauerte eine kleine Ewigkeit, ehe er endlich in dem Haus war. Dort waren in einer Reihe vier Tische aufgestellt, hinter denen Mitarbeiter der Militärkontrollkommission ihres Amtes walteten. Als Na Wu an dem letzten Tisch einen jungen Soldaten sitzen sah – sicher noch nicht zwanzig Jahre alt –, ging er schnell dorthin.

»Wenn Sie gestatten, ich möchte mich anmelden.«

»Name?«

»Na Wu.«

»Dienststelle?«

»Nanyuan-Flugplatz. Ich bin Angehöriger der Guomindang-Luftwaffe.«

»Dienststellung?«

»Lehrkraft.«

Der kleine Soldat drehte sich um, fischte aus einem großen Stapel Akten eine heraus und blätterte sie durch, fand aber das Gesuchte nicht, so daß er in einem zweiten Aktenhefter weitersuchte.

»Was haben Sie denn gelehrt?«

»Operngesang.«

»Zu welcher Abteilung gehörten Sie?«

»Zu keiner. Ich bin vom Opern-Amateurklub.«

In diesem Moment kam von einem der anderen Tische ein etwa vierzigjähriger Mann herüber, musterte Na Wu und fragte ihn: »Wieviel Monatssold?«

Na Wu antwortete: »Kost und Logis und zwei Sack Mehl pro Monat.«

Der Vierzigjährige sagte zu dem jungen Soldaten: »Da brauchst du nicht zu suchen. So einen gab es überhaupt nicht im Stellenplan der Guomindang-Armee.« Und zu Na Wu: »Nur Armeeangehörige können überlaufen. Sie sind nicht in der Nomenklatur.«

»Aber wer ist denn dann für mich zuständig?« entgegnete Na Wu. »Es muß doch auch eine Stelle geben, wo einer wie ich zwei Sack Mehl kriegt.«

Der Vierzigjährige erwiderte: »Was für eine Operngattung lehren Sie denn?«

»Peking-Oper. Ich singe die älteren Herren, die Laosheng-Rollen. So etwa: ›Majestät, ich . . .‹«

»Schon gut! Gehen Sie zum Vorderen Tor. Dort ist im Pfeilturm eine Ausbildungsstätte für Opernkünstler untergebracht. Die sind wahrscheinlich für Sie zuständig.«

Mehl hatte Na Wu zwar nicht bekommen, doch er hatte immerhin Erfahrung im Umgang mit den Soldaten der Befreiungsarmee gewonnen. Die beschimpften und schlugen einen ja nicht einmal, wenn sie genau gemerkt hatten, daß man ihnen etwas vormachen wollte! So ging er frohgemut nach Hause, zog seine Uniform aus und fuhr in seiner Wattejacke mit der Straßenbahn zum Vorderen Tor.

Das Qianmen, das Vordere Tor in der inneren Stadtmauer Pekings, stand gegenüber dem Bahnhof, wo es ohnehin stets von Menschen wimmelte. Zu allem Überfluß war am Fuß des Pfeilturms, der zum Qianmen gehört, eine mit Matten abgeteilte Spritzeisbahn angelegt worden, wo man gegen Eintritt Schlittschuh laufen konnte. Na Wu fand in dem Gewühl mit Mühe den Weg zum Pfeilturm. Er stieg die Treppe hinauf und stieß dort auf eine vielleicht zwanzigjährige Frau, rosig und gepflegt, die von Kopf bis Fuß in tadellos gebügeltem Funktionärsgrau steckte. Sie fragte ihn: »Zu wem möchten Sie?«

»Ich habe gehört, hier gibt es eine Trainingsgruppe für Opernkünstler, und da wollte ich mich registrieren lassen.«

»Oh! Herzlich willkommen! Kommen Sie bitte herein!«

Der Saal oberhalb des Torbogens des Pfeilturmes war in mehrere kleinere Räume unterteilt. Na Wu folgte der Funktionärin in das Zimmer gleich neben der Treppe. Die junge Frau setzte sich ans Fenster und bat ihn, ihr gegenüber Platz zu nehmen. Dann fragte sie ihn, wie er heiße.

»Na Wu.«

»Welche Operngattung?«

»Peking-Oper.«

»Und welche Rollen?«

»Laosheng-Rollen.«

»Aus welchem Ensemble kommen Sie?«

»Ich, ich – aus keinem.«

»Ja, aber wo sind Sie dann aufgetreten?«

»Im Funk. Und in Teehäusern.«

»Warten Sie bitte einen Moment.«

Die Frau ging hinaus. Nach einem Weilchen kam sie wieder und sagte zu ihm: »Ich habe eben jemand vom ehemali-

Das Qianmen, das Vordere Tor in der inneren Stadtmauer Pekings, stand gegenüber dem Bahnhof.

gen Verband der Bühnenkünstler angerufen. Sie sind dort nicht bekannt.«

»Aber ich bin wirklich Opernsänger!«

»Wer kann das bezeugen?«

Ohne zu zögern, antwortete Na Wu: »Mein Lehrer! Mein Lehrer ist Hu Datou. Ich bin Schüler von Hu Datou.«

Die junge Frau lachte. »Sie meinen sicher Hu Baolin?«

»Ja, natürlich!« Insgeheim war Na Wu aber keineswegs sicher, daß sie denselben meinten, denn er hatte bisher nicht gewußt, daß Hu Datou noch einen anderen Vornamen führte.

Die Frau ging wieder hinaus. Einen Augenblick später kam sie mit einem Mann zurück, der ebenfalls eine brandneue Funktionärsuniform und eine Mütze trug. Na Wu sah sogleich, daß es tatsächlich Hu Datou war, und begrüßte ihn mit »Guten Tag, Meister!«.

»Herrje! Der junge Herr Na!« rief Hu Datou überrascht. »Wir leben aber jetzt im Neuen China, wissen Sie. Auch Sie werden sich nun umstellen müssen. Mit dem Schummeln und Bummeln ist jetzt Schluß! Meinen Sie wirklich, daß Sie hierhergehören – zu den Theaterleuten?«

Na Wu sagte: »Ganz egal, ich muß bloß irgendwo beigebracht kriegen, wie ich von meiner Hände Arbeit leben kann!«

Darauf Hu Datou: »Na, dann wenden Sie sich doch an Wu Cunzhong! Zwei seiner Gesellen haben im Untergrund gekämpft. Sie haben gerade eine Produktionsgenossenschaft für Strohseile gegründet und können sicher noch jemand gebrauchen.«

Die Frau hatte interessiert zugehört und fiel nun ein: »Dieser Herr – was hat er denn nun früher wirklich gemacht?«

Hu Datou antwortete: »Wenn der seinen Fragebogen ausfüllt, geht das fix! Gar nichts hat er gemacht!«

»Wie können Sie so was sagen!« wandte Na Wu ein. »Habe ich nicht als Reporter gearbeitet?«

Hu Datou erwiderte scharf: »Richtig, Sie waren Reporter! Und einen Roman haben Sie auch veröffentlicht!«

Die junge Frau riß erstaunt die Augen auf. »Wirklich? Einen Roman?«

Na Wu druckste: »Na ja, schon, aber er taugte nicht viel . . .«

Die junge Frau war sehr pflichtbewußt. Zwar war sie für den Bereich Oper eingeteilt worden, aber in ihrer Dienststelle gab es auch jemand, der für Literaten zuständig war. Sie sagte also zu Na Wu, er solle sein Manuskript und alle Zeitungsartikel aus seiner Reporterzeit von zu Hause holen und außerdem einen Lebenslauf schreiben.

Na Wu witterte Morgenluft. Mit überschwenglichen Dankesworten verabschiedete er sich. Am Nachmittag brachte er dann der Frau die angeforderten Unterlagen. Er schwankte ein bißchen, ob er gestehen sollte, daß er den Roman »Der fischförmige Wurfspieß« von jemand anders gekauft hatte, ließ es dann aber doch bleiben. Falls der Funktionärin das Buch nicht gefiele, könnte er es ja immer noch tun.

Die Funktionärin las noch am selben Abend seinen Lebenslauf und verbrachte einige weitere Abende mit der Lektüre des Romans und der Reportagen. Am Ende kam sie zu folgendem Schluß: Na Wu sei, da schon sein Großvater Bankrott gemacht habe, seiner Herkunft nach zur Stadtarmut zu rechnen. Weil er sein Leben lang keinerlei Posten im militärischen oder zivilen Bereich bekleidet noch irgendeiner politischen Partei angehört habe, sei auch sein politischer Werdegang tadellos. Die Zeitung, bei der er beschäftigt war, sei zwar ein übles Blatt gewesen, habe aber weder antikommunistische Artikel noch Lobeshymnen auf die japanischen Okkupanten und ihr Marionettenregime beziehungsweise auf die Guomindang veröffentlicht, so daß es politisch keine Probleme mit ihm gebe. Was den Roman betreffe, handele es sich allerdings eindeutig um Trivialliteratur, doch könne man nicht sagen, daß die Aussage reaktionär sei, und geschrieben sei er recht routiniert, in einem eingängigen, leicht verständlichen Stil. Derartige alte Literaten sollte man, entsprechend dem dafür festgelegten politischen Kurs, für die Sache des Neuen gewinnen und sie dabei zugleich umerziehen. Als Na Wu nach ein paar Tagen erschien, um sich Bescheid zu holen, hatte sie sich schon mit den zuständigen Stellen in Verbindung gesetzt und einen Brief aufgesetzt, mit dem sie ihn zu einer Institution schickte, die für volkstümliche Literatur und Kunst zuständig war.

In der Folgezeit sollte sich wieder einmal bewahrheiten: »Die Folgen macht sich oft nicht klar, wer nachsichtig zu Schwindlern war!« Jedoch muß es einer anderen Geschichte vorbehalten bleiben, über die grotesken Streiche zu berichten, die sich Na Wu im Neuen China leistete.

Anhang

Eva Müller

Interview mit Deng Youmei

Während Deng Youmei spricht, wandert der Blick aus der Wohnung im 17. Stock weit über seine Stadt, deren Antlitz fieberhafte Bautätigkeit stetig wandelt. Warum hat er sich in Geschichten wie »Suche nach Bilder-Han«, »Na Wu« und »Schnupftabakfläschchen« so intensiv dem alten Peking, den Lebensgewohnheiten der Mandschuren zugewandt, da er doch seit den fünfziger Jahren durch z. T. autobiographisch geprägte Erzählungen über das Leben in der Armee während des Antijapanischen Krieges und in den Anfangsjahren der Volksrepublik China bekannt wurde und auch in einer seiner jüngsten Erzählungen, »Der Stützpunkt« (1986), wieder Kindheitserlebnisse der Kriegszeit verarbeitet hat?

Deng Youmei:
Es gibt zwei Gründe dafür, daß ich nach der »Kulturrevolution«, also nach 1976, anfing, Geschichten mit Pekinger Kolorit zu schreiben. Der erste Grund war ein literarischer. Ich hatte viele Jahre über die Revolution und das gegenwärtige Leben geschrieben, meine Erzählungen fanden auch Anklang bei den Lesern, aber ich selbst meinte, daß sie künstlerisch zu wenig eigenständig seien, es fehlte ihnen mein Gesicht, ich wollte einen persönlichen Stil finden. Dafür bedurfte es zweier Voraussetzungen. Ich mußte vor allem über Dinge schreiben, mit denen ich selbst sehr gut, andere jedoch nicht vertraut waren. Und bei der Auswahl meiner Sujets aus dem Leben mußte ich meine eigenen Auffassungen durchsetzen. Die Wirklichkeit hat eigene Farben. Zu der Zeit lebte ich schon mehrere Jahrzehnte in Peking, ich bin seit 1949 hier. Meine Kindheit habe ich in Tianjin verbracht, nahe Peking, wir kamen oft her. Am wichtigsten ist

aber, daß ich mit vielen alten Pekingern bekannt bin. Nachdem ich zum »rechten Element« erklärt worden war (1957 – E. M.) und zur Umerziehung durch körperliche Arbeit aufs Dorf geschickt wurde, war ich ständig mit alten Pekingern zusammen, habe also gewissermaßen jene Zeit in den untersten Schichten der Pekinger Gesellschaft verlebt und sie sehr gut kennengelernt. Unter diesen Leuten waren viele, die noch aus den letzten Jahren der Mandschu-Herrschaft, aus der Zeit vor der Revolution 1911, stammten. Für sie war jene Zeit noch ganz nah, sie verkörperten sie in ihrem Wesen, besaßen ein ganz eigenes Kolorit. Ich habe davon tiefe Eindrücke empfangen. Ich kenne auch die Pekinger Sprache sehr gut. Mein Versuch, das Leben der Pekinger in dieser Sprache zu schildern, half mir, eine eigene künstlerische Ausdrucksform zu finden. Der zweite Grund war ein politischer oder, besser gesagt, ein ideologischer. Ich habe, wie viele chinesische Intellektuelle, eine Rückbesinnung angestrebt, um zu ergründen, warum es in unserem Land zu so vielen Problemen kam, wie es zu dem großen Fehler der »Kulturrevolution« kommen konnte. Während der »Kulturrevolution« traten bei vielen unserer Menschen die Schwächen zutage. Ich habe erkannt, daß sich diese Schwächen, ebenso natürlich unsere Vorzüge, von Generation zu Generation fortgeerbt haben. Viele unserer Vorzüge – zum Beispiel die Fähigkeit, unter harten Entbehrungen zu leben und zu arbeiten – haben, genau wie eine Reihe von Schwächen, bei uns Tradition. Als ich begann, die heutigen Chinesen zu studieren, mußte ich in die Vergangenheit zurückgehen. Dabei habe ich eine große Besonderheit entdeckt, die im Pekinger Leben der letzten hundert Jahre auffällt. Peking ist bereits seit mehreren Jahrhunderten die Hauptstadt Chinas. Jeder einfache Bürger war hier unmittelbar von allen politischen Erschütterungen betroffen. In Yunnan etwa oder in Sichuan haben große politische Umwälzungen das Leben der kleinen Straßenhändler, der Arbeiter und Bauern kaum berührt; in Peking aber, dem politischen Zentrum des Landes, beeinflußte jedes große Ereignis – vom Einfall der acht alliierten Armeen (1900 – E. M.) über die 4.-Mai-Bewegung 1919 bis zum Krieg gegen Japan – das Dasein jedes einzelnen. Ich meinte daher, wenn es mir gelänge, das Pekinger Leben der letzten hundert Jahre zu gestalten, dann könne man an einem Einzelschicksal, am Schicksal einer Familie die Veränderungen ganz Chinas in diesem Zeitraum ablesen. Auch was die Kunst angeht, besitzt Peking seine Besonderheiten. Es ist seit Jahrhunderten ein kulturelles Zentrum, eine Kulturstadt. Die Menschen hier haben spezielle Lebensgewohnheiten, sie sprechen eine originelle, mit Anspielungen gespickte Sprache, und sie haben besondere Formen und Fähigkeiten des Kunstgenusses. Daher reizte es mich außerordentlich, das Pekinger Leben zu studieren und zu schildern.

Zum Beispiel Na Wu! Während und nach der »Kulturrevolution« war ein sehr negativer Zug ganz deutlich ausgeprägt: die starke Betonung der Abstammung. Auch heute noch beanspruchen viele Kinder hoher Kader für sich Privilegien; weil sich ihre Eltern in der Revolution große Verdienste erworben hatten und später hohe Positionen einnahmen, meinen sie, sie seien etwas Besseres als die Kinder gewöhnlicher Leute. Ihnen wurde vieles einfach gemacht, sie konnten gute Schulen besuchen und hatten es nach der Ausbildung viel leichter als die Kinder normaler Leute, sich eine Arbeit auszusuchen. Auch noch nach der Öffnung haben sie es leichter, zum Beispiel, wenn sie ins Geschäftsleben einsteigen wollen. Daher nehmen viele dieser Leute ihre Privilegien als gegeben hin. Diese Einstellung zeigte sich auch während der »Kulturrevolution«: Wieso konnten viele Rotgardler damals solchen Unfug treiben? Vor allem sie beriefen sich auf ihre Abstammung. Die allerersten von ihnen, die ganz echten, waren Söhne und Töchter revolutionärer Kader, die meinten, sie hätten das Vorrecht, sich über andere zu stellen. Als ich nun die Pekinger studierte, stellte ich fest, daß diese Einstellung keine Eigenheit der heutigen Pekinger ist. Nachdem die Mandschuren die Qing-Dynastie errichtet hatten, als ihre Armeen in China eingedrungen waren, verhielten sich die Kinder der Mandschuren genauso. Es ist ja durch Tatsachen belegt, daß sie sehr stolz waren, sehr von sich überzeugt. Sobald sie jedoch ihre Privilegien verloren hatten (nach der Revolution 1911 – E. M.), stellte sich heraus, daß sie weniger konnten als die gewöhnlichen Leute, sie waren außerstande, sich durchs Leben zu schlagen. Ich habe beobachtet, daß sie ihre Einstellung dennoch bis ins nachrevolutionäre China bewahrt haben. Und ich sehe darin eine Tragödie. Die Mandschuren hatten ganz China besetzt, ganz China vereint – sie waren ein winziges Volk, aber so voller Lebenskraft, daß sie großartige Siege erringen konnten. Nach ihrem Sieg schufen sie sich jedoch Privilegien, und die waren bestimmend für ihren späteren Untergang. Weil sich ihre Nachkommen nur auf ihre Privilegien verließen, war jede nachfolgende Generation immer unfähiger als die vorhergehende, sie strebten nicht mehr vorwärts, entwickelten sich nicht mehr. Selbstverständlich kann man unser heutiges China unter Führung der Kommunistischen Partei nicht mit jener feudalen Dynastie vergleichen, aber ähnliche Erscheinungen sind denkbar. Warum reichen die Kinder unserer revolutionären Kader nicht mehr an ihre Eltern heran? Weil es selbst nach Erringung der revolutionären Macht noch Menschen gibt, die der feudalen Ideologie anhängen und ihren Kindern Vorrechte verschaffen. Dadurch besteht die Gefahr, daß es zu Fehlschlägen kommt. Diese historische Lehre verdient Aufmerksamkeit. Aus diesem Grunde habe ich »Na Wu« geschrieben. Es könnte so scheinen, als sei das keine sehr politische Geschichte. Aber wenn der Leser ein wenig nachdenkt über solch einen Menschen wie Na Wu, über die Gesellschaft, in der er lebt, über seine Herkunft und seine Unfähigkeit, sowohl Gutes als auch Böses zustande zu bringen, dann wird er die Ursache für sein Versagen in seinen ehemaligen Privilegien sehen. Na Wu war ja niemals gezwungen, irgend etwas zu leisten, seine Existenz war von Geburt an gesichert, und zwar eine Existenz unter recht üppigen Bedingungen. Heute herrschen natürlich ganz andere Verhältnisse, vieles hat sich grundlegend gewandelt, aber auch heute noch ist diese Einstellung zu finden, und sie kann schwerwiegende Folgen haben. Daher Na Wu.

Eva Müller:
Sie haben mit Na Wu also ein Gleichnis schaffen wollen. Wollten Sie daneben auch Pekinger Lebensformen bewahren, die in absehbarer Zeit ganz verschwunden sein werden?

Deng Youmei:
Mit Na Wu wollte ich durchaus nicht in erster Linie belehren. Nach meiner Auffassung haben jene Zeit und diese Figur ihre Besonderheiten, die es wert sind, der Nachwelt vor Augen geführt und von ihr verstanden zu werden. Wenn ich nicht jetzt über die Menschen jener Zeit schreibe, wird es wohl später keiner mehr können. Der Erzähler hat bei seiner Stoffwahl auf zweierlei zu achten. Das Leben ist vielfältig, aber nicht alles ist einer künstlerischen Gestaltung wert. Jener Abschnitt des Pekinger Lebens ist es jedoch meiner Meinung nach in hohem Maße, er ist ästhetisch reizvoll. Der Schriftsteller muß es verstehen auszuwählen. Erst in zweiter Linie ergibt sich daraus auch eine Nutzanwendung für den Leser. Das ist nicht in erster Linie so, sonst wäre dieses Ziel mit den vielen revolutionären Geschichten ja schon erreicht. Doch ich meine durchaus, daß sich aus jenem interessanten Leben auch Lehren ziehen lassen. Von diesen beiden Ausgangspunkten her habe ich eine Figur wie Na Wu gewählt. Wenn viele Leser die Erzählung begrüßt haben, so nicht wegen der politischen Lehren, die sie vermittelt, die könnte man ja viel besser in andere Formen kleiden. Ich denke, es ist mir doch recht gut gelungen, das alte Peking in literarischem Gewand wiedererstehen zu lassen. Wenn heute jemand das alte Peking, seine Sitten, Gebräuche und Lebensformen kennenlernen will, so hat ihm »Na Wu« über die ideologische Aussage hinaus etwas zu bieten.

Eva Müller:
Sie haben mit Na Wu ja eine ganz besondere Figur geschaffen. Haben Sie sich dabei auf Geschichten verlassen, die Sie gehört haben, oder haben Sie sich auch auf Forschungsarbeiten und Aufzeichnungen über das alte Peking und die Mandschuren gestützt?

Deng Youmei:
Ich habe nur wenige Materialien eingesehen. Für Na Wu gibt es kein konkretes Modell, in ihm sind viele alte Pekinger vereint, die ich gut gekannt habe, die heute schon nicht mehr am Leben sind. Viele Details sind dem Leben dieser meiner Freunde entnommen. Ich kannte eine ganze Reihe solcher Söhne aus dem mandschurischen Adel und auch ihre Lebensläufe. Den Charakter des Na Wu, die ganze Gestalt habe ich direkt aus dem Leben bezogen, dessen äußere Bedingungen sich natürlich mit den Zeiten geändert hatten. Ich selbst habe ja noch einen Teil meiner Kindheit und Jugend in der alten Gesellschaft verbracht, mir steht das Peking jener Zeit noch nahe. Als Sie zu Beginn der fünfziger Jahre in Peking studierten, waren hier, wie Sie ja auch aus eigener Erfahrung wissen, noch viel mehr Spuren der Vergangenheit sichtbar als heute. Viele jener Menschen, obwohl sie nicht mehr ihren alten Beschäftigungen nachgingen, waren noch am Leben. Vieles aus dem Leben des Na Wu habe ich noch selbst kennengelernt, anderes zumindest gehört. Daher brauchte ich, als ich »Na Wu« schrieb, kaum irgendwelche Materialien zu studieren.

Für die Erzählung »Schnupftabakfläschchen« dagegen habe ich historische Materialien herangezogen. Die Handlung spielt vor achtzig Jahren, die Zeit liegt mir viel ferner, damals war ich ja noch gar nicht geboren. Ich habe zwar noch Überlebende aus der Qing-Zeit gekannt, die Kaiserzeit selbst aber habe ich nicht mehr erlebt. Deshalb mußte ich mich für die »Schnupftabakfläschchen« an Hand von Aufzeichnungen informieren. Der Erzähler liest historische Materialien natürlich anders als ein Historiker. Ich lebe selbst hier, kenne die Menschen sehr gut, und wenn ich Aufzeichnungen über Peking lese, steht mir alles plastisch vor Augen, die Lektüre weckt Emotionen, wohl doch anders als bei einem Historiker. Sofort tauchen Gestalten vor mir auf, ich stelle mir vor, wie es damals am Vorderen Tor und am Donghua-Tor aussah. So ging es mir beim Materialstudium für die »Schnupftabakfläschchen«, ganz anders als bei »Na Wu«.

Eva Müller:
Hatten Sie schon immer diese Vorliebe für Schnupftabakflaschen, oder kam das erst später?

Deng Youmei:
Ich interessierte mich ganz allgemein für kleine Antiquitäten und kunsthandwerkliche Gegenstände, nicht insbesondere für Schnupftabakfläschchen, obwohl auch diese für mich ihren Reiz besaßen. Doch nach der »Kulturrevolution« lernte ich einen Mann kennen, der diese Fläschchen von innen bemalen konnte. Die waren damals nirgends mehr aufzutreiben, es war alles vernichtet worden. Wir redeten miteinander, und er erzählte mir sein Leben. Dabei ging mir auf, wie eng dieser winzige Gegenstand, seine Entstehung, seine Blüte und sein Verfall, mit den politischen Ereignissen in China verflochten war. Dieser Mann war während der »Kulturrevolution« aus Peking verjagt worden, als Bauer aufs Land; es ging ihm dort schlecht, er wußte nicht, wovon er leben sollte. Die Leute im Dorf betrieben Nebenwirtschaft und brauchten Geld für Seile. Er ging zum Brigadier und erklärte sich bereit, Schnupftabakflaschen von innen zu bemalen, die könnten sie dann in der Stadt verkaufen und so zu Geld für Seile kommen. Dabei schärfte er dem Brigadier ein, auf keinen Fall zu verraten, wer sie gemacht hat, denn gerade deshalb sei er aus der Stadt vertrieben worden. Seine Art zu malen sei angeblich ein Beweis dafür, daß er den al-

ten Zeiten nachhänge, ja allein die Fläschchen an sich seien schon eine Verkörperung von Nostalgie. Er hat dann ein paar bemalt, und die Dorfbewohner haben sie in Tianjin abgesetzt. Den Käufern haben sie erzählt, die hätte ein sehr alter Herr im Dorf gemacht. Die Tianjiner Außenhandelsgesellschaft verlangte dann mehr davon. Er hat nur wenig Geld pro Stück bekommen, so vier bis fünf Yuan; insgesamt nahmen sie zwanzig Yuan ein, worüber sie glücklich waren, denn gemessen an den damaligen Arbeitseinheiten in der Kommune war das ein Haufen Geld, und dafür haben sie dann Seile gekauft. Als die Rotgardler davon erfuhren, schikanierten sie ihn erneut unter dem Vorwand, er beabsichtige die Restauration des Alten. Die Tianjiner Außenhandelsgesellschaft warf den Dörflern vor, sie hinters Licht geführt zu haben, weil sie verschwiegen hätten, daß es sich um Werke eines berühmten Meisters handelte; da man das aber nicht gewußt habe, hätte man sie billig an Hongkonger Kaufleute verschleudert. Das ist eine wahre Geschichte, und ich bekam Lust, darüber zu schreiben. Von den Verfolgungen der Künstler und Intellektuellen während der »Kulturrevolution« will ich gar nicht reden, das ist eine große Tragödie; ich möchte mich hier nur darauf beschränken, zu bemerken, daß in dieser Zeit auch eine ganze künstlerische Stilrichtung unterging, denn danach gab es keine Schnupftabakfläschchen mehr. Ich fragte den Mann noch weiter aus und erfuhr, daß sein Meister und wiederum dessen Meister ähnliche Schicksale hatten, und das zu ganz unterschiedlichen Zeiten. Als der erste Meister zu malen begann, fielen die acht Alliierten in China ein. Nachdem sie Peking besetzt hatten, gab es dafür keinen Markt mehr, das Gewerbe ging zugrunde. Nach Gründung der Republik China 1912 ging es wieder aufwärts. In den zwanziger und dreißiger Jahren bestanden normale Beziehungen zum Ausland, doch dann begann der Krieg mit Japan, und wiederum lag diese Kunst darnieder. So ist, wie ich meine, die Geschichte dieses winzigen Kunstgegenstandes aufs engste mit der chinesischen Geschichte verbunden, in ihm spiegelt sich eine ganze historische Epoche. Ich habe die Absicht, die ganze Geschichte dieses Mannes, meines Freundes, zu schildern, aber ich bin bis jetzt noch nicht über den Anfang hinausgekommen. Als sich eine Shanghaier Literaturzeitschrift für diese Geschichte interessierte, habe ich ihnen diesen Anfang gegeben, und sie haben das veröffentlicht. Die Geschichte hat in China sofort Gefallen gefunden und wurde mit einem Preis ausgezeichnet. Das hat mir eine schwere Last aufgebürdet: Ohne diese Veröffentlichung hätte ich den weiteren Verlauf des Geschehens beliebig gestalten können, jetzt muß ich darum besorgt sein, daß der zweite Teil den ersten übertrifft. Ich habe den Hauptteil noch nicht fertigstellen können, aber ich hoffe, daß der zweite Teil, von dem bereits einige ... zigtausend Zeichen geschrieben sind, bald fertig sein wird. Ist man erst einmal unterbrochen worden, flutscht es nicht mehr so. Aber ich setze die Geschichte fort, und die Schicksale der nächsten Generation sind ebenfalls sehr bedeutsam. Jetzt bin ich mir sicher, daß die Sache gelingen wird.

Die Lebensformen der Mandschuren haben sich völlig verändert, aber mir geht es darum, in meinen Erzählungen Sitten, Bräuche und die besondere Atmosphäre des alten Peking zu bewahren. Mit den gesellschaftlichen Veränderungen vollzieht sich auch hier ein immer größerer Wandel; doch die wertvollen Ergebnisse jahrhundertelanger Entwicklung verdienen es, schriftlich festgehalten zu werden. Vielleicht gehöre ich zur letzten Generation, die noch darüber schreibt. Jüngere werden das kaum mehr können, sie verstehen davon noch viel weniger als ich.

Eva Müller:
Sie sind ja wohl so etwas wie ein Avantgardist bei der Schilderung der Vergangenheit, denn nach Ihnen haben sich einige junge Autoren ebenfalls darum bemüht.

Deng Youmei:
Ja, so ist es. Ich habe möglicherweise damit begonnen, dann haben andere auch ihr Interesse an den kulturellen Traditionen entdeckt. Seit Mitte der achtziger Jahre haben wir die Strömung der jungen Autoren, die »nach den Wurzeln suchen«. Sie aber haben andere Motive, und sie gehen auch von anderen Gesichtspunkten aus heran. Manche schreiben über die archaische Kultur. Ich lege das Gewicht mehr auf das Folkloristische, auf die Sitten und Gebräuche. Die, die »nach den Wurzeln suchen«, spüren auch, gestützt auf Materialien, den Anfängen und den Veränderungen nach. Ich habe vermutlich damit begonnen, das Interesse geweckt, aber ich schreibe ganz anders, wir können einander nicht ersetzen.

Eva Müller:
Werden Sie denn die Geschichte des Na Wu auch fortsetzen?

Deng Youmei:
Ich möchte das schon, aber ich bin mir noch nicht ganz klar, wie. Ich werde in meinem zukünftigen Schaffen diese beiden Fäden weiter verfolgen, den ethnographischen über das Leben in Peking und den über das gegenwärtige Leben und die Revolution. Sie haben den »Stützpunkt« gelesen, das war ein Experiment; da wollte ich mit den Techniken aus den ethnographischen Geschichten über die Revolution schreiben. Über den Antijapanischen Krieg haben vor mir viele geschrieben, aber nicht in dieser Weise. Ich selbst hatte über den Krieg vorher ja auch in anderer Weise geschrieben. Für dieses Thema nun wollte ich meine Erfahrungen aus den Pekinger Geschichten nutzen.

Eva Müller:
Die Gestalt des kleinen Kundschafters im »Stützpunkt« erinnert mich an Ihre eigene Kindheit. Haben Sie persönliche Erlebnisse in die Geschichte eingebracht?

Deng Youmei:
Im »Stützpunkt« gibt es eine Reihe autobiographischer Elemente, vieles darin habe ich genau so erlebt, das kann man sich gar nicht so ausdenken. Im »Na Wu«, in den »Schnupftabakfläschchen« und in anderen Erzählungen sind viele Geschehnisse erdacht, für die Figuren aber haben Bekannte von mir Modell gestanden.

Eva Müller:
Welche Ihrer Geschichten ist Ihnen selbst die liebste?

Deng Youmei:
Von meinen Erzählungen ist es »Na Wu«. Der Titelheld ist sicher meine »rundeste« Figur, und außerdem ist er in der neueren chinesischen Literatur eine ganz ungewöhnliche Gestalt. Wir hatten bislang über Arbeiter, Bauern und Soldaten geschrieben oder über vollkommene Intellektuelle, so einen in der Gesellschaft überflüssigen Menschen aber hatte noch keiner geschildert. Ich bin mit ihm zufrieden. Er hat viele Schwächen, aber er hat auch seine guten Seiten; er hat dieses und jenes Ding gedreht, aber man kann ihn nicht einfach als Schuft bezeichnen. Ich mag ihn sehr.

Eva Müller:
Ich kann mir sein Leben nach der Befreiung schwer vorstellen.

Deng Youmei:
Ich weiß schon, wie es mit ihm weitergeht, aber ich habe zunächst nicht weitergeschrieben, weil es nicht einfach ist, sein Leben nach der Befreiung zu schildern. Es werden damit eine Reihe von Fragen der praktischen Politik berührt, das erlegt mir Beschränkungen auf. Na Wu war auch weiter eine originelle Persönlichkeit, doch es existierten eine Reihe verbindlicher Vorstellungen, wie man schreiben mußte, an die hatte man sich zu halten. Jetzt kann ich diese

Beschränkungen durchbrechen, damit mir die Figur gelingt.

An den beiden hier vorliegenden Geschichten sind meine Auffassungen vom Erzählen deutlich abzulesen. Ich meine, eine Geschichte soll vor allem dem Leser etwas Interessantes bringen, er soll Freude am Lesen haben. Ich will das Lesevergnügen durch das Pekinger Kolorit erreichen, durch die volkstümliche Atmosphäre. Dann soll der Leser auch Neues kennenlernen: unsere traditionelle Kultur, die Lebensweise und die Gewohnheiten der Mandschus, ihre Sitten und Gebräuche, die Strukturen der einstigen Gesellschaft. Auf unterhaltende Weise soll der Leser seinen Gesichtskreis erweitern. Und drittens soll er aus Unterhaltung und Kunstgenuß Gewinn ziehen. Das ist meine heutige Auffassung vom Erzählen. Meine früheren Erzählungen waren zu didaktisch, zu agitatorisch, diese beiden hier kommen meinen literarischen Vorstellungen näher.

Es ist schon so, früher hätte ich »Na Wu« überhaupt nicht veröffentlichen können. Aber als die Geschichte erschien (1985 – E. M.), hatte sich das literarische Klima bereits stark verändert, es gab nur wenige, die gegen diesen »überflüssigen Menschen« waren. Noch wenige Jahre davor hätte jede Zeitschrift die Veröffentlichung abgelehnt, denn über solche Leute schrieb man nicht. Die Erzählung konnte erst erscheinen, nachdem die Politik »Laßt hundert Blumen miteinander blühen« wirklich durchgesetzt worden war und sich die Kunstauffassung geändert hatte, und sie wurde sogar preisgekrönt. Früher hätte man ihre Berechtigung mit der Frage verneint, welche erzieherische Wirkung eine solche Figur wohl habe. Sie werden sich sicher aus Ihrer Studentenzeit noch jener strengen Forderungen an die Literatur erinnern. Jetzt sind die einst gefesselten künstlerischen Produktivkräfte freigesetzt – das ist ein völlig neues Phänomen. Man erteilt jetzt dem Leser nicht mehr nur Lehren, sondern versorgt ihn mit Denkstoff, man schulmeistert ihn nicht mehr.

Was meinen Sie – die Leser unserer beiden Länder trennt eine große räumliche Entfernung, wird die Kluft im Verständnis ebensogroß sein? Ich hoffe, man wird mich bei Ihnen verstehen. Bis jetzt gibt es von den beiden Erzählungen englische, französische und japanische Übersetzungen. Ich bin glücklich, daß nun auch eine deutsche vorliegt.

Peking, den 20. November 1988

Anmerkungen

7 *Ming-Kaiser* – Die Kaiser der chinesischen Ming-Dynastie regierten von 1368 bis 1644.

mandschurische Qing-Dynastie – Der Khan der aus den Changbai-Bergen in Nordostchina stammenden Mandschuren errichtete 1636 die Qing-Dynastie, die dann von 1644 bis zur bürgerlichen Revolution 1911 in ganz China herrschte.

12 *Unsterblicher vom Stamme Hu* – In der daoistischen Volksmythologie bezeichnete man Personen, die einen den Glaubenslehren entsprechenden Lebenswandel geführt hatten und zum Lohn in ihrer irdischen Gestalt in das daoistische Pantheon eingegangen waren, als Unsterbliche. Es gab eine fast unübersehbare Zahl von Unsterblichen, zu denen auch solche vom Stamme Hu gehörten.

15 *»roter Staub«* – In der chinesischen buddhistischen Glaubenslehre verwendetes Bild für das Diesseits.

16 *Weißes Banner* – Das Volk der Mandschuren war in Banner mit verschiedenfarbigen Standarten untergliedert, die die Basis der militärischen Organisationsstruktur bildeten, in Friedenszeiten aber auch als administrative Grundeinheiten dienten. Es gab ursprünglich vier, später acht Banner in folgender Rangfolge: gelb, weiß, rot, blau, gelbgerändert, weißgerändert, rotgerändert und blaugerändert.

17 *Prinz Duan* – Dieser Neffe der Kaiserinwitwe Cixi (s. Anm. auf derselben Seite) war an der Ausnutzung der Yihetuan (s. folgende Anm.) für die Stabilisierung der Dynastie interessiert und stellte sich an die Spitze der ausländerfeindlichen Partei am Hofe. Nach dem Sieg der Ausländer wurde er gemäß Artikel 2 des Boxerprotokolls (s. Anm. zu S. 21) als einer der »zwölf Hauptschuldigen« verbannt.

Yihetuan – Ursprünglich unter den ärmeren Klassen und Schichten der chinesischen Gesellschaft verbreitete illegale Geheimgesellschaften, die seit Anfang des 19. Jh. bestanden und zunächst gegen die Fremdherrschaft der Mandschuren, später vor allem gegen den Einfluß der Ausländer kämpften. Die Yihequan (= Faust für Gerechtigkeit und Harmonie, daher auch die im Ausland gebräuchliche Bezeichnung »Boxer«) wurden ab 1898 als Yihetuan (= Abteilungen der Miliz für Gerechtigkeit und Harmonie) legalisiert und unter der Losung »Unterstützung der Qing, Vernichtung der Ausländer!« zugleich in den Dienst des mandschurischen Staates gestellt.

17 *Kaiserinwitwe Cixi* – Cixi (1835–1908) war Konkubine von Kaiser Xianfeng (reg. von 1851 bis 1861), nach dessen Tod sie für ihren minderjährigen Sohn, Kaiser Tongzhi (reg. von 1862–1874), die Regentschaft führte. Nach dessen Tod setzte sie ihren ebenfalls minderjährigen Neffen als Kaiser Guangxu (reg. von 1875 bis 1908) ein und blieb als sein Vormund (bis 1889) weiter Regentin. Als der Kaiser, der mit der für Reformen nach westlichem Muster eintretenden Partei am Hofe sympathisierte, ihrem Einfluß zu entgleiten drohte, stellte sie ihn in einem Putsch (1898) unter Hausarrest und übernahm selbst die Regentschaft, bis 1908 erst Guangxu und dann sie selbst starb. Kurz vor ihrem Tode hatte sie noch den dreijährigen Neffen Guangxus, Pu Yi, den nachmaligen Kaiser Xuantong, zum Thronfolger bestimmt. Die herrschsüchtige Cixi beschleunigte mit ihrer reaktionären Politik und ihrer unvorstellbaren Verschwendungssucht den Niedergang des Qing-Regimes, das 1911 mit der bürgerlichen Revolution endete.

21 *Bannermann* – Bannerleute wurden seit Etablierung der Qing-Dynastie in China (1644) alle Mandschuren genannt. Als Eroberer stellten sie einen Großteil der Beamtenschaft und genossen zahlreiche Privilegien gegenüber den Han-Chinesen (s. Anm. zu S. 168). Es war ihnen untersagt, mit ihrer eigenen Hände Arbeit als Händler oder Bauern o. ä. ihren Lebensunterhalt zu verdienen, d. h., sie lebten von ihren Diäten oder der Verpachtung ihres Grundbesitzes.

ausländische Siegermächte – Gemeint sind die acht Mächte, deren vereinigte Armeen seit dem 10. 6. 1900 die »Strafexpeditionen« gegen die Yihetuan durchführten: Deutschland, Österreich-Ungarn, Frankreich, Großbritannien, Italien, Japan, Rußland und die USA. (Siehe auch folgende Anm.)

Friedensvertrag – Der von den acht imperialistischen Mächten ohne Kriegserklärung begonnene Aggressionskrieg ging nach nahezu einem Jahr Verhandlungen, bei denen die beteiligten Mächte (außer den acht direkt kriegführenden Staaten noch Belgien, Spanien und die Niederlande) ihre jeweiligen Interessen gegeneinander und gegenüber dem besiegten China durchzusetzen versuchten, am 7. 9. 1901 mit einem Abschlußprotokoll (»Boxerprotokoll«) zu Ende, das den halbkolonialen Status Chinas besiegelte.

22 *Doppelneunfest* – Das am neunten Tag des neunten Monats – die Neun gilt als glückverheißend – des buddhistischen Mondkalenders gefeierte Chongyang-Fest hat eine etwa zweitausendjährige Geschichte als Fest der Abwehr von Unglück und der Freude am Leben.

61 *fünf grundlegende zwischenmenschliche Beziehungen* – Gemeint sind die Beziehungen zwischen König und Untertan, Vater und Sohn, Mann und Frau, zwischen Brüdern und zwischen Freunden, für die der Konfuzianismus strenge Regeln vorsah.

80 *Kaiser Daoguang* – Regierte von 1821 bis 1850.

Stunde der vierten Nachtwache – Die Zeit von 19 Uhr bis 5 Uhr wurde traditionell in fünf »Nachtwachen« von je zwei Stunden unterteilt.

82 *Shang-Dynastie* – Die zweite Dynastie in der chinesischen Geschichte, etwa vom 16. bis zum 11. Jh. v. u. Z.

83 *Prinz Qing* – Als Angehöriger des mandschurischen Hochadels war Prinz Qing einer der Führer der ausländerfreundlichen Partei am Hofe. Am 10. Juni 1900 wurde er als Chef des Zongli Yamen, des kaiserlichen Außenministeriums, zunächst durch Prinz Duan (s. Anm. zu S. 17) ersetzt, war aber nach der Niederlage der Yihetuan mit dem Großsekretär Li Hongzhang zusammen chinesischer Bevollmächtigter bei den Verhandlungen mit den ausländischen Siegern.

Gelbe Lehre – Anfang des 7. Jh. war der Buddhismus nach Tibet gekommen, wo er mit örtlichen Dämonenkulten zum Lamaismus verschmolz. Da die Lamas (= Mönche) rote Gewänder trugen, sprach man von der »Roten Lehre«. Ende des 14. Jh. begründete Zongkhapa die »Gelbe Lehre«, die bald zur dominierenden Form des Lamaismus wurde. Ihre Oberhäupter: Dalai-Lama und Pantschen-Lama.

86 *Barbarenfrauen* – Unter dem Vorwand, die Ermordung des deutschen Gesandten zu rächen, brachen Deutschland und seine Verbündeten im Sommer 1900 die »Strafexpeditionen gegen die Boxer« vom Zaune, um so ihre lang gehegten Aggressionsabsichten zu verwirklichen. Die ausländischen Truppen gingen mit beispielloser Grausamkeit gegen die wehrlose Bevölkerung vor, daher die Gleichsetzung von Ausländer und Barbar.

91 *Boxer-Entschädigung* – Laut Artikel 6 des »Boxer-Protokolls« mußte China den Siegermächten innerhalb von 39 Jahren 450 Millionen Silbertael (infolge der Zinsen in Wirklichkeit 980 Millionen) zahlen.

95 *»Verwestlichungsbewegung«* – Aus den Niederlagen im zweiten und dritten Opiumkrieg (1856–1860) zogen Vertreter der Beamtenschaft und der Gutsbesitzerklasse eine Lehre und begannen, mit staatlichen Mitteln und mit Unterstützung britischer und französischer Experten, in China »den Westen zu imitieren«, indem sie zunächst Munitions- und Waffenfabriken, später auch andere Industrieanlagen bauten, um das Qing-Regime – und ihre eigene Macht – zu stärken. Die so begonnene Yangwu-(Verwestlichungs-)Bewegung konnte jedoch unter den Bedingungen des herrschenden Feudalregimes keine grundlegenden Veränderungen bewirken.

112 *Bodhisattwa Guanyin* – Der buddhistischen Lehre zufolge ist ein Bodhisattwa ein »für die Erleuchtung bestimmtes Wesen«, dazu bestimmt, selbst Buddha zu werden. Unter den Bodhisattwas nimmt Guanyin (so der chinesische Name für den Bodhisattwa Avalokitesvara des indi-

schen Buddhismus) als Göttin der Barmherzigkeit eine besondere Stellung ein.

113 *Drachenbootfest* – Am fünften Tag des fünften Monats nach dem Mondkalender wird das Duanwu- oder Drachenbootfest gefeiert, neben Frühlings-(Neujahrs-)und Mittelherbstfest eins der wichtigsten Feste der Han-Chinesen. Da diese sich als Nachfahren des Drachens (als Herrscher der Gewässer ein Fruchtbarkeitssymbol) verstanden, wurden an diesem Tag Bootsrennen veranstaltet. Auch der Brauch, in Bambus- oder Schilfblätter gewickelte Klößchen aus gewürztem Reis zu essen, war Teil der Drachenverehrung. Einer anderen, heute damit verknüpften Überlieferung zufolge handelt es sich um ein Fest zum Gedenken an den patriotischen Dichter und Staatsmann Qu Yuan (340–278 v. u. Z.), der sich im Exil in einem Fluß ertränkte.

152 *Castiglione* – Giuseppe Castiglione (chin. Name: Lang Shining) lebte von 1688 bis 1766. Er war als italienischer Jesuit seit 1715 in China und wirkte dort viele Jahre als einer der Hofmaler Kaiser Qianlongs. Er verband die traditionelle chinesische Tuschmalerei mit der europäischen Maltradition (Perspektive, plastische Modellierung), ohne allerdings wirklich Erstklassiges zu schaffen.

155 *Yongzheng-Zeit* – Die Regierungszeit des Kaisers Yongzheng (1723–1735).

168 *Han-Chinesen* – Außer den heute etwa 94% der Bevölkerung ausmachenden Han-Chinesen, den eigentlichen Chinesen, leben in China weitere 55 Nationalitäten.

177 *Kaiser Qianlong, der hat ja auch die Iparhan geheiratet* – Die Geschichte kennt mehrere Fälle von Eheschließungen zwischen Angehörigen des regierenden Kaiserhauses und der Herrscherhäuser nationaler Minderheiten, um deren Bindungen an das chinesische Kernland zu festigen.

225 *Revolution von 1911* – Im Oktober 1911 wurde die Qing-Dynastie von Han-chinesischen bürgerlich-demokratischen Revolutionären gestürzt. Im Januar 1912 wurde die Republik mit Sun Yatsen als Präsident ausgerufen.

Erhu – Zweisaitiges chinesisches Streichinstrument mit einem röhrenförmigen, mit Schlangenhaut bespannten Schallkörper, dessen Hals quer durch das Korpus geschoben ist; wird mittels eines zwischen den beiden Saiten hindurchgezogenen Bogens gestrichen, wobei der Spieler das Instrument senkrecht vor sich auf den Oberschenkel stützt.

226 *Dagu-Singmädchen* – Als Dagu (= große Trommel) wird ein Typus der Quyi (Sammelbegriff der chinesischen volkstümlichen Gesangs- und Vortragskunstformen) bezeichnet, eine Art Sprechgesang, meist mit Trommelbegleitung, von der es mehrere Unterarten gibt, z. B. die Meihua-Dagu (meihua = Aprikosenblüte).

251 *Acht-Trigramm-Bruderschaft* – Ursprünglich eine Geheimgesellschaft. Solche Vereinigungen mit unterschiedlicher Zielsetzung hatten in China vor 1949 eine lange Tradition. Die Yihequan waren ebenfalls Ableger der Bruderschaften »Weißer Lotos« und »Acht Trigramme«. Während manche dieser Vereinigungen eher kriminellen Charakter trugen, widmeten sich andere z. B. der Pflege der klassischen chinesischen Kampfsportarten. Die acht Trigramme sind Kombinationen von je drei durchgehenden und unterbrochenen Linien, die nach der daoistischen Lehre Himmel, Erde, Donner, Wind, Wasser, Feuer, Berge und Seen versinnbildlichen.

251 *Sinn- und-Form-Bruderschaft* – Eine andere Geheimgesellschaft.

253 *Antijapanischer Krieg* – Der Widerstandskrieg gegen die japanischen Aggressoren, der am 7. 7. 1937 mit dem Angriff der Japaner an der Pekinger Lugou-Brücke begann und mit der Kapitulation Japans am 2. 9. 1945 endete.

262 *Tang-Zeit* – Die Tang-Dynastie regierte in China von 618 bis 907.

289 *Als das Mandschurenheer . . . vorstieß* – 1636 hatte der Mandschuren-Khan seine Macht in Nordostchina so weit gefestigt, daß er immer häufiger Vorstöße nach Süden, ins chinesische Kernland, unternahm. Geschickt nutzte er die Schwäche der Ming-Dynastie, die durch große Bauernaufstände erschüttert war, zu immer neuen Eroberungen, die 1644 mit der Einnahme der Hauptstadt Peking und schließlich des gesamten Reiches endeten. (Siehe auch Anm. *mandschurische Qing-Dynastie* zu S. 7.)

290 *Kaiser Xuantong* – Xuantong war der Name der Regierungsperiode des letzten chinesischen Kaisers, Pu Yi (1906–1967), der von 1908 bis 1911 regierte und nach der Revolution noch bis 1924 in der Verbotenen Stadt residierte. (Siehe auch folgende Anm.)

Mandschu-Reich von Japans Gnaden – Die Japaner hatten 1931 in Nordostchina ihren Aggressionskrieg gegen China begonnen. Da die Regierung Jiang Jieshi (Tschiang Kaishek) den Kampf gegen die Kommunisten über das nationale Interesse stellte, konnten sie 1932 einen Marionettenstaat »Manzhouguo« (d. i. Staat der Mandschuren) unter »Kaiser« Xuantong errichten, der die Provinzen Rehe, Liaoning, Jilin und Heilongjiang umfaßte und bis zur Niederlage Japans 1945 und der Inhaftierung Pu Yis als Kriegsverbrecher (nach seiner Begnadigung 1967 starb er als Gärtner und Historiograph) bestand.

297 *als dann aber die Guomindang wieder am Ruder war* – Nach dem Sieg der auf Druck der Kommunistischen Partei zustande gekommenen, wenn auch von der Guomindang immer wieder sabotierten Einheitsfront gegen die Japaner übernahm die Guomindang unter Führung von Jiang Jieshi, der schon 1927 ein proimperialistisches, antikommunistisches Regime errichtet und damit die vom Parteigründer Sun Yatsen vertre-

tenen nationalrevolutionären Ziele verraten hatte, erneut die Regierung, um alsbald abermals einen Bürgerkrieg gegen die Kommunisten vom Zaune zu brechen, der 1949 mit der Gründung der Volksrepublik China endete.

297 *Befreiungsarmee* – Die kommunistischen Streitkräfte im Dritten Revolutionären Bürgerkrieg (oder Befreiungskrieg) in China (1945–1949).

303 *Achte Marscharmee* – Die kommunistische Rote Armee, die nach dem Langen Marsch 1934/35 von ihrem Stützpunkt Yan'an in der nordwestchinesischen Provinz Shaanxi aus operierte, wurde während der Einheitsfront mit der Guomindang im Krieg gegen Japan zur Achten Marscharmee (= Armeegruppe) der Nationalen Revolutionsarmee reorganisiert.

309 *Hu Baolin* – Baolin ist der eigentliche Vorname von Hu mit dem Beinamen Datou (= großer Kopf).

Fotonachweis

Die Vorlagen für die Reproduktionen der Fotos wurden folgenden Büchern entnommen:

Qiao Yun, Alte chinesische Gartenkunst, Koehler & Amelang, Leipzig 1986 (Vorderseite des Schutzumschlages)

Walter Böttger, Kultur im alten China, Urania-Verlag Leipzig, Jena, Berlin 1977 (Vorsatz vorn)

Thomas Thilo, Klassische chinesische Baukunst, Koehler & Amelang, Leipzig 1977, Zeichner: Hans-Ulrich Herold (Vorsatz vorn)

Renée Violet, Einführung in die Kunst Chinas, VEB E. A. Seemann Verlag, Leipzig 1981 (Vorsatz hinten)

Heinz v. Perckhammer, Peking, Albertus-Verlag GmbH, Berlin 1928 (S. 19, 71, 97, 109, 115, 119, 127, 145, 163, 195, 245, 263, 307)

J. Scheibert, Der Krieg in China 1900–1901, 1. Bd., Verlag von A. Schröder, Berlin 1901 (S. 25, 103, 227)

Eva Siao, Peking/Eindrücke und Begegnungen, Sachsenverlag Dresden 1956 (S. 63, 149)

Juliet Bredon & Igor Mitrophanow, The Moon Year, Kelly & Walsh, Limited, Shanghai 1927 (S. 191, 199)

Kalvodová-Sís-Vaniš, Schüler des Birngartens, Artia, Prag 1956 (S. 293)

Die Schnupftabakflaschen sind im Besitz von Dr. sc. Ulrich Kautz, Berlin. Die Originalfotos davon sowie die Reproduktionen der übrigen Fotos fertigte Martin Dettloff.

Inhalt

ISBN 3-351-01700-6

1. Auflage 1990

Einbandgestaltung Sibylle Juraschek
Typographie Annette Gwosdz
Lichtsatz Karl-Marx-Werk, Graphischer Großbetrieb, Pößneck V 15/30
Druck und Binden Grafischer Großbetrieb Sachsendruck Plauen
Printed in the German Democratic Republic
Lizenznummer 301. 120
Bestellnummer 614 242 6
DDR 15,80 M

Plan der Stadt Peking

I Innere Stadt
II Verbotene Stadt (Kaiserpalast)
III Äußere Stadt
IV Altar des Göttlichen Landmanns
V Himmelsaltar

1 Desheng-Tor
2 Anding-Tor
3 Dongzhi-Tor
4 Chaoyang-Tor
5 Dongbian-Tor
6 Guangqu-Tor
7 Zuoan-Tor
8 Yongding-Tor
9 Youan-Tor
10 Zhangyi-Tor
11 Xibian-Tor
12 Fucheng-Tor
13 Xizhi-Tor
14 Hade-Tor
15 Vorderes Tor (Qianmen)
16 Xuanwu-Tor
17 Dongsi-Kreuzung
18 Caishikou-Straße
19 Suanshikou-Straße
20 Zhushikou-Kreuzung
21 Dashilar-Straße
22 Tempel der Blühenden Lehre
23 Tempel des Himmlischen Friedens
24 Tianqiao-Viertel
25 Jiaominxiang-Straße (Gesandtschaftsviertel)